我的常态语文

语文

常态阅读教学经典案例研究

WO DE CHANGTAI YUWEN

CHANGTAI YUEDU JIAOXUE JINGDIAN ANLI YANJIU

朱诵玉◎著

本书由上海市闵行区教育发展基金会支持

安徽师范大学出版社

·芜湖·

图书在版编目(CIP)数据

我的常态语文:常态阅读教学经典案例研究 / 朱诵玉著. —芜湖:安徽师范大学出版社,
2019.2

ISBN 978-7-5676-3756-6

Ⅰ.①我… Ⅱ.①朱… Ⅲ.①阅读课 – 教学研究 – 中学 Ⅳ.①G633.332

中国版本图书馆 CIP 数据核字(2018)第 200454 号

我的常态语文——常态阅读教学经典案例研究

朱诵玉◎著

责任编辑:李克非

装帧设计:丁奕奕

出版发行:安徽师范大学出版社

芜湖市九华南路189号安徽师范大学花津校区

网　　　址:http://www.ahnupress.com/

发 行 部:0553-3883578　5910327　5910310(传真)

印　　刷:江苏凤凰数码印务有限公司

版　　次:2019年2月第1版

印　　次:2019年2月第1次印刷

规　　格:700 mm ×1000 mm　1/16

印　　张:16.75

字　　数:250千字

书　　号:ISBN 978-7-5676-3756-6

定　　价:48.00元

"常态阅读教学"模型的构建与实践

（代序）

当前的阅读教学中普遍存在着违背阅读心理和阅读教学心理的非常态的情况。总结起来就是，文本的解读是非常态的，教学过程也是非常态的。由于教师没有很好的常态阅读心理，导致对文本解读的非常态，进而在设计教学过程时，也是非常态的，没有找到很好的切入口，教学环节过渡时显得生硬，甚至违背一般的逻辑。

一、阅读教学中存在着非常态

首先是文本解读非常态。主要表现在以下几个方面。

一是照搬现有解读。这不是说对文本一定要有新的解释，而是说，不少教师只是做了搬运工，而且还把自己搬运来的东西强加给学生，如强迫学生接受《雨巷》是一首爱情诗，杜甫的《月夜》就是思乡之情，直接告诉学生柳永的"杨柳岸晓风残月"这句营造的就是凄凉的环境等。在讲这些内容之前，教师已经将自己意识里现成的观点拿出来，然后强迫学生去概念化地接受，而不是带领学生去慢慢分析、逐步理解——因为教师自己也没有好的理解和好的办法。很多时候，因为时空的关系，因为阅历、经历的关系，学生是很难理解某些情感的，这时，需要的是引导，而不是强加。

二是错误解读文本。如《林教头风雪山神庙》中，将林冲形象解读为高官、朝廷重臣，因而他的上梁山更说明当时社会的黑暗，这是常识错误导致文本解读错误。相似的还有《谈白菜》中的白菜到底有何特点，教师自己也不知道，也没去研究，因而解读就是错误的。王荣生教授的"九层累进评课标准"将不犯知识性的错误作为最低标准，如果教师连这个都达不到，教什么？

三是违反文体特征。王荣生说，阅读方法受制于"文本体式"，"同一文类、同一体裁之不同风格、流派……也有实质性的差异"。既然如此，怎么能千文一"读"呢？教学实践中，很多教师热爱分析文本结构。文本的结构当然要分析，但不是所有的文本都要分析结构，也不是一上来就分析结构，也不是所有的文本都要按照结构怎样来教学。比如，《雨霖铃》这样的词，有教师也反复带领学生分析其结构，将整首词分成三个部分来教——"伤离别前"怎么样，"伤离别中"怎么样，"伤离别后"怎么样，好好的一首词被教师自己肢解得七零八落，索然无味。这种对文本的解读已经是变态的了。

教师用非常态的文本解读方法来教阅读必然导致学生不能按照常态的阅读心理来阅读。

其次是教学过程非常态。主要表现在以下几个方面。

1. 问题设计非常态。所提的问题大而不当，不善抓切入口。如《故都的秋》教学中，首先就问，本文的主旨句是哪一句？然后指出"可是啊，北国的秋，却特别地来得清，来得静，来得悲凉"是全文主旨句，奠定了全文的感情基调，随之就带领学生在文章中找出一些东西，来证明"清静悲凉"是主旨句。这样做，显然是文本教学的切入口不对，也违背了常态的阅读心理——因为学生在读《故都的秋》时，绝不会先明白这就是主旨句，然后就去找些东西来证明。从后面的教学过程来看，学生也只是浮光掠影地找一找，并不能真正深入了解清、静、悲凉。还有常见的如，一上来就问《陈情表》陈的是什么情？《前赤壁赋》中作者的情感是怎么变化的？《种树郭橐驼传》采用了什么手法？等等。在学生还没有了解文章内容，没有深入思考的情况下，就这么设问，不是合乎常态的教法。

2. 环节过渡非常态。以《故都的秋》为例，有教师的设计是：文章的感情基调是什么？写了哪几幅图？给第一幅图拟个标题，再给第二幅图拟个标题……这些图是怎么体现清静悲凉的？文章为什么要有一段议论？结尾那一段怎么理解？这不仅是肢解文本，没有将文本作为一个整体，也是肢解教学过程，没有考虑教学过程中各环节的内在逻辑联系，一节课被生硬地分成一个个小块，各块之间也没有什么巧妙的联系。再如《雨霖铃》，从上阕到下阕，从第一句到最后一句，一句句地分析，零碎切割，没有抓住词人的情感脉络带领学生由外到内，由浅入深地赏析。教师自己的逻辑混乱，直接导致教学环节的混乱，不能做到丝丝入扣，浑然天成。教学的过程本应当是一步一步趟着过河，而不是让未知的学生蹦跳着过河。这需要的是不着痕迹地引导，需要的是符合逻辑的巧妙的过渡，一如行云流水。

3. 背景介绍非常态。这是非常普遍的情况，大多数教师的教学顺序，首先往往是相关背景（包括语文知识、作者情况等）的介绍，其中，不少教师常以"知人论世"这个词来作为自己介绍背景的依据。且不说"知人论世"是否就等同于背景介绍，即使是，什么时候介绍背景，介绍多少，恐怕也需要思量。下面列举几节课中的教师的背景介绍情况：

《种树郭橐驼传》：柳宗元介绍，柳宗元作品介绍，"传"文体知识介绍，柳宗元生活的时代背景介绍，共计花去21分钟（一堂课40分钟，下同）；

《前赤壁赋》：师生一起背苏轼的词，介绍苏轼和乌台诗案、赤壁，"赋"的文体特点，共计花去15分钟；

《鸿门宴》：司马迁和史官，楚汉相争历史，共计花去10分钟；

《邂逅霍金》：介绍霍金，共计花去5分钟。

以上背景知识都是在教学伊始，由教师以最简单、粗暴的方式来直接介绍的，学生也只是被动地接受，缺少互动、探究等可以调动学生的活动。背景知识什么时候介绍，花多少时间介绍虽无一定之规，但却应该有一定的度和时机，要符合阅读和阅读教学的常态心理。

4. 诵读安排非常态。不是所有的课文都要诵读，如一些说明类的、议论类的，但是对那些文学性很强的散文，特别是古诗文，诵读是必要的。然而，我们在听课中发现，情况往往不是这样的。下面也列举几种课堂中的诵读情况：

教师不示范读，听录音——如龚自珍《病梅馆记》；

不让学生个别诵读，只是草草地集体读一下——如杜甫《月夜》、李商隐《夜雨寄北》；

让学生读一些背景知识，毫无目的——如柳永《雨霖铃》，让学生读PPT上的柳永介绍和婉约派介绍的文字；

没有任何诵读——如李白《登金陵凤凰台》、陶渊明《饮酒》。

没有了诵读，如何感知、感受，进而感悟语言和思想？很多老师似乎没有考虑过或不愿认真考虑这个问题。如此没有师生诵读的语文课堂，是非常态的，也缺少了语文味。

教学过程的非常态不仅使得文本解读的非常态更深一步地固化，还导致课堂教学的整体呈现出非常态来，如教师地位的非常态，教师仍习惯于霸占课堂，一堂课从头讲到尾，即使有互动，也只是简单的问答。不仅未将学生置于主体地位，而且是将学生完全处于管理地位；不知道扶助，只知识控制。

二、"常态阅读教学"模型的构建

那么，常态的阅读教学应该是什么样的呢？我们先来看看20世纪40年代两位教育家在《中学生》杂志上发表的一篇文章的部分节录：

"什么是有效的（教学）方法呢？自动！自己用脑，自己动手。……（拿到一篇课文，学生）先来预习。……开始预习时，先把本文仔细看一遍，然后根据课本上的注释，作初步的理解。如果书上的注解不够，便另外找参考书。……以上这些工作，一面要亲自动手，一面也要和同学随时讨论；……预习时所碰到的疑难和所获的心得，都一一写下来，以便在教室里提供讨论。预习之后，便可参加教室里的讨论。这时候的教师，应该像开会时的主席，协助同学造成一个热烈的场面，让大家尽量发言，充分讨论。……经过了预习和讨论，你的理解一定更丰富。但是如果即此为止，还是不够。你得作更进一步的'深究'。先再通篇阅读一遍，讲解一遍，还有不清楚的，再弄一个彻底明白。之后，你可以作如下的种种功夫：读了这篇文章，应该知道和这篇文章有直接关系的许多文字。……最后，……诵读与背诵。……优良的文字，无论文言白话，散文诗歌，都可以读，都可以从诵读里得到许多的欣赏与体味。"①

在孙起孟、庞翔勋看来，阅读教学应当是让学生自己先动起来，由预习到讨论，再到深究，诵读与背诵。预习与讨论，是整体感知文章，了解文章；深究，是深入研究文章，它包含着内容的深入，也表明要关注文本的局部并加以研讨、赏析；诵读与背诵，则是对文本整体的进一步深化，乃至内

---

① 转引自王风主编：《文字的品格》，天地出版社2012年版，第51—55页。

化。孙、庞两位主张的课文学习（阅读），是遵循着由浅入深（知道——理解——深化），由课文整体的把握，再到部分的研读，再到内化理解的路径的。可以说这种主张是符合常态阅读心理的。

美国认知心理学家鲁墨哈特的图式理论认为，只有在事物的整体关系中，作为整体的个别部分的客体才能够被认知；同样，如果离开了事物的个别部分，事物的整体也不能够被认知。[①]

阅读理解是一个"双向"的心理过程，一是从语言形式到思想内容，即由字词、句段到篇章，由题材、布局、表达、用语入手去探索文章的中心思想和艺术特点。这是从形式到内容、从局部到整体、从具体到抽象的心理过程，这对于一般的阅读而言，才是符合常态的心理过程；这之后就是相反的心理过程，即由中心思想和艺术特征到选材、谋篇、遣词造句等，这是从内容到形式，从整体到局部，从抽象到具体的心理过程，这对于学生而言，是更高层次的学习。完形心理学认为，"人类的学习不是对个别刺激作出个别反映，而是对学习对象作出反应，即一种整体性的把握……对部分的分析只是作为对文章整体认识的一种手段。"[②]在一篇作品中，作者所描绘、塑造、表现的是完整的形象，其各个因素都有着不可分割的内在联系。我们阅读时，不要着急分层分段，肢解课文，也不能把它感知为许多个别的孤立的部分，而是要使整篇课文在学生眼里成为一个"格式塔"，即知觉整体。叶圣陶先生也说过，学习课文第一步应该"通读全文""知道文章之大概"，只有把握了全文的语脉、文思，站在整体高度俯视各个部分，才能对局部的诸如标点、词语、句式产生正确的感知，也才能把握得更准确、更全面。一旦局部的文字领会了，再回到整体，就能产生更为深刻的理解。这样，才符合学生阅读课文从整体到局部，再到整体的心理特点。

综上所述，我们在阅读教学中遵循的常态顺序应该是这样的：对篇章进行整体感知——对篇章局部的感受——对篇章的整体感悟。

现代心理学认为，学生在阅读课文时，首先要感知语言的物质外壳——文字，理解词和词组的含义，然后从句子的各个成分中辨别最主要的部分，

---

① 参见张必隐：《阅读心理学》，北京师范大学出版社1992年版，第35—46页。
② 马笑霞：《阅读教学心理学》，河北教育出版社1997年版，第13—14页。

联系上下文提供的语义情景，经过一系列的推理、联想、分析，从而透过各种各样的语句表面形式，捕捉到作者所表达的本意，即语言外部形式所蕴含的内在意义。在理解词语、句子、语段的基础上，还要对段落、篇章进行综合、概括和分析，进而把握全文的主旨，这样由浅入深，由低到高，逐步产生联想、想象等活动，情感也逐步深化，形成一个完整有机的阅读心理过程。王荣生教授也有类似阐述。他认为语篇的理解在头脑里一般有三种表征：表层编码、篇章格局、情景模型。这三者对应的就是文本的表层信息（文本呈现的主要内容）、文本呈现的一般意义、文本蕴含的读者的个性化理解。表层编码、篇章格局、情景模型"可以看成理解语篇的三个心理表征阶段。良好的读者通过'表层编码'，建立'篇章格局'，在理解语篇命题网络的基础上，建构'情景模型'"。[1]这对我们进行阅读教学也有着很好的借鉴作用，即从"把握语篇的字面讯息（字词辨识、句子处理等）"，到"推论隐含讯息，建立语篇结构"，再到"联系自己的生活经验，拓展认识，进行评价"。它向我们揭示了由表及里，由浅入深，由一般到特殊（共性到个性）的常态阅读心理过程。

综上所述，我们对"常态阅读教学"初步作一定义和阐释。

所谓的"常态"，《现代汉语词典》的解释是正常的状态，跟"变态"相对；《辞海》的解释是，"常"是普通、平常，"态"是情状；《汉语大词典》的解释是通常的或本来的状态。据此，我们将"常态阅读"解释为，在正常的情况下读者通常的阅读取向和阅读心理。"常态阅读教学"就是指遵循着"常态阅读"的一种阅读教学方法。它至少应包含文本解读的常态和教学过程的常态，此外，似乎还应涉及教学定位的常态，教学方法的常态，等等。

首先说说文本解读的常态问题。文本解读的常态其核心是文本阅读心理的常态。王荣生教授曾说过，"常态就是在正常的情况下读者通常的阅读取向，或具有较高阅读能力的读者们一致采取的阅读取向"[2]。阅读时，通常情

---

[1] 王荣生：《阅读教学设计的要诀——王荣生给语文教师的建议》，中国轻工业出版社2014年版，第9—10页。

[2] 王荣生：《阅读教学设计的要诀——王荣生给语文教师的建议》，中国轻工业出版社2014年版，第17页。

况下，此文本应该读什么，较高水平的读者读什么，要首先给予考虑；先读什么，再读什么，阅读顺序要符合一般阅读心理。例如，我们在读李白的《静夜思》，一定不会读出"这是爱情诗"的结论；我们也不会一上来就说这首诗是表达思乡之情的，然后就在诗中找思乡的句子和词语。一般地，我们会先读一读这首诗，初步感知一下，然后再想一想，这首诗到底写了什么，然后有可能停留在某个词上，对其进行思考，如"床"在哪里，为什么是"疑"等；然后再看看自己的思考和一般性的结论是否一致。这才是常态的。同时，文本解读的常态对应的是教学的常态，按照文本阅读的常态心理来引导学生读文本。这也就涉及教学过程了。

其次说说教学过程的常态问题。阅读教学本应该是教师一步步地巧妙地引导学生来理解文本，而不是告诉学生，强迫接受。这里有几点要注意：第一是"一步步地"，即循序渐进，由表入里，由浅入深，不能跳跃（是指阅读心理不能跳跃，不是教学程序不能跳跃）；第二是"巧妙"，即每一步的设计要巧妙——巧扣文本，巧设情境，巧抓学生的即时认知水平与认知程度，同时，两步之间的过渡要巧，不着痕迹；第三是"引导"，学生对文本的理解不是教师强加的，而是在教师的引导下自己理解的。教学过程是个复杂的工程，它涉及的内容很多，如方法的选择问题，还有过程的控制问题，诸如造境与导入、环节与过渡、问题与解决、支架与工具、控制与开放、引导与扶助等，都是需要深入探讨与研究的。我们在具体实践中也有所认识，后文谈到"常态阅读教学的操作"也会涉及一些。

通过以上分析，结合多年的研究与实践，我们构建出以下常态阅读教学的模型：

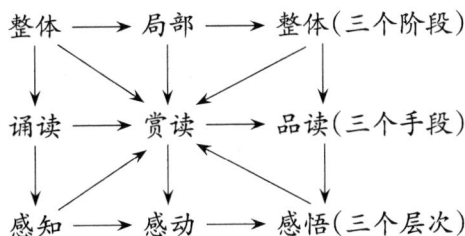

整体 —→ 局部 —→ 整体(三个阶段)

诵读 —→ 赏读 —→ 品读(三个手段)

感知 —→ 感动 —→ 感悟(三个层次)

※该模型主要针对文学类文本的阅读和阅读教学。

横向看，整体——局部——整体，这是阅读的三个常态心理阶段，也应当是课堂阅读教学的三个阶段；诵读——赏读——品读，这是课堂阅读教学逐步推进的三个手段；感知——感动——感悟，这是阅读文本逐步深入的三个层次。（说明：这里的"感动"是指有所感而有所动。）

纵向来看，常态的阅读教学先是整体的诵读感知，然后是局部的赏读感受，最后是整体的品读感悟。下面具体说说。

整体感知文本，了解文本基本内容。从阅读心理的角度来看，这是第一个层次，是对文本的第一次接触，对文本内容的初步感知，建立对文本的初步印象。从教学环节来看，这是文本教学的第一个阶段。本环节主要采用诵读来完成。从形式上，诵读可分为教师的示范读、学生的操练读（个体自由读、小组读、集体读、分角色读等）、师生协作读等，既可以是放声读，也可以是默读。诵读是赏读、品读的前提。

局部感动文本，读出文本个性理解。从阅读心理的角度来看，这是第二个层次，是对文本的语言、手法、结构、情感，词句、段落等的个性化、深入的赏析。从教学环节来看，这是文本教学的第二个阶段，它是在诵读的基础上，对文本的进一步解读、赏析，这些解读、赏析是在教师的引导下学生对文本重点内容的自觉理解。于学生而言，是有所感而有所触动。赏读的形式多种多样，但最好是在教师引导下的通过有计划的教学活动来展开。其中，师生的共同活动和教师的相机点拨、引导极为重要。

整体感悟文本，深化内化文本品味。从阅读心理的角度来看，这是第三个层次，是在前两个阅读层次的基础上对文本进行整体的更深入的品味，主要是学生自己在再次整体阅读文本的基础上，读出对文本的整体感悟。有时是个性化的感悟。从教学环节来看，这是文本教学的第三个阶段，它是在赏读的基础上，对文本的深入的品读。它不同于第一阶段的初步感知，而是在进入文本之后又走出文本的更高层次的个性化的感悟。

"赏读"既是阅读的重点，也是阅读教学的重点。根据鲁墨哈特的"相互作用"阅读模式，从"诵读"到"赏读"，是自下而上吸纳的阶段；从"赏读"到"品读"是自上而下的验证阶段。"赏读"毫无疑问成了整个阅读活动和阅读教学活动的中心，这从上图也可以看出。

※对于实用类文本的"常态"阅读教学模型，我们用以下图式表示：

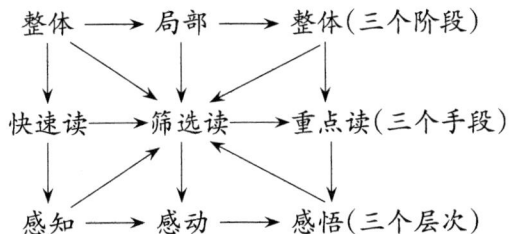

整体 ——→ 局部 ——→ 整体(三个阶段)

快速读 ——→ 筛选读 ——→ 重点读(三个手段)

感知 ——→ 感动 ——→ 感悟(三个层次)

阅读的重点指向"筛选读"，即筛选信息的能力，这是实用类文本阅读与教学的重点。具体运行与文学类作品阅读和教学大同小异，不再阐述。

2017版《高中语文课程标准》里也提道："语文课程应引导学生在真实的语言运用情境中，通过自主的语言实践活动，积累言语经验，把握祖国语言文字的特点和运用规律。"引导、营造（创造）真实的语言运用情境、学生自主的语言实践活动，应该是今后阅读教学中的常态。

三、"常态阅读教学"的实践探索

"常态阅读教学"模型是在多年的教学实践中探索中总结提炼而成。同时，我们又将其反过来观照当下的语文教学实践，在实践中印证、完善。在具体的操作中，我们将"常态阅读教学"分解成三大部分，即文本解读、教学定位、过程设计，每个部分又细分出具体的操作步骤和操作要领。具体如下图：

常态阅读教学操作方法	1文本解读	A 正确解读	A1 知识正确	A2 方法得当
		B 文本细读	B1 还原法	B2 抓关键词法
	2教学定位	C 目标确立	CD1 课程标准	
			CD2 教材内容	CD5 学生情况
		D 内容选择	CD3 单元内容	
			CD4 文本内容	
	3过程设计	E 方法选择	E1 整体的方法	E3 文本特点
			E2 局部的方法	E4 教师特点
		F 过程控制	F1 造境与导入	F2 环节与过渡
			F3 问题与解决	F4 支架与工
			F4 控制与开放	F5 引导与扶助

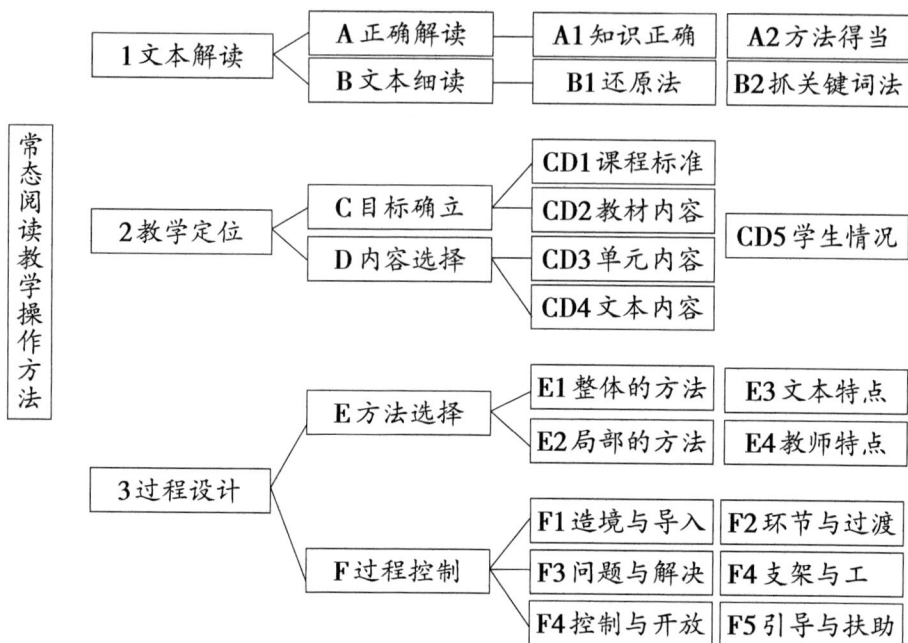

　　在对以往十几年的教学经验进行总结与理论研究提升的同时，我们在区域范围内开展"常态阅读教学"的研究课、示范课。本人先期执教的有《故都的秋》《想北平》等，以期起到一定的示范作用，并形成一定的影响。我们还在闵行区暑期培训课程中专门开设了区级课程"常态阅读教学设计"，加以介绍和宣传；同时，建立了常态阅读研究群，吸引了全国各地的语文教师参与到研究中来。我们也欢迎广大语文教师积极参与，提出宝贵的意见和建议。

　　我们还成功申报了上海市闵行区重点课题，以团结更多老师，进行更加深入、细致的研究，使得"常态阅读教学"理论上更完善，实践中更有操作性和示范价值。

目 录
CONTENTS

1 常态阅读示例

《大路上的小孩》/ 3

13 现代诗文教学案例

《故都的秋》/ 15

《想北平》/ 40

《胡同文化》/ 59

《我有一个梦想》/ 85

《非攻》/ 99

《雨巷》/ 115

131 古代诗文教学案例

《杜甫与杜诗》/ 133

《前赤壁赋》第二课时 / 154

《长亭送别》/ 169

193 其他类教学案例

《文本细读》/ 195

《就任北京大学校长之演说》/ 215

《文学作品的个性化解读》/ 229

253 后 记

常态阅读示例

《大路上的小孩》

阅读实录

用常态的心理来阅读

——卡夫卡《大路上的小孩》阅读过程实录

对于卡夫卡，我（们）总是心存敬畏的。我准备鉴赏（或叫做阅读）他的短篇小说，我最后选中了《大路上的小孩》，于是我开始阅读。

第一遍阅读。

首先，我对题目产生了兴趣（或者叫好奇吧）。

"大路上的小孩"，到底是什么意思呢？走在大路上的小孩？小孩在大路上？小孩在干吗？"大路上"会不会有什么特别含义？"小孩"会不会是指某种人？"大路上的小孩"会不会隐含某种意思？之所以有这些想法，是因为我想，作为表现主义文学代表作家卡夫卡的小说，一定有其深刻的内涵。

然后，我从文章开头慢慢地一直往下读。说实在的，读了很久，我还没弄清，小说到底在写什么，但我坚信，精彩的一定在后头。因为，作为中国的读者去读西方的文学作品，往往有很多隔膜，历史的，文化的，知识的，习惯的,等等，比如福楼拜的《包法利夫人》，莫泊桑的《项链》，小说的开头都是大段的环境描写或心理描写。但是，只要你坚持读下去，你就会发现，后面的确很精彩。因此，我再接着读下去，读完开头的环境描写，读完孩子们在野外的打斗。

最后，我在小说的结尾似乎发现了一些什么。因为，前面内容是写孩子们一起相互打斗，好像是在展示着孩子们之间的矛盾；但在文章结尾，我们却看到孩子们彼此握手，一起唱歌。小说中的"我"在和大家分手时还向站在"我"旁边的人亲了一下，还和离"我"最近的三个人拉了拉手。这样看来，前面发生的并不是打斗，而是嬉戏。于是我迫切地往下看，小说结尾的一段对话引起了我的注意，尤其是位于南边的城里的人"不睡觉"，"他们不累"，"因为他们是傻子"这些语句，引起了我的深入思考。这也许就是小说要表达的主旨！孩子们在野外（"大路上"）打闹嬉戏，充满乐趣，而城里的大人们却没日没夜地拼命地工作，他们或为名，或为利，牺牲了休息和乐趣，多么傻啊！

第一遍阅读到此结束，于是我开始了第二遍阅读。

第二遍阅读，我是带着目的的。一是要仔细阅读，印证我对文章主旨的理解是否正确（或者叫"恰当"）；二是想弄清文章开头环境描写的作用；三是想弄懂文章的写作手法，也就是想考究一下，为何写一群孩子。好了，有这些疑问之后，我开始再读小说了。

首先，我仔细地阅读了小说开头的环境描写部分。小说开头部分是以"我"——一个孩子的视角来描写的，"我"坐在园子树林中间的秋千架上休息，看到炎热的夏天的傍晚，农民从地里大声地笑着回来，马车的轮辐和辕杆"嘎嘎作响"，"我"看到男人们、女人们坐在禾把上休息，老先生散步，两个姑娘手挽手和老先生打着招呼走了过去；"我"看到鸟儿在飞，星星在闪动。从这些描写中，我们似乎感觉到乡村生活的宁静、祥和、美好。

接着，我认真地品味了，"我们"这群孩子在大路上、沟渠中的追逐打闹。这打闹可以分三段。一是打闹前的准备。"我"在吃晚饭，玩伴在窗外叫"我"，有一个还跳上窗户的胸墙，还有人埋怨"我"老是迟到。从中我们可能想见一群小玩伴们是经常约会玩耍的，这里充满着童年生活的乐趣，似乎把我们也带入了童年时代。二是打闹玩耍。这一段读来最有亲切感，孩子们的打闹写得很逼真，动词、语言对白都很形象生动。他们很投入，从一条沟滚进另一条沟，多么疯狂啊！多么放松啊！我们小时候不也这么玩过吗？三是游戏结束。月亮已经升得相当高了，时候不早了，该回去了！"我们靠得很近地跑着，有的人彼此握手""有人发出印第安人战斗时的呐喊"。这是打闹戏耍之后的兴奋，这是愉快，这就是小孩，童年的小孩，小孩的童年。玩耍，给童年生活带来无限乐趣；玩耍，增进了小玩伴之间纯真的友谊；玩耍，也留给人们很多美好的回忆。

最后，我认真地推敲了小说结尾的那段对话，将之与前文相对照。这次，我可以印证自己的观点了，也就是说，我认为我在第一遍阅读小说时，对小说结尾的分析和对小说主旨的推断应当是合理的。小说是想表现人活在这世上是多么的累，而这累的根源就是名和利。人们为了名和利，抛去了休息，也抛去了很多乐趣。他们不可能再像孩子们一样去嬉戏玩耍，也不可能像孩子们一样天真无邪、直率可爱。为了表现这个主旨，小说的开头极力营造一种和谐静谧的乡村环境，这里的环境描写是起着反衬作用的，是为下文表达主旨作铺垫的。而乡村的和谐与城里人的奔波忙碌又形成鲜明的对比，这一切都是通过"我们"这一群孩子的眼光来描述的。小说中着力刻画孩子们嬉戏打闹的无限乐趣，也和大人们的奔波忙碌形成鲜明对比，从而有力地突出主题。小说用环境描写来铺垫、渲染，以人物的不同行为来对比，不露痕迹地表达作者的思想。

好了，现在我开始第三遍阅读了。这一次我没有什么具体任务，我只是慢慢地读，细细地品。对一些有意思的地方，我会反复吟咏，细细咀嚼，并和整篇小说，乃至卡夫卡本人相关东西结合起来玩味，这样也许更透彻、深入。在有些地方，我就不由自主地停下来了。

小说开头的环境描写确实给人美感。"树叶轻微晃动"，农民"大声地笑着"，多么生动传神！老先生拄着手杖在傍晚（也许有夕阳）下散步，两个姑娘（充满着青春活力）手挽着手（幸福快乐地）和他打招呼，多么和谐！"我"的目光跟着鸟儿飞，却感觉"自己在下坠"，多么投入！

打闹前的描写很逼真。那动作（"跳上窗户的胸墙"）也只有孩子会做，那语言（"你老是迟到""缺德"）全带着孩子的口吻。打闹时的动作也很形象，如"头顶头""跺着脚""昂着头"。语言也很有趣，"你们下来""你们先上来"反复地说，充满孩子气。

打闹完时唱着歌，手拉着手，彼此没有产生仇恨，只产生浓浓的纯真的友谊，以及玩耍之后的快乐。大人们会这样吗？

当然，小说中还有很多值得品味的地方，不同的读者，感觉也不尽相同。好了，现在，我可以提刀四顾，踌躇满志了。我把小说读了三遍，就这样，我对小说的初步鉴赏到此告一段落。剩下有些东西，是要放到以后的生活中去慢慢体味，慢慢感受的！

（本文原载于《语文教学通讯》高中刊2006年7—8合刊）

◇ 附 ◇

大路上的小孩

卡夫卡 著／陆增荣 译

我听到车子驶过园子栅栏前面。有时我从树叶中轻微晃动的空隙里看看，看看在这炎热的夏天，马车的轮辐和辕杆是怎样嘎嘎作响的。农民从地里回来，他们大声地笑着。这可是缺德。

这是我父母的园子，我正在园子树林中间休息，坐在秋千架上。

栅栏外的活动停止了，追逐着的小孩也过去了，粮车载着男人们和女人们，他们坐在禾把上，将花坛都遮住了。将近傍晚，我看到一位先生拄着手杖在慢慢散步，两个姑娘手挽着手，迎着他走去，一面向他打招呼，一面拐向旁边的草丛。

然后，我看到鸟儿像喷出来似的飞腾，我的目光跟踪着它们，看着它们是如何在眨眼之间升空，我的目光跟着它们直到我不再觉得它们在飞，而是我自己在往下坠。出于偏好，我紧紧地抓住秋千的绳子开始轻微地摇荡起来。不久，我摇晃得激烈了一些，晚风吹来，颇感凉意，现在，天上已不是飞翔的鸟儿，却是闪动的星星。

烛光下，我正用晚餐，我经常将两臂搁在木板上，咬着我的黄油面包，这时我已经累了。风将破得厉害的窗帘吹得鼓胀起来，外面有人路过窗前，间或两手抓紧帘子仔细端详我并要和我说上几句。通常蜡烛很快便熄灭了，在黑暗的蜡烛烟雾中，聚集的蚊蝇正要兜一阵圈子，有一个人在窗外问我什么，所以我看着他，我好像在看着一座山或看着纯净的微风，也没有许多要回答他的。

有一个人跳上窗户的胸墙，进行通报，而另外的人似乎已经到了房前，我自然站起来，叹息着。这人说："不行，你为什么这样叹息？到底发生了什么事，有什么特殊情况吗？有什么倒霉的事吗？我们不从中休息一下么？一切都完了么？"

什么也没有完，我们跑到房前。

——"你老是迟到。"

"怎么说老是我？"

——"就是你，你不愿意跟我们一起的时候，就待在家里。"

——"缺德。"

——"什么？缺德！你说什么？"

这个晚上我们就这样头顶头地干起来了，也不顾白天黑夜。很快，我们背心上的纽扣互相摩擦，有如牙齿上下碰撞；一会儿我们又互相追逐，彼此距离总是差不多；我们浑身发热，像热带的动物一样。我们又像古代战争中的胸甲骑士一样跺着脚走，昂着头，往小胡同下面进军，我们又以这种攻击姿势继续向大路上挺进，个别人进入街道的沟渠里，但他们并未消失在黑暗的斜坡前，而是像陌生人一样站在上面的田间小道上，居高临下地看着我们。

"你们下来！"——"你们先上来！"——"你们把我们拽下来嘛，别忘了，我们并不蠢。"

——"你们说说看，你们可是胆小啊！只管来嘛！来嘛！"

——"真的吗？你们？就是你们，要把我们拽下来？没瞧瞧你们那副熊样？"

我们开始攻击，我们被胸脯撞击着，被摔在沟渠草丛里，我们跌倒了，是自愿的，草丛里到处一样的暖和，草丛的冷暖我们不知道，只觉得累。

我滚向左侧，以手当枕，这时我真想睡觉！虽然我想用突出的下颚把自己顶起来，但却滚进了更深的沟里。然后我手臂支撑前面，两腿斜缩，向前扑去，结果又掉进了一个深沟，肯定比前一条沟更深，但我一点也不想停止这种游戏。我真想在最后的一个沟渠里充分地放松自己，躺下来美美地睡上一觉。特别是我的膝盖，我几乎忘记了它。我躺着，我躺着笑了，我的背有毛病。当一个男孩双肘贴着髋部从斜坡越过我的沟渠跳向大路上时，我看见他墨黑的鞋底，这时，我眨了眨眼。

月亮升得相当高了，一辆邮车在月光下驶过，微风四处轻轻飘起，在壕沟里我也感觉到了。附近的树林里已开始沙沙作响，这时，一个人躺着不怎么觉得孤独。

"你们在哪儿?"

——"过来!"

——"大家一起来!"

——"你躲什么，别胡闹!"

——"你们知道邮车过去了吗?"

——"没有! 已经过去了吗?"

——"当然，在你睡觉的时候，邮车已经过去了。"

——"我睡觉了吗? 我可没有睡呀!"

——"别吭声，有人看见了。"

——"我求求你。"

——"过来。"

我们靠得很近地跑着，有的人彼此握手，头昂得不够高，因为大家都在朝下走路，有人发出印第安人战斗时的呐喊，我们疾速奔跑，速度之快，前所未有。在快跑时风也助了我们一臂之力，恐怕什么也挡不住我们。在超过别人时，我们可以交叉手臂，而且安静地环视周围。到了野溪桥我们就停下来了，继续往前跑的人也返回来了。桥下的水冲击着石子和植物的根部，好像还并不多晚，我们之中居然没有人跳到桥的栏杆上去。在远处的灌木丛后驶出一辆火车，所有车厢通明透亮，玻璃窗肯定都打开了。我们中有一个人开始唱起了矿工之歌，我们也都跟着唱。我们唱得比火车前进的节奏要快得多，我们摇晃着手臂，歌声的力度不够，但我们歌声紧迫，并因此而开心。如果有一个人将自己的声音融入并领起其他人的声音，他就如同被鱼咬住一样，大家跟着他唱起来。我们唱近处的森林，唱远方的游子，声声入耳。大人都还在活动，母亲们正在收拾夜晚的床铺。

时间到了，我向站在我旁边的人亲了一下，和离我最近的三个人拉了拉手，然后开始回家了。没有人叫我。我拐进了第一个十字路口，在那里他们看不见我了。我在田间小路上跑着，又进入了树林。我赶往位于南边的城里，从那儿就到我们村了。

"注意，那儿有人，他们不睡觉。"

"那他们为什么不睡觉？"

"因为他们不累。"

"他们为什么不累？"

"因为他们是傻子，"

"傻子要累多好啊！"

研究论坛

以"常态"的心理畅游文本

胡志丹

拿到卡夫卡的这篇小说，很多人的心情大概都是好奇而惶恐的。正如朱诵玉老师在阅读实录中所言，好奇"大路上的小孩"是什么意思？由卡夫卡——这位风格独特的表现主义作家来讲述，又会带给我们什么样的阅读体验？而惶恐，则源于对卡夫卡这位被冠以"表现主义大师""现代派先驱"的作家的刻板印象——他的作品透过荒诞表象揭示社会的本质和凭瞬间直觉记下的蒙着梦幻色彩和晦涩迷雾的文风。

好奇与惶恐的拉锯，让我们在文本面前踟蹰逡巡，也错失了很多享受经典作品所创造的文学世界的机会。或者，让我们在不知不觉中，成了只会拾人牙慧、对号入座而缺乏真切体悟和思考的"假读者"。朱老师的这篇《〈大路上的小孩〉阅读过程实录》，作为一次阅读思考过程的梳理和再现，是一次勇敢而有效的尝试，甚至可以说是常态阅读的一次绝好的实践。

（一）去思维之负重，还阅读之本色

在阅读过程中，如果只是让文字从头脑中一句一句甚至一个词一个词地掠过而没有交流和碰撞，我们说这样的阅读是低效的甚至是无效的。但当下的阅读在"矫枉过正"中不知不觉偏向了另一个极端——过度追求"意义"。从文本的内容、作者的意图开始，到创作手法、人物分析、符号隐喻，甚至逐句逐次解析……诚然，这些对文本的研究都是不可或缺的，但这是否真的适合初次接触文本的中学生，是否能带来可持续的阅读行为，进而让学生想象、感知、思考，甚至领会？多年前苏霍姆林斯基就说过："现在的课堂就是关于阅读的谈话太多，而阅读本身太少。"是的，症结在这里。可是，如果阅读前就有那么多预设任务，阅读后又要进行这么多的解剖式分析，思维负重如此，学生的阅读兴趣又在哪里？又如何能悠然前行？

从朱老师的阅读实录可见，他一开始就把大石头从胸口放下，轻装上阵，且不把能否读深、读准看做是最重要的标准。放下思维负重去阅读经典，兴趣就自然而然地生发出来了。有了兴趣，自然就有了阅读的持续性和主动性，而主动阅读，又往往能产生好奇点、新发现。我以为，这正是阅读的一次"返璞归真"。阅读之于人，其实就应该是如空气、如水一般平常而恒久的存在，是一种常态。我们用感官摄取，用思维呼吸，这是很平常的事情。而一旦把阅读看作是神圣的、极富智慧的超常存在时，我们反而无从下手了。

当然，让阅读回归本色、回归常态并不是简单的乘着文字的云彩飘然而过，再换一片云彩继续前行。阅读是需要也必然会有思想的沉淀的。而对于那些经典作品，更是值得我们一读再读。比如朱老师读《大路上的小孩》，在初读之后，有了简单的看法和印象，但并不止于此，而是进行了第二遍、第三遍的阅读，这也非常契合卡夫卡作品的特点。加缪在《弗兰茨·卡夫卡作品中的希望和荒诞》一文中提及，"卡夫卡的全部艺术在于使读者不得不一读

再读，它的结局，甚或没有结局，都容许有种种解释，这些解释都是含而不露的，为了显得确有其事，便要求按照新观点再读一遍，常常可能有两种读法，因此，读两遍看来是必要的。作者的本意也正是这样。"①

（二）无须揠苗助长，由浅自然入深

朱老师的第二遍阅读，带着目的，这个目的是基于他第一遍主动、轻松的阅读的，可以说是为了回答他心中的一些疑惑，而在"为自己答疑"的过程中，他很自然地对小说有了更深层的解读。这样的由初读主动生发的疑问，是属于每个读者自身的、解读文章的金钥匙，问题不再带有"强制提问"意味，探索就显得更生动流畅。就这样，他对小说开头的环境描写、孩子们的打闹过程和结尾的对话进行了分析和思考，加深了对《大路上的小孩》的理解。

对于《大路上的小孩》（或译《公路上的孩子们》）的分析文字几近于零，除了《卡夫卡全集》（第1卷）中编者的一条按语——"这是作者《一次战斗纪实》第二个稿本中的第三张，根据勃罗德判断约写于1903—1904年，是卡夫卡最早的作品之一。"②而朱老师通过这样一系列自然、轻松、富有趣味又不失深刻的阅读，进行了那么流畅精彩而真正具有自己的思考的解读，实在是颇有借鉴意义。

学生（或者说读者）会在阅读中获得意义，但这些意义不是被灌输的，也不是被强行牵拉的，而是像绵绵春雨落入丛林绿野，每一棵植物都会从细细腻腻深入土壤的水分中吸收自己需要的能要的那一部分，扎根渐深、茎叶渐长，甚至开花结果。所以，当朱老师第三遍阅读《大路上的小孩》的时候，他已然有了对小说的理解，这时候，他就可以深潜于文本，去品味小说语言形式上的妙处，由一个探索者变成了一个快乐的欣赏者。

（三）因本色而常态，因常态而持久

在当前的阅读生态之下，学生的阅读，某种意义而言，其实是被绑架

---

① 叶庭芳编：《论卡夫卡》，中国社会科学出版社1988年版，第103页。
② 弗兰茨·卡夫卡：《卡夫卡全集》（第1卷），河北教育出版社1996年版，第4页。

的——被阅读教学中重主旨、手法、意义，轻体验、感知所绑架，以致少思维、少乐趣，甚至无思维、无乐趣，阅读已然成为学生的一种负担。更可怕的是，越来越多的学生在丧失着他们可贵的主动阅读的能力。

而朱老师的探索，旨在回归阅读本色，即在最自然的、没有负担的情况下进行发现式阅读，由感知而发现，由发现而感悟。当学生的阅读褪尽浮华，阅读就成了朱老师所说的诵读、品读和赏读三个层面。诵读可以感知文本，了解文本基本内容；赏读可以感受文本，掌握文本共识内容；品读可以感悟文本，品出文本个性内容。这也可以认为是阅读的常态。通过老师循序渐进的层层引导，学生步步深入，在文本的丛林中探索发现，有所收获。

叶圣陶先生在《国文教学的两个基本观念》中谈到了国文教学的目的："国文教学自有它独当其任的任，那就是阅读与写作的训练。学生眼前要阅读，要写作，至于将来，一辈子要阅读，要写作。"①所以，在阅读上，我们要做的，一是授学生以方法，如何阅读才能"明白通晓，摄其精英"，二是让学生养成终身阅读的习惯，终身以善法阅读，从阅读中源源不断地汲取知识、体验、感受和思考。遵循学生阅读心理而生发的阅读——常态阅读，可以说是阅读的善法良方，当阅读变成不失深度的"悦读"的时候，相信，学生的收获将是巨大而持久的。

（作者单位：浙江省柯桥中学）

---

① 叶圣陶：《叶圣陶集（第13卷）》，江苏教育出版社1992年版，第53页。

现代诗文教学案例

《故都的秋》

教学实录

教学视频

时间：2017年12月1日下午
地点：浙江台州外国语学校
班级：高一（3）班

（课前交流。）

师：（微笑着说）没想到桌椅是这样排列的，不方便交流啊。不过我还是会找到坐在中间和后面的同学的。同学们预习课文了吗？

（教师大致巡视，发现有不少同学自己在课文上作了标注。感喟道：台州外国语学校的孩子们真是朴素、认真！）

师：我很感动！你们没有教材，课文是复印的（台州用的是苏教版语文教材，其中没有《故都的秋》这一课）。你们手中的资料很少，但不少同学都写了不少，真是很认真。表扬大家！另外，我刚才注意观察了一下，感觉同学们怎么这么小。

众生：我们不小。

师：是吗？那我们今天就和大家一起学习《故都的秋》。一个到了中年的人，写了一篇《故都的秋》，隔了时空，要我们今天的同学来理解，恐怕还是有点困难。不知道大家有没有信心和我一起来攻克这难关。

众生：（齐声）有。

师：今天我们一起来上这节课，对我来说，对大家来说，都可能是一生中的唯一,是最后一次。人们常挂在嘴边的有两个字——缘分。这是一种缘分。对吧!

(学生的情绪基本被调动了,情感准备完成。)

师:下面我们一起学习郁达夫的《故都的秋》。

(正式上课。)

师:不知道在同学们的心目中,对秋有什么印象。

(一女生被指名回答)

生1:秋天……嗯……嗯……(反复,可能有点紧张)有很多水果。(众生大笑)

(回答完全不在预设之中)

师:(引导)你喜欢什么水果?

生1:嗯……嗯……苹果。(众生又大笑)

(回答和课文毫无关系,但至少缓和了课堂气氛,也算有收获。)

师:(故作惊讶)苹果啊?不过,《故都的秋》里也写到了很多水果,是吧?

(有学生立刻看书,这真是好习惯。)

师:写了什么水果?

众生:(大声地)枣子。

师:(对生1)还有什么?

生1:没有了。

师:好的,请坐。我们看看郁达夫在《故都的秋》里面都写了什么,好不好?

众生:好。

师:我有个习惯。喜欢读一读。我来读几段,好不好?

众生:好!(看书)

(教师诵读文章1、2段和最后两段。目的是要把中间待欣赏的几段留给学生读。)

师:(读完,见学生没反应)我读完了,大家总要表示一下吧?

(众生立即鼓掌。这样做的目的是营造课堂亲切、轻松的气氛,并为给其他学生鼓掌作铺垫，也是培养"赏识"的品格。）

师：下面大家自己自由读一读，读我没有读的地方，好不好？熟悉一下课文，找找感觉。然后四人小组推荐一人来读给大家听。

（众生自由诵读课文。一段时间后……）

师：请同学来读啦。只读一段。谁来？

生2：（大声地）我来！

（这是意外，原本做好了没人主动读的准备，没想到一个男生竟然立即大声要求读。）

（众生自发热烈鼓掌！）

生2：我读第3段！

师：好！

（生2有感情地读。）

生2：……教长（zhǎng\cháng 不知读哪一个）……

师：zhǎng。

（读毕，众生再次热烈鼓掌。）

师：你做了第一个，读得也很好，同学们都给你鼓掌了。还有谁读？

师：（巡视后没发现，指向课前交流的一个小女生）你来读吧。

（回放录像时，才发现有一个女生举手了，但是，是那种举得很低的样子，当时没发现。）

生3：我读11段。

（备课时以为没有学生会读这一段，因为我觉得本段写秋果并无美感，和全文的"清静悲凉"联系不大，但是，现在学生却要读。应该有两个原因：一是课始导入时有学生谈到喜欢水果；二是可能以十几岁的孩子来说，对课文的理解还是表面的，不可能一下子理解类似"秋蝉残声""扫帚的丝纹"这些东西。因而，决定在后面教学时加强引导。）

（生3读毕，众生自发鼓掌。）

师：golden days是什么意思？

生3：（他生也杂曰）好日子。

师：还有，"像鸽蛋——似的（shìde）"（纠正读音）读得不错，你们有没有表示？

（众生鼓掌）

师：再来，还有谁读？

生4：（主动）我读12段。

师：你厉害啊。

（没想到学生会读12段，这段带有议论的话，比较深奥难懂，原本以为学生应该不会读，所以准备在其读后深入了解一下。）

（读毕，众生鼓掌——已经形成习惯了。生4准备坐下。）

师：请等一下。你为什么选这一段？

生4：写了外国诗人，中国诗人，描绘出了他心里面的秋。

师：描绘出心里面的秋？我不太理解你这句话的意思，你能解释一下吗？

生4：就是他……嗯，文字用了外国的诗人，中国的诗人……

师：那你的意思就是他引用了这两者，是吧？

生4：嗯。

师：然后，你就想读了？

生4：嗯。

（简单的交流之后，明白该生对本段内容并未能深入、透彻了解。）

师：这种解释我不是很满意，可能你是一种感觉，想读这一段，是吧？请坐。

（至此，关于秋天的几幅图，还有落蕊丝纹、秋蝉残声、秋雨闲人没人读，似乎感觉学生并不喜欢这几段，可能有原因——学生并不能体会郁达夫喜欢的悲凉美。）

师：剩下的不多了，还有没有人读？

（鼓励半天，也没有人愿意读，于是指定一个学生读。）

生5：我读第1段。

（本以为会读这几段，没想到读我读过的第1段，完全出乎意料——这段我读过了，再读也浪费时间，同时那几个重要的段落也没人读，影响后面的赏析。但还是让她读了。）

师：你想和我PK一下？（众生笑）

（读毕）

师：和我比怎么样？（众生笑）还剩下的内容，有没有人读？

（众生默然，看来对这几段真的不感冒。）

师：这样吧，我们一起来读一读，好吧？北国的槐树……

（来一段齐读也很好，孩子们精神振奋，声音清脆响亮，教室里书声琅琅。真难得！）

师：（众生读毕，纠正）天可真……

众生：凉了。

师："了"声调要上扬，类似"啦"。

（至此，时间过去18分钟，仅诵读和指导就占用了约16分钟。）

师：刚才我们花了很多时间来读课文。（走向第一个读的男同学）我记得第一个读的是你吧？

生2：是的。

师：那我问你一个问题，好不好？

生2：（非常干脆、响亮）好！

师：你为什么读那一段（第3段）？

生2：因为他写在皇城租人家一椽破屋住着，早晨起来泡一碗浓茶，我觉得非常悠闲。

（这个"悠闲"的点说得非常好，决定抓住这个点深入。）

师：怎么就悠闲了？

生2：你看我们学生早晨起来哪有时间泡茶？这样看，他不是挺悠闲的吗？（众生笑）

师：泡的是什么茶？

众生：浓茶。

师：为什么泡浓茶？

生2：提神！

师：你看到这句才读这一段的？（学生的回答虽有可取之处，但仍不够全面。）

生2：不是，还写了很多牵牛花。

师：哪些牵牛花？有什么特点啊？

生2：像喇叭似的牵牛花。

师：这是形状。牵牛花除了像喇叭似的，还有什么特点？

生2：颜色。

师：很好。颜色有什么特点？

生2：蓝色，白色，紫黑色，红色。

师：作者最喜欢什么颜色？

生2：蓝色，白色。

师：作者最喜欢蓝色，白色，是吧？

生2：嗯。

师：很好。请坐。

师：（对众生）这一段不仅写了泡茶，还写了牵牛花。好像还不仅仅写了这些，还写了什么？

（众生杂乱地说，有人说，还写了驯鸽的飞声。）

师：你说。

生5：还写了驯鸽的飞声。还有碧绿的天色，一丝丝漏下来的日光。

师：一丝丝漏下来的日光，他是怎么知道的？

生5：他数的。（众生笑）

师：数的。讲得好。他为什么去数日光呢？

生5、众生：悠闲。

师：哦，又回到这里——悠闲。那么，这日光是从哪里漏下的呢？

生5、众生：槐树叶底。

师：槐树好像不止提到一次哦。

众生：嗯。

师：后面我们还要说槐树。这之前还写了什么？

生5：（迅速地）陶然亭的芦花，钓鱼台的柳影，西山的虫唱，玉泉的夜月，潭柘寺的钟声，还有那一椽破屋。

师：都是他看到的？

生5：（犹豫中……）

众生：他想的。

师：哦，全是他想的，是吧。为什么想这些？为什么不想巍峨的皇宫，不想太和殿呢？

生5：这些具有代表性？

师：要说代表性，天坛、故宫更有代表性。

生5：这些更贴近生活？

师：贴近谁的生活？

生5：普通人的生活。

师：我也是平凡的普通人，可我不会想到陶然亭的芦花、钓鱼台的柳影这些啊。我很向往故宫，不向往这些。（众生笑）

生5：（不能解释）。

师：那我们看看，这些东西都在哪里。

（众生交流）

师：注释里有。陶然亭在哪里？

众生：北京城南。

师：钓鱼台在哪里？

众生：北京阜成门外。

师：西山在哪里？

众生：北京西郊。

师：玉泉在哪里？

众生：玉泉山，是西山的支脉。

师：潭柘寺在哪里？

众生：在西山。

师：你们有没有发现，这些都是在北京城外，没有一个在故宫边上，都在郊区。郊区的这些景，可能给人的感觉没有那么热烈，显得——

生6：（接上）清静！

师：你讲得很对。清静。这种清静以及悠闲不仅体现在这里。他还发现了牵牛花底下有——

众生：草。

师：对。还有草。什么样的草？

众生：疏疏落落的尖细且长的秋草。

师：对。如果这里是胖的草，就和其他的景不协调了。这些景到底贴近谁的生活呢，我们后面再讨论吧。

（此处不作深究，留待后面探讨"写景的主观性"时再说。）

师：刚才这一段是那位男同学读的，后面几段没有人读，估计是大家还不太熟悉的缘故。文章写到了柳影、虫唱、芦花、秋草之外，还写了什么？

（众生翻书）

生7：槐树。

师：是槐树吗？

（众生沉默）

师：好像是写槐树的什么……

众生：落蕊。

师：落蕊是什么意思？

众生：像花又不是花。

师：像花又不是花。蕊就是花，落蕊就是落花。还写了什么？

（众生七嘴八舌，回答不上。可见并不能理解"扫帚的丝纹"。）

师：还有扫帚的——丝纹。扫帚的丝纹有什么特点啊？

众生：细腻，清闲，落寞。

师：扫帚的丝纹你们见过吗？

众生：没有。

师：早晨起来，看到扫地的，在那里扫，就有丝纹。丝纹用"细腻"形容可不可以？

众生：可以。

师：说明扫帚质量比较好，比较密，所以丝纹比较细腻。（众生笑）扫帚的丝纹怎么"落寞"呢？

（众生思考，无人回答。在意料之中。）

师：扫帚的丝纹怎么"清闲"呢？我也没搞明白，看你们能不能给我启发。

（众生自发地热烈讨论、交流。）

师：现在请同学们说说。最后边的靠近听课老师的那位同学，请你说说。

生8：我感觉后留下的扫帚的丝纹……

师：（面对众生）你们听懂了吗？

众生：没有。

师：（面对生8）好，那你再说一下。

生8：扫街的扫完地后带走了扫帚……

师：留下了丝纹？

生8：（点头）嗯！（众生笑）

师：那这丝纹为什么会让人感觉清闲呢？

生8：（沉默，回答不出。）

（这在预料之中，关于"落寞""清闲"学生很难理解，因为这涉及郁达夫写景的"主观性"，这也是下面要重点探讨的。）

师：（对生8）你没想好，是吧？那就请坐吧。有没有其他同学谈谈？

生9：如果是一个很忙的人的话，就不会去扫地……

师：你的意思是扫地的人很闲？（众生大笑）然后来扫地？

生9：嗯。

师：我还是没懂！请坐。看来，这个问题真难办。那就算了吧，过去吧。（留待后面分析。）

师：还写了哪些景啊？

众生：（齐答）秋蝉。

师：秋蝉是什么样子的？

众生：衰弱的残声。

师：衰弱的残声，为什么是衰弱的？

众生：到了秋天了。

师：到秋天怎么了？

众生：蝉快要死了。

师：对，蝉快要死了。快要死了的蝉当然叫不动了，所以是什么声？

众生：残声！

师：这残声出现的频率高不高？在哪里出现？

众生：无论在哪里都有。

师：你们觉得作者为什么写残声？带着怎样的情感呢？……讨厌？好像不是。

有生：喜欢。

生10：思念。他在南方从来听不到，只有在这里才能听到。

师：他恰恰喜欢听秋蝉衰弱的残声，是吧？

生10：嗯。

师：请坐。这秋蝉像家家户户养在家里的——

众生：家虫。

师：对，家虫。这里是个病句，改成"嘶叫的秋蝉是家虫"。

师：我们看看，还写了什么景？

众生：秋雨！

师：好像不仅仅是秋雨。还有什么？

众生：还有……

师：我也请一个同学来说说。（对生11）这几段除了写秋雨，还写了什么？

生11：北方人的声音。

师：北方什么人？

生11：都市里的人。

师：都市里的什么人？

众生：闲人。

师：很好。这几段写的是都市闲人。闲人有什么样的特点啊？

生11：穿着单衣。

师：什么单衣？

生11：青布单衣。

师：不是红的，绿的，是青布单衣。站在哪里？

生11：雨后的斜桥影里。上桥头一立。

师：上桥头干吗？

生11：遇见熟人。

师：遇见熟人干吗？

生11：聊天。

师：雨后两个闲人在那里聊天，用什么语调聊天？

众生：缓慢悠长的声调。

师：着青布单衣的都市闲人在雨后的斜桥影里用缓慢悠长的语调聊天。这秋天的雨有什么特点？

生12：短暂。

师：很好！还有呢？

生12：凉！

师：哪里看出凉？

生12：忽然来了一阵凉风。

师：没说是凉雨啊？

生12：和凉风一起，不凉吗。（众生大笑）

师：有点道理。不过，作者对这雨有评价，是什么？下得……

众生：下得奇，下得有味，下得更像样。

师："奇"在哪里？（众生看书，默然。）

生12：有味，更像样。

师："有味"在哪里？这个词来形容雨，我们无法捉摸，不好理解。那"更像样"呢？写出雨的什么特点？

生13：（小声地）阴沉沉的。

师：阴沉沉的就叫像样，那烈日暴雨就不像样了？

（众生茫然）

（就是要这个效果，这是无法回答的问题。正是要借此来说明郁达夫写景的主观性。）

师：这雨有味，像样我也没有懂。刚才还有什么我说我也没搞懂啊？

众生：清闲，落寞。

（勾连前面内容，为后面点出写景的主观性做准备。）

师：那我们先放一放。现在，我们看看郁达夫笔下的故都的秋有什么特点，好吧？

（众生看书。生2举手要说。）

师：啊，你又来了。这样吧，我们把机会留给其他同学。如果有困难，我再找你，好吧？

生14：清静。

师：哪里看出清静？

生14：陶然亭的芦花，钓鱼台的柳影，西山的虫唱，玉泉的夜月，潭柘寺的钟声，还有租人家一椽破屋来住着，都可以看出故都的秋是很清静的。

（学生能自己发现这些景的清静，说明前面的铺垫引导有效果。）

师：你说得很好。其实啊，所有的景都让人感到——

众生：（接）清静！

师：除此，还有呢？

生14：悲凉。（此生一下子说出悲凉，很有意思。但我感觉她不是真的理解了文章中的"悲凉"，至少其他同学此时还不能真正理解。所以，决定再进一步引导。）

师：怎么就悲凉了？

生14：第五段第六段都是写秋蝉、秋雨。

师：秋蝉、秋雨就悲凉，是吧？

生14：嗯。

师：秋蝉我能理解，衰弱的残声，可是两个闲人悠闲地聊天，不是聊得很开心吗？哪里悲凉？

生14：……（答不上）

师：不过你刚才说的都很好。请坐吧。大家给点掌声。

（众生鼓掌）

师：除了清静……悲凉，还有什么特点？（众生沉默思考）

师：（指向生2）现在请你来回答！

生2：秋雨吗……

师：（打断）我问你什么问题，你还记得吗？

生2：秋有什么特点。

师：对！

生2：悲凉。

师：大家都说清静，还说悲凉，不管你说什么，要有文本依据。

生2：文中有。可不是吗，一层秋雨一层凉了。秋雨下了，就凉了。

师：那又没说到"悲"。（众生笑）

（生2不能回答，众生也不能回答。可见，前面有学生说到"悲凉"并非真正理解。）

师：什么东西会让你感到悲？（众生七嘴八舌，议论纷纷。有一女生很有见解。）

师：这位同学说得真好，我请她说说。（指向生2）你请坐下吧。

生15：像花而又不是花的那一种落蕊，早晨起来，会铺得满地。脚踏上去，声音也没有，气味也没有，只能感出一点点极微细极柔软的触觉。

师：你说两个字就可以了。

众生："落蕊"。

师：很好。你们都看过《红楼梦》？

众生：没有。

师：《红楼梦》里有《葬花词》，落花让人感到悲。还有什么让人感到悲？

生15：灰土。

师：我给大家提个醒——你看他住的是什么地方？

众生：破屋。

师：也许就如有的同学所说的，郁达夫真的住不起别墅，也许不是。不过，这破屋的内涵就深刻了，里面就有种悲凉的意蕴。（指向生14）你请坐。

师：我们总结，文章所写的景都具有冷色调，（板书：冷色调）还有"清静"，（板书：清静）还有，大家自己开始说的，作者自己是悠闲的，（板书：闲）以我观物，物已经附着了我的色彩。文章没有写车水马龙的东西，没有写喧哗的东西。整个呈现出的是——清静闲。我们很难理解的就是刚才留下的几个问题，落蕊为什么清闲？因为他自己清闲。为什么落寞？

众生：（立即接）他自己落寞。

师：还有雨。什么叫有味，什么叫更像样？无法理解。无法理解就对了呀。那是谁的理解？

众生：郁达夫的理解。

师：他说雨有味，雨像样，我就说雨没味，不像样。我们发现，所选择的景，都带有一种——

众生：主观色彩。（至此，学生自己脱口而出，可见水到渠成。）（板书：主观性）

师：他根据自己需要来选的景，所选的景是贴近他自己的生活的。其实，北平有很多美景他都没有写。居住在北平，很容易就想到天坛，故宫，皇帝，大臣等，但他都没有写，他只是写了一种人——

众生：都市闲人。

师：明显的主观性。这种景又带有什么特点啊？刚才大家讨论的。

众生：悲凉。

师：对。（板书：悲凉）

师：破屋，落蕊，秋蝉残声，冷色调等，一系列的渲染，让我们感到悲凉。

师：大家喜不喜欢这悲凉呢？

（众生沉默）

师：作者觉得这悲凉好不好。

众生：好。

师：当然好，不然写它干吗。又不是批判悲凉。所以，作者认为这悲凉是一种——美。（板书：美）

```
冷色调 ╲
        ╲
         ➤ 主观性——悲凉美
        ╱
清静闲 ╱
```

师：既然他认为是美的，就体现了他对故都的秋景的——（众生接）喜爱。所以才有结尾那一句。什么？

众生：（主动读）我愿把寿命的三分之二折去，换得一个三分之一的零头。

师：非常好。同学们已经深刻领会了。你们讲了很多，都很好，其实和我原来设想的已经大不相同了。他说可以把生命折去来留住秋，可见对秋的喜爱。但我们知道，把悲凉作为美，对大多数人来说，是难以接受的。我说，你长得漂亮，真美，我喜欢，可以；我说，你长得真丑啊，我喜欢，不好理解吧。（众生笑）郁达夫又要喜欢这种悲凉美，又怕别人不理解，说他审美有问题，所以，他就要找一些人来证明一下自己，拉谁来证明呢？

众生：欧阳修，苏东坡……

师：对。中国的诗人，外国的诗人，他们都喜欢，不是我郁达夫一个人喜欢。其实这种欣赏悲凉的美在文学中是普遍存在的。如果大家有兴趣，课后可以研究研究。

师：今天的课就到这里。谢谢大家。你们给我留下了深刻的印象，也必将成为难忘的回忆。

下课！

研究论坛

关注阅读心理，实现文本个性化解读

肖　岚

（一）基于文本，明确教学的重点难点

《故都的秋》是郁达夫散文中的经典，是一篇阅读难度较高的文章。它的阅读难度不在于字面的理解，而在于作者用质朴通俗的语言所表达出的晦涩的主旨。对于本文主旨，众说纷纭：有人从传统文化的角度认为，"它是对某种中国文人传统情操、品格或境界的歌咏"，"是这种文化传统的幽灵再现"，"吟唱的是一种风卷云舒的传统文人情怀"；有人从作品的创作背景和作者当时左翼作家的身份看，认为它表达了作者对中国时局的忧虑和对民族前途的

担忧的爱国情怀；有人从作者当时的处境和心境看，认为本文真实地表现了作者内心的孤寂和郁闷。

因此，对于高中生来说，如果将教学重点放在"主旨的探索"上显然不是很适宜。朱老师的教学很巧妙地避开了这个难点，将目光聚焦到文本本身，"将教学重点放在文本的感知、欣赏上，突出语言的品味与情感的体味"，很好地突出了本文作为散文文本的语言的个性化和情感的独特性，切实展现了文本的文学价值。也正是确定了这样的教学重难点，让朱老师的课堂充满了文学性和语文味。

（二）把握学情，关注学生的阅读心理

除了对文本的深度解读，朱老师对学情的把握也使他的课堂预设和生成达到完美结合。因为是借班上课，对学生以往的学习经验不是很了解，于是朱老师根据学生情况，将其教学目标设定为三个层次，不同学生达到不同目标：初级目标（能诵读，诵读出一点情绪、气氛以及对文章内容的初步了解）、中级目标（能欣赏，赏析作者笔下故都秋景的特点——冷色调与清静闲）和高级目标（能品味，品味作者写景的主观性及作者对"悲凉美"的偏爱）。像这样划分不同层次的教学目标的方法是非常值得我们借鉴的。不同层次的目标，可以让不同层次的学生都能通过课堂在现有学习基础上进行学习与提升。

在实际教学过程中，我们看到朱老师的教学方式也在根据学生的阅读心理进行调整和改变。从大的方面来看，朱老师没有像一般老师教学时那样，上来就先让学生找故都的秋的特点，而是通过层层引导和铺垫之后，让学生水到渠成地感受到故都的秋是"清、静、悲凉"。这就是关注学生的阅读心理。从一些教学细节来看，比如当有学生主动要朗读第11段，这与朱老师一开始的设想有出入："备课时以为没有学生会读这一段，因为我觉得本段写秋果并无美感，和全文的'清静悲凉'联系不大，但是，现在学生却要读。应该有两个原因：一是课始导入时有学生谈到喜欢水果；二是可能以十几岁的孩子来说，对课文的理解还是表面的，不可能一下子理解类似'秋蝉残声''扫帚的丝纹'这些东西。因而，决定在后面教学时加强引导。"又比如学生选读第12段，通过简单的对话，朱老师了解到学生虽然读了这段话，但确实不太理解，便在后续教学中进一步落实。

朱老师从学生选择阅读某一自然段，就能准确把握学生的阅读心理，并初步判断学生理解中存在的盲点，确定下一步的教学过程，这固然是多年一线的教学经验使然，更是朱老师关注学生"学"的理念。正如于漪老师所说："教师要从习惯的从'教'出发的立足点转换到从学生的'学'出发，要充分考虑学生的实际，考虑他们想学什么，怎么学，学的过程中会碰上哪些障碍，怎样帮助解决，怎样才能使他们发挥积极性。"①

（三）常态阅读，实现文本的个性解读

张必隐先生在《阅读心理学》中提到"阅读一段篇章实际上就是发现合适的图式"。何谓"发现合适的图式"？朱老师的课堂就很好地呈现了发现"合适图式"的过程。

首先，他通过不同形式的诵读让学生对文章产生整体感知，有教师范读，也有学生自由选择段落进行朗读。在听和读的过程中，让学生对文本有初步的立体感知，大致把握文本的情感走向和语言特点。

接着，朱老师通过循序渐进的提问启发学生思考：第一个核心问题是谈谈为什么选择朗读这段话？"为什么"可能是感性选择也可能有理性分析，从这个问题中，教师可以初步判断学生是否能理解语段的内容，以及他们理解到了哪个程度，便于后续教学安排。第二个核心问题是你朗读的这段话中的景物有怎样的特点？这个问题是在进一步引导学生深入思考。当有学生说"悠闲"，朱老师适时抓住这点，进一步提问，如"为什么写浓茶"，"为什么数日光"，"为什么不想巍峨的皇宫，不想太和殿呢"，很自然地由学生最初回答的"悠闲"引导到"清静"。再由"清静"问到"落蕊"和"扫帚的丝纹"，试图让学生感受到"落寞"。由于学生生活经验的局限和理解力的不足，暂时理解不了扫帚的丝纹为什么是"落寞"，朱老师也没有抓住这个问题不放，而是继续探讨接下来的"秋蝉的残声""秋雨"和"都市闲人"，以感受"清净"背后透出的"悲凉"。由学生自己感受出的"悲凉"再回过头去体

---

① 于漪：《卓越教师第一课——于漪谈教师素养》，东北师范大学出版社2015年版，第139页。

味"落蕊"和"扫帚的丝纹",学生很容易便能理解这份"落寞"之意了。

由"悠闲"到"清静",由"清静"到"悲凉",朱老师通过一步步地引导学生,调动学生已有的生活经验,遵循学生的阅读心理,最后水到渠成地让学生自己从郁达夫景物的选择中,感受到"故都的秋"的"清""静""悲凉"的特点。教学环节环环相扣,浑然天成,让人不得不敬佩朱老师的教学水平之高,以及备课时的独具匠心。

最后,朱老师以评价的方式,让学生在思考和联系自我生活体验的过程中,去理解郁达夫描写景物的主观性。不得不说,"主观性"这个词是由学生在对景物特征进行品析之后,自己提出来的。但当我们回顾整个课堂,可以发现朱老师在其中进行了层层铺垫,这个铺垫的方式便是无疑而问,比如,郁达夫为什么会想到陶然亭的芦花、钓鱼台的柳影?为什么写疏疏落落的尖细且长的秋草?扫帚的丝纹怎么"落寞"呢?为什么北方的秋雨下得奇,下得有味,下得更像样?两个闲人悠闲地聊天,不是聊得很开心吗?哪里悲凉?等等。这些问题都让学生哑口无言,不知道如何回答。而朱老师要的就是这种效果。为什么学生不知道?因为他们不是郁达夫,因为这些景物的特点具有鲜明的主观性。为什么郁达夫是这样认为的?因为他有着以悲凉为美的独特审美观。至此,再去理解郁达夫引用国内外名人和诗词是为了佐证他的悲凉美具有共鸣和普遍性。对于这段话的理解,虽然笔者尚不能完全认同朱老师的解读,但在朱老师教学的逻辑下,这样的解读确实很好地实现了师生对散文文本的个性化解读。

纵观整个教学过程正是体现了朱老师一直在倡导的"常态阅读教学"的理念:首先,阅读是常态的,先读什么,再读什么,要符合阅读心理;其次,教学是常态的,阅读教学是教师一步步地巧妙地引导学生来理解文本,而不是告诉学生,强迫接受。从中搭建起了"诵读——赏读——品读"的教学模型,为其他语文教师在设计教案和实际中作出了良好的示例。

此外,朱老师的课堂除了在关注阅读心理,实现文本个性化解读方面值得我们广大语文教师借鉴和学习之外,他的课堂还充满着激情、智慧和适时的赏识教育。

苏霍姆林斯基这样认为:"有激情的课堂教学,能够使学生带着一种高涨的激动的情绪从事学习和思考。"这种激情产生于教师把知识和情感再次燃烧，燃烧的过程既是感染自己，也是感染学生。从上课伊始朱老师与学生的亲切活动，到课堂中朱老师富有感情的朗读和文本解读，再到朱老师时不时地赞赏学生的回答，都点燃了学生心中的那团火，激发了学生心灵深处最真切的情感，这种情感既是对教师的接纳和好感，更体现在课堂中的投入和互动，师生共同营造了良好的课堂氛围。

朱老师的课堂正是在不断践行着佐藤学教授所说的"宁静的课堂革命"。"这种课堂革命，在学习方式上表现为从各自呆坐的学习走向活动性的学习，从习得、记忆、巩固的学习转向探究、反思、表达的学习；在教学方式上表现为从传递、讲解、评价的教学转向触发、交流、分享的教学。"①

希望我们的语文课堂也能如朱老师的课堂一般，从"学情视角"的重构开始，从"学生阅读心理"的关注开始，从"文本解读"的个性化开始，用一堂又一堂的课完成这"宁静的课堂革命"。这是课堂的挑战，更是每一位教师的挑战！

（作者单位：上海市松江二中）

穿针引线，体悟"悲凉美"

范 婉

朱老师的这堂《故都的秋》是外出交流，在浙江台州外国语学校，给该校高一的学生上的一堂课。在上课前朱老师既没见过学生，也不了解台州当地的语文教学现状，加之《故都的秋》作为经典文本，已经在全国范围内被作为公开课执教无数次，如何安排教学目标，突出重难点，如何设置教学环节，这都是不小的挑战。很明显，朱老师直面挑战，成功地完成了这次课堂教学。

朱老师这堂课的成功与精彩在于：一是关注学情，找准学生与文本的链接点，确定了合宜的教学内容；二是设置了合理的链接通道，设计了恰当的教学环节；三是采取了合适的教学方法，有效地组织教学，完成了预设的教

---

① 转引自韩立福：《学本课堂原理》，东北师范大学出版社2015年版，第30页。

学目标。

首先是关注学情，找准学情链接点。了解学情，本是备课之前就需要完成的步骤，但是由于朱老师执教前从未见过学生，更谈不上了解了，所以朱老师便将对学生学情了解这一步放到具体的课堂教学中。能不能快速准确地掌握学情，直接影响着课堂教学的有序推进，影响着教学目标的达成。值得一提的是，朱老师教学目标的设计，灵活而巧妙，他将教学目标设定为三个层次，不同学生达到不同目标。初级目标是能诵读，诵读出一点情绪、气氛以及对文章内容的初步了解；中级目标是能欣赏，赏析作者笔下故都秋景的特点——冷色调与清静闲；高级目标是能品味，品味作者写景的主观性及作者对"悲凉美"的偏爱。这样设置，在具体操作时，朱老师便可以根据学生课堂上的反应，探知学生对文章的了解程度，了解学情之后再决定该如何教，教到什么程度，可以完成哪一级目标，旨在让每位学生都学有所获。这种阶梯性的教学目标的设置，因材施教，灵活巧妙便于应时而变，值得学习借鉴。

再者是关注课堂，教学环节设计合理。看过一些《故都的秋》教学设计和教学视频，不少老师多是先从标题入手，让学生思考为什么要以"故都的秋"为题而不以"北平的秋"或"北京的秋"为题，标题传达出哪些信息，这一番解读之后；再理清文章总分总结构，提问郁达夫笔下故都的秋有何特点，学生能在文中第一段直接找到"北国的秋，却特别的来得清，来得静，来得悲凉"，得出故都的秋"清、静、悲凉"的特点；紧接着分析四幅秋景图怎么体现清、静、悲凉特点，除此之外再分析一下文章对比、寓情于景等手法……这种一上来便得出"清、静、悲凉"的特点，再以所选之景印证这一特点的阅读方式并不符合学生作为一般读者阅读文章的心理。阅读《故都的秋》，岂能只看第一段就能得出这些特点？要想得出"清、静、悲凉"的特点，当是读完全文并且揣摩之后才可能有的。基于此，朱老师在整课堂的具体推进中，他很好地扮演着学生与文本之间的"中介"这一角色，引导和帮助学生去阅读感悟，当学生理解不了或感受不到时，适时地给学生提供一些帮助，让学生入文本之内理解感受，出文本之外欣赏品读。总之，突出引导学生对文本的诵读、欣赏、品味。以读感知文本，了解文本基本内容；以赏感受文本，突出品味文本的语言；以品感悟文本，突出体味作者的情感。这样的设计合情合理，很好地突出了学生是阅读的主体这一原则。

从整体的教学环节看，朱老师将《故都的秋》重点放在文本的感知、欣赏上，突出语言的品味和情感的体味，以之贯穿整个课堂教学。从具体的教学手法看，朱老师善于唤起学生已有的生活经验，引学生欣赏，带学生欣赏，教学生欣赏，由浅入深，层层深入，让学生走入文本，贴近作者，更好地理解感受文本。在具体的教学过程中，朱老师对细节的关注与灵活的处理，彰显着他深厚的教学功底与高妙的教学智慧，让人印象深刻。

在正式上课之前，朱老师面带微笑，跟学生进行简单的交流，由衷赞美这些认真朴素的学生，向学生表达了自己很珍惜这种千里来相会的缘分的心声。这些都旨在拉近与学生的距离，充分调动学生的情绪，以便更好地推进课堂教学。无疑，学生的情绪被充分调动起来了。

课堂教学正式开始了，首先是诵读环节，教师选段诵读，示范引导；学生自由诵读，初步感知；学生个别诵读，了解点拨。通过这些诵读形式，唤起学生已有的生活经验，用学生喜欢的方式引他们进入文本，和他们一起感知文本，了解文本基本内容，为后面的赏读、品读做铺垫。但在具体推进中，这一环节并不那么顺利，毕竟师生互不熟悉，学生的回答与老师预设相差太大，导致这一环节耗时过多，对学生的诵读和指导就用了近16分钟。但不得不说这一环节朱老师对学生的引导和指导非常到位。第一个问题"对秋有什么印象"，朱老师指定一女生回答，该生由于紧张，反复说"秋天……嗯……有很多水果"，回答完全不在预设中。但是对文本十分熟悉而又能随机应变的朱老师，还是将该生的回答巧妙地与《故都的秋》关联起来，追问"你喜欢什么水果"，这一问，明显缓解了学生的紧张心情，接着再问"《故都的秋》里面也写了很多水果，是吧"。该生立刻看书，而其他学生帮着回应。开头虽不太顺利，但是朱老师巧妙地化解了，而且还活跃了课堂气氛，让人不得不佩服。可见，执教老师熟悉文本，充分备课有多么重要。唯其如此，当学生偏离轨道时，老师才能更好地引导学生，将他们拉回课堂正常轨道，才能掌控好课堂节奏，让课堂按照自己预定轨道前进。

朱老师示范诵读第1段、第2段以及文章最后两段，目的是要把中间待欣赏的几段留给学生读。当读完后学生没有反应时，朱老师一句"我读完了，大家总得要表示一下吧"，学生们立即鼓掌，乍看会觉得朱老师有点自我感觉良好，其实这正是他有意为之。因为学生鼓掌可以营造轻松、亲切的课堂氛围，另外，也为给其他学生鼓掌做铺垫，这还可以培养学生们的"赏识"品格。优秀的老师往往能注意一些细节，在细节上巧妙处理，进而更好地推动课堂教学有序高效进行。果然在学生自由诵读环节，每当一学生朗诵完，其余学生都自发地热烈鼓掌，而当学生忘记时，朱老师一句"你们有没有表示"，几次强化之后，学生渐渐形成了习惯，无须老师再提醒就会自觉鼓掌。朱老师这一细节的处理，效果显著。当学生自由诵读时，朱老师认真倾听，及时反馈，或纠正学生读音，或用术语引导学生规范作答，或追问学生对所读内容的理解。通过学生的回答，朱老师及时掌握学生对文章的理解程度情况，摸清学生的情况，再应时而动，决定课堂之后的走向。从学生自由诵读这一环节可以看出，朱老师的课堂处理十分灵活，整个课堂完全是动态的，课堂的走向随着学生的学习情况而变，正因为如此，课堂才更有生命力，更加自然流畅。

学生自由诵读环节中有一个小小的事故，但是朱老师却巧妙地将事故变成了故事。这一环节朱老师要求学生自由选读，读他没读过的地方，即除了开头两段末尾两段，但有一学生被朱老师指定诵读时，该生却选择读朱老师读过的第1段。这完全出乎了朱老师意料，诵读这一环节本已耗时不少，再读重复的段落岂不浪费时间，况且还有几段重要的没被读到，但即便是在这种情况下，朱老师还是让这位学生读了。"你想和我PK一下？"一句幽默的话便把学生们逗笑了，打破了原本沉静的课堂，活跃了课堂气氛。当剩下几段，不管朱老师怎么引导鼓励，都没有学生主动读时，朱老师便采取让学生集体诵读的方式作为诵读环节的收尾，这样既补救了浪费的时间，又营造了书声琅琅的气氛。学生们精神振奋，声音清脆响亮，效果很好。虽然诵读耗时不少，但是在这一环节朱老师探了探学生的底，为后面赏读、品读文本做好了铺垫，也更加明确了后半段教学的着力点。

接着是赏读环节，这一环节主要是让学生自己谈谈文章写了哪些景，这些景有什么特点，让学生回归文本，教学生欣赏，用师生问答形式推进，非常精彩。朱老师是教学活动的设计者、参与者、指导者，也是促进学生自主学习、高效学习、学会学习的"引路人"。他可谓全方位关注学生，故而走到第一位诵读文章的男生旁边，问他问题。因为该生是第一位主动举手诵读，让人印象深刻，朱老师注意到了这一点。这位学生确实表现不错，当该生不经引导就能答出"悠闲"时，朱老师便紧紧抓住这一时机对这一点进行深挖，在引导的过程中，以问的形式教学生细读文本。这种阅读习惯的引导很好，会让学生受益良多。经典的文章总是值得细读推敲，读得越细理解得就越深，也就越能读出文章的旨趣。强化学生回归文本，从文本中寻找相关信息，做到于文有据，这样良好阅读习惯的培养在如今碎片化阅读时代尤其重要。读什么，怎么读，这些阅读方法的指导十分必要，而朱老师就下意识引导学生养成这种良好的习惯。不断追问学生的过程也是不断引导学生更全面思考问题的过程，朱老师总是在学生回答不具体或答得很笼统或是考虑不全面时及时追问，以"问"促使学生思考，让学生意识到自己思考的偏差所在，从而更好地探究出文本的意思或意味。毕竟重要的不是答案，而是思考的过程。

赏读环节中朱老师预设的第二个关键词是"清静"，要让学生自己朝这方向思考，朱老师在引导上颇费功夫。"还写了什么"，学生迅速回答出"陶然亭的芦花，钓鱼台的柳影，西山的虫唱，玉泉的夜月，潭柘寺的钟声"。"为什么不想巍峨的皇宫，不想太和殿呢？"当学生陷入思考不能回答时，朱老师引导学生关注这些东西在什么地方，还让学生结合课后注解，学生一看就发现了其共同之处，"清静"便呼之欲出了。

品读环节重心放在品味郁达夫写景的主观性及他对"悲凉美"的偏爱，而这些明显高于许多学生现有的生活经验和语文经验，学生是很难理解感受品味到的，因此这一环节在推进过程中阻力不小，但是朱老师依旧从从容容带领学生循序渐进，由表及里，由浅入深，一步步前进。具体操作过程中将一些学生难理解的较深奥的问题先弱化处理，暂放一边，不作深究。比如"后面我们还要说槐树""这些景到底贴近谁的生活呢，我们后面再讨论"，这样处理可以让课堂流程更清晰，也可以引起学生兴趣，更加专注地听讲。想要学生理解郁达夫写景的主观性这点极难，朱老师引导学生关注细节，细读文本，细分析"槐树落蕊""扫帚丝纹""秋蝉残声""秋雨闲人"这些秋景。在具体的分析中，朱老师也发表自己读文本的感受，比如"我也没搞懂啊""我也没搞明白，看你们能不能给我启发"，以和学生亲切交流的方式，以对话不断推进，不断质疑学生的回答，刺激学生深入思考，最后学生们都一片茫然了，而这正是朱老师想要的效果，正是因为这是无法回答的问题，才能借此来说明郁达夫写景的主观性。但这个问题实在难理解，又因为时间紧迫，故而朱老师决定放一放。转而先总结郁达夫笔下的故都的秋有什么特点。因为有前面的铺垫，学生要回答这个问题不难。有个很积极的学生多次举手回答。"啊，你又来了。这样吧，我们把机会留给其他同学。如果有困难，我再找你，好吧?"朱老师这一恰到好处的回应让人忍不住叫好，太懂得抓人心了。我想该生不仅不会因为不能回答而失落，反而会因为受老师赏识而欣喜，接下来也会更认真听讲了，因为他随时可能需要起来回答问题。由于有伏线千里的铺垫，只需朱老师再稍加引导点拨，其他同学都能较准确地概括出故都秋"清静闲"的特点，但对"悲凉"这一特点就不好理解了。朱老师强调回答要有文本依据，从文中仔细查找。当一生回答"悲凉"，朱老师追问怎么就是"悲凉"，发现学生并未真正理解后，引导学生结合自己的生活经验，想想什么会让自己感到悲。这个问题每人都可以作答，再结合《红楼梦》中《葬花词》帮助学生理解，然后给学生提个醒，让学生们关注郁达夫住处破屋，本身就有悲凉意味。最后再给学生们总结，结合学生都理解的一句话"以我观物，故物皆著我之色彩"，之前难以理解的问题，至此全部一一解决了，因为所选之景，都带有郁达夫的主观色彩，所选之景都是贴近郁达夫自己的生活。层层铺垫，至此水到渠成。妙极! 精彩!

优秀的老师总是善于及时总结，指导学生梳理所学。我们感受到悲凉的景，对郁达夫而言，他感受到了美，他对故都的秋景是喜爱的，所以才有结尾那么一句。学生在老师的引导下，自然而然地大声读出"我愿把寿命的三分之二折去，换得一个三分之一的零头"，至此，在理解了郁达夫选景的主观性的基础上，也能够理解郁达夫独特的审美——以"悲凉"为美。为了增进学生对文本的理解，朱老师进一步解释说："我说，你长得漂亮，真美，我喜欢，可以;我说，你长得真丑啊，我喜欢，不好理解吧。郁达夫又要喜欢这种悲凉美，又怕别人不理解，说他审美有问题，所以，他就要找一些人来证明一下自己，拉谁来证明呢？"这便又和前面自由诵读时学生读第12段里说到"引用"这一手法紧密联系起来。

　　整堂课丝丝入扣，前后呼应，结构严谨。课堂结束只是学习的开始，朱老师让同学们课后探讨"欣赏悲凉美"这一问题，这一课后作业的布置，不仅跟课堂教学保持了一致，而且也能让学生梳理巩固所学，深入思考，拓展阅读，当然也是出于读写结合的考量。

　　最后以一句简短的"你们给我留下了深刻的印象，也将成为难忘的回忆"收尾，余韵无穷。

　　综上，朱老师的这堂课层层推进，首尾衔接，条理清晰；先读后赏，赏后再品；不断铺垫，重点明确；扣文本，抓细节；师生互动，课堂活跃。整堂课给人启发很大。

　　　　　　　　　　　　　　　　　　（作者单位：江西南昌市豫章中学）

《想北平》

教学实录

教学视频

时间：2018年3月15日

班级：上海市田园高级中学高一（1）班

说明：本课第一次公开执教是在2016年11月10日，当时就提出了"按照阅读的常态心理来教学生阅读"的观点。

（课前交流，拉近师生关系。）

上课！

师：非常高兴和同学们一起来学习这篇课文。北平是我们今天所说的什么地方？

众生：北京！

师：北京，去过吗？

众生：去过。

师：请大家谈谈对北京的印象。（指向一生）

生1：我去的是八达岭长城，夏天，风吹过，是凉的。

师：你印象最深的是八达岭长城。好的，请坐。还有谁说说？（众生沉默，看来还是有点放不开。）我说说。我是春节刚去的，待了一个礼拜，感觉特别好，走的时候舍不得离开。当然，这是我对北京的印象，那么，老舍笔下的北平是什么样的呢？下面，我们一起走进文本。

师：我先读几段，然后，请同学们读一读。（教师读第2、3段，既是熟悉内容，又为后面研读作准备。）

师：（读毕，众生自发鼓掌）我是练习诵读了，而且还用录音笔录音了来听。下面请大家自己读一读，然后请几个同学来读。

（有的开始读，有的在看。）

师：是读一读，不是看一看。（众生读，有的直接从第4段读。有顷。）

师：好的，我们请同学来读一读。谁来读？……刚才看到有一位男同学读得很有劲。你读，好吧？

（生2站起来，众生鼓掌。）

师：你比我有魅力，我刚才读完了，大家都没鼓掌，你一站起来，就得到掌声了。

（众生笑）

师：你读哪里？

生2：第四段，巴黎那一句。

师：就读这一句？（众生笑）

生2：不是的，读这一段。

师：好的。请你读。

（生2读，读毕，众生鼓掌。）

师：我很好奇，你为什么读这一段？

生2：把北平和巴黎作对比，更能突出他想北平的情感。

师：这样说，有点空———对比，就想念了？能不能具体一点？

生2：首先写巴黎太热闹，然后写北平……

师：还没想好，就是想读，是吧？这样，你先坐，后面我们再讨论，好吧？（对众生）他读得怎么样？

（众生七嘴八舌）

师：（指一生）你说说，他读得怎么样？

生3：还行！

师：那就是有行的地方，也有不行的地方，具体说说。

生3：读得挺有感情的，但有的地方声调不好。

师：声调不好，那这样，请你读一读。（众生笑）

生3：我读第六段。

师：好的。

（生3声情并茂地诵读，读毕，众生鼓掌。）

师：你为什么读这一段？

生3：这一段写得很朴实，而且贴近生活。比如"至于青菜，白菜，扁豆，毛豆角，黄瓜，菠菜等等"，都是生活中常见的东西，很应景，能引起大家的想象。

师：好的，这"应景"就是你读的原因，是吧。你刚才说"贴近生活"，你觉得你自己有没有读出生活的味道来？

生3：（沉默）

师：（对众生）大家觉得呢？

众生：（沉默）

（以上主要是让学生通过诵读熟悉课文，至于学生为什么读这些段落，主要在后面讨论。）

师：不好说是吧？好，我们后面还会再讨论。还有没有人想再读了？（众生沉默）我们刚才通过读，对课文印象深一些了。下面我想和同学一起了解了解，老舍笔下的北平是什么样的，好吧？左右前后可以交流，待会儿请大家说说。

（众生交流，有顷，请学生交流。）

生4：第四段，巴黎，据我看，还太热闹。自然，那里也有空旷静寂的地方，可是又未免太旷；不像北平那样既复杂而又有个边际，使我能摸着。北平是能让他感到心安的地方。

师：他为什么感到心安？

生4：……

师：他在巴黎就不能心安。

生4：北平是他的家。

师：他的家乡。北平和巴黎的区别在哪里？

生4：巴黎，要么过于热闹，要么过于空旷，北平对于他来说刚好。

师：北平哪里刚刚好？

生4：（众生小声议论）动中有静，跟太极拳相似。

师：这段到底在讲北平的什么特点？

众生：动中有静！

（学生回答还是笼统，有必要引导深入一下。）

师：动中有静，到底是动还是静？

众生：有动有静。

师：又回去了。

生5："静"多。

师：为什么？

生5：面向着积水潭，背后是城墙，坐在石上看水中的小蝌蚪或苇叶上的嫩蜻蜓，我可以快乐地坐一天，心中完全安适，无所求也无可怕，像小儿安睡在摇篮里。我觉得，这里主要是写静，一种很悠闲，很惬意的感觉。

师：你觉得这是静。那么我们来读一读。我找一个同学和我一起读，其他人闭上眼睛，边听边想，好吧？（这样做，意在让学生真切感受当时的氛围。）

师：（指向生6）我俩一起读。面向着积水潭……像小儿安睡在摇篮里。（读毕）

师：大家都想到了什么？

生7：想到了城墙，湖面，芦苇叶子在风中飘动，上面还有小蜻蜓。

师：你有什么感受？

生7：感觉很安静，心里很放松。

师：用老舍的话来说就是——

众生：安适。

师：对，安适。和巴黎相比，北平有什么特点？

众生：动中有静。

师：对，动中有静。（板书：静）还有什么特点？我们请一个女同学来参与一下。

（从上课开始到现在，一直是男同学在回答问题，所以想让女同学参与，希望不要遗忘一个学生……但没有女同学主动回答。）

师：哪个女同学嗓门比较大？

（因为没有话筒，听课的老师又比较多，才这么说；但仍然没有回应。）

师：这么说好像女同学更不愿意了。这样，我换个说法，有没有声音大又好听的女同学来回答？

（良久，在反复鼓动下，才有一位女生慢慢站起来。）

生8：第6段。老舍先生描写了很多生活中常见的蔬菜、水果。

师：还有花。

生8：对。

师：这些花、菜、水果，有什么特点？

生8：……

（有其他同学小声议论：文物多）

师：哦，有同学说了，文物多。老舍说，文物他不喜欢。其实，不是不喜欢，是他没钱买。到故宫随便拆一块瓦，都很值钱。（众笑）另外一种东西多，是什么？

生8：花、草、书。

师：书多，老舍在文章中写了吗？

众生：没有。

师：对。他主要写了花多，蔬菜多，水果多。（板书：多）还有哪些东西呢？

生9：（是一个女学生，主动回答）第2段。我所爱的北平不是枝枝节节的一些什么，而是整个儿与我的心灵相黏合的一段历史，一大块地方，多少风景名胜。北平是和我心灵相通的。

（学生由于才拿到课文，又是高一的学生，又是和外面的老师上课，所以读课文很不熟悉，尽管前面花了不少时间来读，看来，还是不行，所以没有准确看到课文中写北平特点的段落。）

师：好像不对啊。我是问，北平还有什么特点啊！

生10：（女同学）第5段。论说巴黎的布置已比伦敦罗马匀调得多了，可是比上北平还差点事儿。它的布局很匀调。

师："匀"什么？

生10：匀 tiáo！

师：好。你说得很好，这里的"布置"就是"布局"。

生10：下面写"北平在人为之中显出自然，几乎是什么地方既不挤得慌，又不太僻静"，这两句我觉得它总写的是北平的自然。

师：北平的什么自然？

生10：人为很自然。

师：你刚才都说了啊——

众生：布局。

生10：布局自然。

师：这个自然体现在什么地方？

众生：（议论纷纷）建筑多。布局自然。

师：对了。布局自然，处处都有空。你把那几句读一下。

生10：既不挤得慌，又不太僻静：最小的胡同里的房子也有院子与树；最空旷的地方也离买卖街与住宅区不远。

师：既不挤得慌，又不僻静。非常好。大家是不是要给她一点掌声？

（众生鼓掌。这个女生回答得很不错，抓住了要点。）（板书：空）

师：住在这样的北平，你有什么感觉呢？

众生：清闲。

师：清闲？有"清"吗？

众生：闲。

师：文章第7段好像引用了一个人的诗句……

众生：陶渊明，"悠然见南山"。

师：悠然见南山、西山、北山……给你什么感觉？

众生：悠然。

师：对，悠然。住在这里有悠然的感觉。（板书：悠）下面我们一起总结一下。这里的环境非常的静，比巴黎好太多了；这里的布局是非常自然的；这里的花、菜、水果，都很多；在这里生活，也很悠闲。这里的一切都很好，而且是正好。用老舍的话来说就是——

（众生立即翻书）

生11：天下第一。

师：对，老舍说，北平是天下第一。

（教师边总结，边板书）

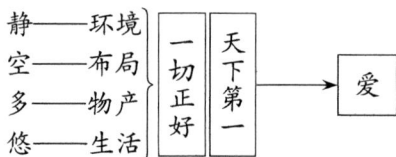

师：大家想一想，北平真的是这样吗？天下第一？

（众生思考，交流。）

生12：不是。这是老舍自己心目中的北平。

师：怎么知道的？

生12：我所知道的那点只是我的北平。

师：很好。在第一段老舍就这么说了。还有哪里可以看到写的是他自己心目中的北平？

（众生翻书，小声交流。）

师：其实，"天下第一"几个字前就有相关的表达。

众生："在我的经验中"……

师：对！原来他写的北平一切正好，天下第一，都是他自己主观上的感觉和认识。正因为这样，这篇文章的题目不叫记北平、游北平，叫……

众生：想北平。

师：都是他想的。（板书：想北平）老舍为什么把北平想得这么好呢？

生13：（立即）他爱北平。

师：你反应真快，我原本还想让同学们讨论一下呢！（板书：爱）这种爱是什么感觉呢？

众生：说不出来。

师：爱，是说不清楚的。所以，老舍自己也说，说不出来，说不出来，说不出来，说不出来……用了四个说不出来。但是，说不出来，还是要说啊，要让读者知道啊。他怎么办的?

（众生交流，有顷。）

生14：他把北平和上海、天津作比较，说自己不能爱上海、天津。

生15：他把北平和伦敦、巴黎、罗马、堪司坦丁堡作比较，以显示对北平的爱。

师：你们说的都很好。但是老舍表达这种爱，也不仅仅是拿其他城市和北平作比较，他还用了别的方法。

生16：（立即接上）把北平比作母亲。

师：怎么比的?你能说说吗?

生16：我也说不出来。（众生笑）不过，我感觉他把北平和母亲都融合为一体了，彼此分不开，而且写的好像都是生活里的真实感受。比如，在我想做一件讨她老人家喜欢的事情的时候，我独自微微地笑着；在我想到她的健康而不放心的时候，我欲落泪。这些都让人感受得比较真切、真实。

师：你已经说得非常好了，还说自己说不出来?老舍说不出来，但我们已经感受到了。

师：通过刚才的学，我们已经感受到了，整个文章都洋溢着浓浓的主观的情感。下面，我们自由地读一读文章，然后说说自己印象最深的是哪里。

（众生自由诵读，有顷。）

师：我们一起看看，同学们都在读哪里。（指向一女生）请你说说，你读的是哪里?

生17：我读的是最后一段。

师：这么长的一段都给你找到了!（众生笑）那你读一下吧。

（生17读最后一段，这段只有一句。）

师：你为什么读这一段?

生17：这段体现了他心中对北平的思念和爱意。

师：由此也可以看到，他此时不在北平，所以题目叫——（众生接）想北平，结尾也提到想念北平，此时，他的情感到了一个高度。

师：每个同学学完《想北平》，心中都会留有自己的印象，这里就不再找同学来读了，大家课下可以再读一读，除了品味其情感，也可以感受其语言。老舍的语言是与众不同的，刚才有位男同学在开始的时候就读了第六段，下面，我们就以第六段为例，来简略感受一下老舍的语言特点。(PPT展示——)

　　花草是种费钱的玩艺（ ），可是此地的"草花儿"很便宜（ ），而且家家有院子（ ），可以花不多的钱而种一院子花（ ），即使算不了什么，可是到底可爱呀。墙上的牵牛，墙根的靠山竹与草茉莉（ ），是多么省钱省事而也足以招来蝴蝶呀！至于青菜，白菜，扁豆，毛豆角，黄瓜，菠菜（ ），大多数是直接由城外担来而送到家门口的（ ）。雨后，韭菜叶上还往往带着雨时溅起的泥点（ ）。青菜摊子上的红红绿绿几乎有诗似的美丽（ ）。果子有不少是由西山与北山来的（ ），西山的沙果，海棠，北山的黑枣，柿子（ ），进了城还带着一层白霜儿呀！哼，美国的橘子包着纸，遇到北平的带霜儿的玉李，还不愧杀（ ）！

师：我们一起来读几句——

可是到底可爱呀……

是多么省钱省事而也足以招来蝴蝶呀……

进了城还带着一层白霜儿呀……

哼，美国的橘子包着纸……

（学生情绪高涨，师生一起诵读，氛围和谐。）

师：我留了不少括号，我们一起加一些语气词，如吗、呀、啊、吧，好吧？

（教师带着学生一边读，一边添加语气词，来感受老舍语言的生活化；学生也很起劲。）

师：实际上，加"呀"也好，"啊"也好，都没问题，因为，它体现了老舍语言的一种特点——

有生：直白！

师：直白吗？加了语气词就直白？

有生：朴实。

师：对。朴实，而不是华丽典雅，和我们平常说话差不多，具有生活化的特点。我们再来看几句话。（PPT展示——）

　　□既复杂而又有个边际
　　□既不挤得慌，又不太僻静
　　□最小的胡同里的房子也有院子与树
　　□最空旷的地方也离买卖与住宅区不远
　　□不在有好些美丽的建筑，而在建筑的四周都有空闲的地方

（教师指着，学生就自觉诵读起来。）

师：大家看看这些句子有什么特点？

众生：都用了关联词。

师：这是你们的第一反应，但我不是要大家说这些关联词，而是说这些词大概都表示什么关系？

有生：并列关系。

师：并列关系。它们所关联的内容又有什么特点？

（众生思考，有一生说"相反"。）

师：很好。用并列关系的词语来关联近于相反的内容，这样，就将这两个相反的内容折中了，正好可以表达——"正好"的意思。什么正好？北平是天下第一，一切正好，不动也不静，不挤也不偏。可见，老舍在语言的运用上，看似很生活化，似乎有点随意，但又是经过精雕细琢的。如果大家有兴趣，课后还可以去探索，发现。

师：就这样，老舍用他精心雕琢的语言絮絮叨叨地表达着自己对故乡北平的热爱，那种说不出却又要说的爱。今天，我们的课就到这里，我给大家布置一个课后的作业，大家可以试着去完成。（PPT展示——）

整本书阅读《骆驼祥子》或《茶馆》，体会作品中所描绘的北平的风土人情，深入品味老舍爱北平的情感和老舍的语言。

下课！

大美隐于常态 朴素藏于至诚

张 微

语文阅读教学任务的完成需要最基本的三个要素：教师、文本、学生。因此，教师运用"常态阅读教学法"必须做到两个尊重——尊重课文阅读规律和尊重学生阅读思维规律。

《想北平》是散文。因为散文的"散"，因为散文的"自由"，也因为散文作品情感表达的"私人性和主观性"，所以学生理解散文作品中蕴含的情感是比较困难的。本文以朱诵玉老师《想北平》的教学实录为例，探讨运用常态阅读教学法解决这个问题的几点思考。

（一）琅琅读书声促进学生走近作者的内心世界

本节课教学采用了"示范读"和"自由读""片段读"等朗读课文的形式，从老师到学生全面投入对课文的朗读之中，共用了13分钟左右的时间在"读"中学，"读"中悟。朱老师引导学生在"读"中品味语言文字中所蕴含的老舍的"想"，是本节课的一大特色。

朗读是语文学习最基本的途径之一，朗读课文的过程，实际上是学生充分调动感官"眼""口""心"等立体综合的思维过程，学生必须充分利用自己的认知经验，边想边看，建立视觉与思维的关系，尽可能浸入到课文中，在课文的字里行间去寻找并体会作者的情感，然后迅速判断自己将采取何种语速、何种节奏、何种停顿、何种语调等合理的朗读要素来呈现。

常态阅读教学法尊重学生的这种阅读思维。朗读法虽然很简单、很普通，但是基于朗读是各种能力综合的表达形式，因此，以"读"代析，未尝不是一种效果较好的阅读教学方法。如果说本节课的自由读阶段，学生对课文《想北平》和老舍生活化的语言特点有了初步感知，那么设置学生个别诵读阶段的目的，则是让学生用声音的形式展现对这篇课文的理解，并以此了解学生个体阅读情况和水平，然后老师再进行有效的指导，避免老师教学预设与学生认知水平出现重大脱节的情况，同时也就提高了课堂阅读教学的实效。

当本节课进行到第33分钟，即将进入尾声时，这时候学生对课文已有了深刻的理解，朱老师让学生重新选择喜欢的语段进行片段朗读，特别是对文章第七段进行语气词"啊"和"呀"添加朗读。这时的片段朗读与课堂之初片段朗读的意义已经完全不同，相同的表现形式实则因不同时间节点，具有了不同的作用。这时候学生对《想北平》是在深刻理解基础上的"读"，这时候的"读"是美的享受、美的熏陶，是感受中国语言音节的优美，是去体味老北京话儿的俏皮与幽默，是赏玩老舍语言中独特的生活意趣，更是与人民艺术家老舍的心神相交。

宋代大思想家朱熹特别主张朗读，他说，读书需要字字读得响亮，不可误一字，不可牵强暗记；需得"逐句玩味""反复精详""诵之宜舒缓不迫""字字分明"。因此，常态阅读教学法要求把朗读带回课堂，朗读不仅培养学生语言学习的语感，也可以帮助学生进行语言的积累，并促使学生自觉调动形象思维，去感知语言的美感。

（二）文字品评中引导学生触摸作者的情感脉搏

梁实秋曾说过，一个人的人格思想在他的散文里绝无隐饰的可能，提起笔来就能把作者的一整个的性格纤毫毕现地表现出来。老舍散文"生活化"文风恰恰是其自身性格敦厚朴实的体现，《想北平》作为其早期散文作品，情感的表达特别具有平民旨趣而且闲适恬淡。因此，《想北平》阅读教学的真正难度是教师如何有效引导学生去体会作者的这种既质朴又深沉的感情。朱老师运用常态阅读教学法，使得整节课呈现出自然朴素的风格，这种课堂风格恰恰与老舍、文本以及学生的阅读水平实现了高度统一，看似浅淡闲散却不失淳厚至诚。

散文怎么教？王荣生教授认为，散文阅读教学，要由言及意，往散文中的个性化言语所表达的丰富甚至复杂、细腻甚至细微处走；严防脱离语句，将到概念化、抽象化的"思想""精神"，演变为谈论口号的活动。朱老师特别注重这点，有意地引导学生学会由语言文字走入老舍的内心世界，引导学生从作者笔下的北平去体会老舍是怎样"想"北平的。在赏读阶段，朱老师请同学说说老舍笔下的北平是什么样的？某学生选取了第四段中所写的北平并回答说是令人心安的北平，北平是他的家；朱老师就此追问学生，北平和巴黎的区别在哪？学生回答说动中有静；继续追问，动多还是静多呢？为什么呢？学生于是在文中找出依据：面向着积水潭，背后是城墙，坐在石上看水中的小蝌蚪或苇叶上的嫩蜻蜓，我可快乐地坐上一天，心中完全安适，无所求也无可怕，像小儿安睡在摇篮里。

我们知道无论是写作大家还是普通习作者，多数情况下都必须借助于精准的语言去传递情感，这也就决定了教师在散文阅读的教学中，要教会学生学会从语言文字中去咀嚼、理解作者独特而丰富的情感，这是以尊重散文阅读规律为前提的。前面我们已经说过，散文情感的表达是具有主观性的，哪怕散文中的景、物、人、事都客观存在，也都是作者眼中、心里、笔下的景物和人事。虽然《想北平》里的蜻蜓、小蝌蚪都是北平城常见的事物，甚至也都是我们在全中国常见的事物，但是朱老师并没有让学生将自己的生活经验完完全全地去代替老舍的独特感受，而是引导学生借助于自己的生活经验去读、去赏、去品味课文中的语句，去读出老舍笔下的北平城是"动中有静的"，是"令他舒适心安的"，学生自然而然也就能体会出老舍对北平发自内心的爱与想念。

（三）动态生成性助力学生共鸣作者的浮动深情

阅读教学的课堂是动态变化的过程，教师的阅读教学设计是基于教学目标和学生学情而进行基本教学环节的搭建和基本问题的预设。常态阅读教学法尊重学生阅读过程中的生成部分。课堂生成问题是双刃剑，如果教师能充分挖掘此类资源，以学生为中心，灵活处理课堂教学节奏，可以有效实现教学目标的完成，这也是真正基于学生问题的课堂阅读教学；但是如果教师处理不得当，就容易出现置学生阅读障碍于不顾的教学大忌。本节课进行到第23分钟时，朱老师追问，老舍还写了哪些具体事物？某学生找到文中的第二段"我所爱的北平不是枝枝节节的一些什么，而是整个儿与我的心灵相黏合的一段历史"，并回答说这是与老舍心灵相通的历史；老师直接指出答非所问，并就此追问："第二段这个心灵相通是个什么地方呢？"这就是基于学生实际阅读情况而生出的问题，朱老师及时把握住机会顺势引导，这就是有效的阅读指导。常态阅读教学法必然回避不了常态课堂中出现的偶发问题或者说生成问题。

但这里还需要指出的是，阅读教学中运用常态阅读教学法的教学设计并不是不要教学设计，而是教学设计更要有讲究、有章法。朱老师的《想北平》教学设计除了包含必须具备的要素，课堂教学过程部分架构的整体思路非常简洁明晰。"诵读""赏读""品读"，形成圆形回环结构但却是有层次的、递进式的回环。

也正是因为阅读教学课堂的生成性与动态性，教学设计是否能够在规定的时间之内全部完成，或者教学目标是否能够全部完成就成了现实问题。基于此，朱老师的这节课在处理到如何理解四个"说不出"的时候，因为仅剩下几分钟下课，这个问题的完成就显得仓促了些。生成问题的解决与教学目标的完成仿佛成了一对拉扯的矛盾体，两者争抢的都是时间，这点特别考验教师的智慧，甚至有智慧的教师也无法保证每节课的这个矛盾得以完美解决。不过，我以为既然是常态阅读教学法，我们尊重学生阅读的常态，尊重以学生为中心的阅读常态课，我想只要教学环节都是合理有效的，我们何必纠结于教学目标的某一点完成得不够完美呢？

（作者单位：上海市闵行三中）

无为而治，顺其自然

董青崖

老舍的《想北平》是一篇颇为经典的散文，与带有理论色彩的说理性文章不同，属于文学类作品的散文，包含了作者相对主观的情感表达，也相对更私人化一些，这就使得读者在阅读的过程中需要具备较强的感受力。

《想北平》是一篇语言质朴但颇有味道的散文，其中表现出的老舍对故乡北平的那种独特的情感，对于缺乏那个时代的经验的当代读者而言，理解起来是具有一定难度的，更何况是涉世不深的青年学生。但这并不意味着教学中必须大量介绍文章的背景材料，相反，从文本本身入手，先体会到作者对北平深厚的感情，再了解感情背后的原因，更能使学生产生"顿悟"。

朱诵玉老师正是发挥了常态阅读教学的理念，使整个课堂达到了一种无为而治的效果。

（一）先导先验：关注学情，以学生为主体

在常态阅读教学中，为学生预设概念，即在开展阅读教学前将文章理解的结果告知，是不太可取的一种方法。这不仅会让使后面阅读的过程变成一种有明确指向性的行为，阻碍学生拓展思维，也会使学生在一开始失去自我阅读的乐趣与好奇心，甚至失去进一步探索文章的动力，很容易使课堂陷入一言堂式的尴尬境地。

而这堂课却全然不同，它由始至终尊重了学生的主体地位，充分发挥出学生的主观能动性，在学生的自主阅读中，一点点推进文章的理解，从而达到学生能力范围内能够实现的理解高度。

这一行为的实施，建立在朱老师对学生学情的巧妙了解之上。由于面对的是陌生的学生，朱老师以丰富的教学经验边推进教学边了解学情；前面的了解为后面的教学奠基。有趣的是，这种事先了解学情的行为，正是为了之后的预设而做的准备，是教师教学先导的一部分。但这个部分与先前所说的"预设"有所不同，从根源上分析，是预设主体的不同。教师的习惯性预设，将学生放在了被动的位置，而了解学生学情的预设行为，则恰好是将学生放在了主动的位置，无形中赋予了学生主动权。

了解学生的学情，意味着了解学生的学习水平，学习能力，学习心态乃至学生个体所具备的个性特点等方面。然而许多公开课往往是在借班的情况下完成的，要做到方方面面掌握学情的可能性是比较低的。但这不意味着教师可以忽视这个了解学生的机会，相反，应当在条件允许的范围内，尽可能地单方面与学生进行"磨合"。

朱老师在这一点上可以说做得相当到位。他深谙不同学校的学生之间有明显的差异，更知道即使是同一年级的不同班级，学生也可能千差万别的道

理，因此哪怕是同一篇课文，在面对不同学生的时候，他都会考虑用不同的方式进行讲授。在这一次的课堂教学中，朱老师没有设定非常高深的学习内容，反而从诵读入手，让学生一遍遍熟悉文本，找出他们认为印象深刻的部分，说明理由，并且，正是在这些理由的回应中，学生发现了或者自相矛盾，或者暧昧不清，又或者表达困难的地方，而教师在这个时候刚好适时地进行引导扶助，让学生自主解决这些问题，真正实现了在课堂中自主阅读的效果。

当然，朱老师显然并不满足于此，在熟悉文本内容的环节之后，也不忘记进一步引导学生深入文本主旨，挖掘更深层次的东西。这个时候就需要教师创设阶梯性的、符合学生认知水平的问题，循序渐进地达到学生认知的高峰，不一味强求学生得到超出认知水平的结果，反而是在一点一滴中渗透理念与方法，使学生在不断熏陶的耳濡目染中自然而然地发生质的变化。

在教学过程中逐步了解学情，是这堂课所呈现的一大特色，也是朱老师深厚的教学功力的完美体现。

（二）感性体验：诵读中感受文本

本堂课一个非常大胆的地方，就是花了大量的时间在文章的诵读上。

这是一个很值得玩味的做法。在很长一段时间里，高中日常教学或是为了节省教学时间，或是认为到了高中阶段诵读已经不是必备教学环节等原因，而将课文的朗读搁置一边。从一定程度上来说，这种做法无可厚非，一方面每位教师有自己的教学方式，而诵读只是其中的一种；另一方面，在紧张的课时安排之下，课堂上诵读确实成为一件难事，最多做到课前课后让学生进行自主诵读，至于能达成的效果多少，教师也很难有效地得到反馈。

然而，对于常态阅读教学而言，诵读恰恰是一个最自然、最有效的文本阅读的切入方式。毕竟无论我们要如何理解一部作品，都必须先有"读"这个过程。

阅读的时候，读者面对的是文字，是一种相对抽象的能指性符号，必须经过大脑的翻译和转换进行理解。而诵读的方式首先将文字转化为了语言，带有语音的符号能指，更容易被大脑接受和理解。就像音乐没有歌词却能动人心扉，非中文歌曲也能引发人的共鸣一样，诵读可以通过语音的方式引发人对文本的最初体验。

同时，诵读还与作品的形式有很大的关联。小说、散文、诗歌以及戏剧类作品都适合诵读，在这类文本中，语音引发的共鸣性很大程度上在于文本本身的韵律，也更容易在诵读的过程中引发人的情感共鸣。因此，朱老师将整整13分钟的时间用在《想北平》一文的诵读上的举动，就不难理解了。

更重要的是，这13分钟的诵读是有着很强的目的性与指向性的。首先以教师范读作为课文的引入。文章不短，朱老师也没有选择全篇读完，而是声情并茂地朗读了前四个段落，让学生和听课老师通过他的朗读渐入佳境，而后由学生自行大声朗读剩下的段落，一方面接续了老师营造的良好氛围，另一方面也帮助学生再一次熟悉课文。朱老师选择读这四段是有讲究的。这四段描写不强，抒情强，读之是为了后面理解情感作铺垫；同时，这样基本上就可以倒逼学生去读后面几段描写的内容，而这几段也是课堂教学的起点与重点。朗读的设计可谓颇具匠心。

第二次用的是选读的方式。由个别学生选择自己最喜欢的段落在全班面前朗读，朗读之后说明喜欢的原因。这个过程中充分展现了学生的主观能动性，高中阶段的学生要想理解老舍的文章是不容易的，因而理由往往流于表面，朱老师却不以为意，反而非常尊重他们的想法观点，并能从中发现许多亮点，以此鼓励学生更深入地思考。

有一个细节很值得称道，便是师生齐读。朱老师在同这位学生一同分享了他的朗读感受之后，为了让学生进一步体会老舍文字中的感情，便和这位学生一道朗读。为了配合还懵懵懂懂的学生，朱老师放慢了语速，有意识地引导学生注意语音语调，不疾不徐地缓缓读来，去体味老舍笔下的闲适、宁静与淡然。课堂生成，可谓巧妙自然。

有意思的是，就是在这多样的诵读过程中，学生非常自然地体会到了文本的核心内容，气氛也比一开始热烈得多，甚至有学生能主动站起来发表自己的意见。这种润物细无声的教学方式，不仅仅调动了学生的学习积极性，更为他们后续的思考做了充分的铺垫。因此，当某个学生理解出现偏差的时候，其他学生也都敏锐地发现了问题所在。在一般情况下，教师大约会习惯性地选择纠正学生的问题，或者以自己的预设进行解释，朱老师却选择了四两拨千斤的方式，轻描淡写地从这个细微的小问题引发出一个更为开放的与文本紧密相连的问题，进一步激发了学生对文本的探讨。这样，由诵读到赏读的环节之间转换极为自然流畅，如羚羊挂角，了无痕迹。

（三）留白感悟：开放式与互文性解读

有先前充分的文本体验做准备，文本感悟的过程可以说是水到渠成的。之前已经提到过，文本解读离不开文本本身，抓住文本依据进行理解和分析，是常态阅读所追求的重要理念之一。当然，对于有依据的多样性文本解读，作为教师应当持包容的态度。就像朱老师在《想北平》的课堂所做的那样，既要帮助学生在文本的基础上梳理出文章的脉络系统，同时在理解文章作者老舍试图表达的感情时，并没有选择添加复杂的课文背景，而是抓住了文章的许多细节，抽丝剥茧地串联起整个文章的情感变化，从而使作者的感情显得更为细腻真挚。

在这些细节之中，教师特别关注了语气词这一现象，独辟蹊径地抓住文本空隙添加不同的语气词，以明了作者的情感变化。这是一种颇为新颖有趣的做法，后现代的许多文学理论中也常有提及。

按照后现代理论的做法，文本的意义在于添加与消解。一次文本的阅读，关注的往往不仅仅是文本本身，而是文本的诸多空白之处，读者在阅读的过程中会自然地添加自己固有的知识与理解到这些空白当中，去补完作品未尽之语。由此，读者经历的已经不只是一次阅读的过程，更是完成了作品的二次创作，从某种意义上来说这也消解了文本原本的含义，或者说作者原有的意图。

当然，在常态阅读的课堂教学里，教师要做的并不是消解文本的意义，但借助于文章的间隙，以添加的方式补出作者的情感与意图，不失为一种帮助学生解读作者思想感情的好方法；特别是这里使用的语气词，本身就是一种直观的感情表达，更便于学生以诵读的方式接收情绪。在课堂的后半程再一次使用诵读的方式具有比先前导入时更深入的意义，通过不断变换语气对添加语气词后的文本进行朗读，可以更细致地揣摩作者字里行间的情绪，更准确地把握文章行文的基调。可以说，这一次的诵读已经超越了体验的范畴，达到了感悟后的理解升华与全新共鸣。

课堂最后，教师留下了一个看似平常的作业，即阅读老舍的其他相关作品，包括他的小说《骆驼祥子》乃至戏剧《四世同堂》等。但结合这堂贯穿着常态阅读的课程，这个作业就具有了另一层深意——文章解读的互文性。这是一个贯穿于人的阅读体验却常常被忽略的问题。正如上述，任何一个文本都不是一个完善而十全十美的作品，反而因作者的知识积累与背景经历，往往保持着某种倾向，以至于存在着某些领域的空白。而这种空白，除了在有限的课堂中由教师带领进行解读和补充以外，更多地必须依靠阅读者自身的阅读和积累。同一领域的不同作者的作品之间，会产生一种互相解释与补充的神奇效果——同一作者的不同作品之间更是如此——因而教师有意识地引导学生学会索引式的阅读方法，在某种程度上而言，是比课堂中传授有限的知识更有必要的。这大约也是常态教学更深远的意义所在，它辐射到的不仅仅是语文课堂内部，更是学生整个高中阶段乃至未来人生中阅读经历的延伸，这种学习和阅读的方法是终身受用的。

朱老师的《想北平》一课，以诵读作为切入口，将一篇颇具深意和时代背景的文章深入浅出地展现在高中语文课堂之中。整个教学过程充分考虑了学生的感受力与理解力，顺应学生体验与感悟的天性，通过反复诵读发掘学生阅读的兴趣点，并加以展开、深入。同时利用新颖的解读方式，为文章空白之处添加语气词，帮助学生更好地把握文章基调与作者情感，更有效地引发学生的情感共鸣。课堂最后巧妙留白，以课外拓展的形式为学生打开思路，掌握更多自主阅读的学习方式，辐射到人生阅读课堂，自然而充满智慧。

（作者单位：上海市闵行中学）

《胡同文化》

❯❯ 教学实录（一）

教学视频

时间：2001年10月23日

地点：芜湖市十二中多媒体教室

对象：芜湖市十二中高一（8）班

说明：借班上课，师生彼此陌生，故在上课前，教师步入学生中，边漫步边和学生低头交谈，作些沟通，以拉近师生距离。

上课！

师：早就听说，八班的同学都很聪明活泼，热情大方，我就非常愿意和这样的同学一起学习交流，（生笑）但耳听是虚，眼见为实，是不是真的这样呢，还要看大家的表现哦。

（先扬一下，让学生兴奋起来，再抑一下，激起其不服气的精神）

师：在上课前我想先请大家听一首歌。

（播放《故乡是北京》，让学生感受一下音乐和图画）

师：听了刚才的歌，你们对北京有什么印象呢？请大家结合自己的认识谈谈。

生1：北京很古老。

生2：北京也有高楼大厦，是现代化的大都市。

生3：北京是十朝古都。

师：其实北京不仅是帝王之都，也不仅是现代化的大都市。在北京城里有着许许多多的胡同，它们也一样是北京文化发展和历史变迁的见证。今天我们就来学习一篇有关北京胡同的文章。

（展示课题及教学目标，使学生明确本课学习重点）

师：你们觉得胡同是什么样的？

生4：胡同就是小巷子

生5：胡同四四方方的。

师：像四合院？（抓住学生回答的不足，巧加引导，为后面介绍四合院伏笔）

生5：是的！

师：那是死胡同！（众生笑）

师：十二中门前这条路是不是胡同？

生6：是比较宽大的胡同。

师：芜湖市的北京路呢？

众生齐答：不是！

（展示胡同图片，让学生有感性认识）

师：那么什么是"文化"呢？

（屏幕展示：文化是人类历史发展过程中所创造的物质财富和精神财富的总和，特指精神财富。文化具有阶级性、地域性、民族性。）

师："胡同文化"是哪个阶级的文化？

生7：市民阶级。

师：哪里的市民？

生8：北京的市民。

师：北京什么地方的市民？

生9：北京胡同里的市民。

师：那么胡同文化就是——？

众生齐答：北京胡同市民的一种文化。

师：对！课文第5段也说到什么是胡同文化。

（教师示意学生看课文第五段）

师：在了解"胡同文化"前，我们先来看看北京胡同都有哪些特点，请同学们阅读课文前半部分，把自己的发现和同位、前后位同学交流一下再回答。

（几分钟讨论后）

生10：胡同很多！

生11：胡同有宽有窄！

生12：胡同是贯通大街的网络，很安静。

生13：胡同取名有各种来源！

师：（对生13）你是从课文第2段发现的，是吧？

生13：是的！

师：那么请你说说第2段都提到了胡同的哪些名称。（生13读）

师：很好，请坐。（面对所有同学）刚才这位同学读了很多胡同的名称，请你们说说，这些名字有什么共同特点？

（众生思考，半晌无人回答）

师：我现在把这些胡同改改名字，把皮库胡同改成皇家胡同，把狗尾巴胡同改成凤凰美食街，请大家比较一下改过的名字有什么特点。

生14：改过的名字显得很高贵。

师：那么原先的名字吧？

生14：带有市民气息！

师：（赞赏地）很好！改过的名字很高雅，原先的名字就显得——

众生齐答：通俗！

师：北京的胡同还有其他特点吗？

（众生思考，无人作答）

师：其实课文第1段也说到了胡同。请大家看课本，看第1段是否提到了胡同的特点。

生15：胡同把北京切成一个又一个方块，都是正南正北，正东正西。

师：很好！胡同走向都是很正的。那我们现在一起来归纳一下胡同的特点。（展示板书）

师：长期生活在这样正而又安静的胡同里的居民形成了怎样一种生活习惯和精神状态呢？

（学生阅读课文、讨论，几分钟后）

生16：胡同居民大都安土重迁，不大愿意搬家。

生17：他们对物质生活要求不高。

生18：北京人爱瞧热闹，但是不爱管闲事。

生19：安分守己，逆来顺受。

师：还有没有？

生20：北京人讲究"处街坊"。（此处不准确，教师进行引导）

师：（面对全体同学）大家对刚才几位同学的发言有什么不同意见？

生21：他（生20）说得不对，我认为第7段主要讲的是北京人不喜欢交往。

师：你能说说你的理由吗？

生21：说不出来，反正我认为是这样！

师：是一种感觉！

生21：嗯！

师：其他同学赞同哪一位同学的看法？

（众生议论，没有结果）

师：那我们来做个添字游戏，怎么样？（众生欣然）请大家在"但是平常日子，过往不多"这一句前的某一句开头加一个"虽然"，改变其他句子的标点，使之变成转折复句。

（一会儿后）

生22：应在"北京人很讲究"处街坊一句开头加！

师：（对众生）大家同意吗？

众生：同意！

师：好！那么，转折复句强调哪一部分？

众生：后半句！

师：那么本段重点应是——

众生：强调"平常日子，过往不多"。

师：很好，其实本段还有两个词"除了""此外"，把这两个词放在一块比较也可看出作者主要说的还是北京人不喜交往的特点。

（总结胡同居民特点，展示板书）

师：生活在胡同里的居民长期以来形成的这种生活习惯和精神状态，作者称之为"胡同文化"。那么作者认为这种胡同文化有什么样的特点呢？

众生：封闭的文化！

师：对！这种封闭的文化的精义是——

众生：忍！

师：作者对这种封闭的，以"忍"为精义的文化持什么态度？

（众生交流、讨论）

生23：批判的态度！

师：你怎么看出的？

生23：从第6段的"胡同文化是一种封闭的文化"一句就可看出来！

师：能再说具体一点吗？

生23："封闭"就是不好的词！

师：很好！"封闭"从感情色彩看是贬义词，作者用了这个词正好表明了自己的态度。文中还有类似的词吗？

（众生寻找、交流）

生24："各人自扫门前雪，休管他人瓦上霜""总是置身事外，冷眼旁观""安分守己，逆来顺受"。

师：说得好！那么作者对胡同文化仅仅持批判态度吗？

生25：还有伤感！文章最后3段明显地表现了作者这种情绪！

师：是的，作者在北京的胡同里长大，现在看到胡同在一天天衰败，自然会有一种伤感情绪。可见作者对胡同文化的态度应是批判中又带有伤感留恋。下面我们来总结一下本课所学的内容。

（教师带领学生回顾课堂内容，再次突出教学目标）

师：我还有一点要说明一下。课文里所说的胡同文化是作者眼里的胡同文化，当然也就带有作者的主观色彩，因而我们也就不能说胡同文化就完全是这样。何况，北京在发展，胡同文化也在发展，今天的胡同文化也会有新的面貌。下面就请同学们根据自己的所见所闻畅想一下今天的胡同及胡同文化。

（众生交流）

生26：胡同被推倒，盖起了新的高楼。

生27：胡同的居民已不再封闭保守了，他们也和外界交流。

生28：还有些胡同被当作文物保存起来！

……

师：大家说得都很好，下面就请同学们来看一段录像，看看胡同都有哪些变化。

（播放展示今日胡同风貌的录像。录像结束后教师总结语）

师：我们真切地感受到北京的胡同正在衰败、没落，正在被一幢幢高楼大厦所代替，但是胡同文化将会随着北京的发展而不断发展，明天去北京，也许你所感受到的将会又是一种新的文化气息。

下课！

教学实录（二）

授课时间：2016年3月24日

授课地点：上海市七宝中学高二（12）班

（课前播放歌曲《北京胡同》，营造气氛）

上课！

师：我们一想起北京，就会想到帝王之都，其实，注入了北京文化色彩的，恐怕还是那数也数不清的胡同。今天，我们和大家一起学习汪曾祺先生的一篇文章——《胡同文化》。

师：首先问问大家，什么叫胡同？

（众生交流，翻书）

生1：一条两边都是房子的窄道。

师：一条两边都是房子的窄道？这个我没太明白。什么叫窄道？

生1：两边都是房子，中间一条过道。

师：哦，这样啊。你放学从农南路出去，两边也是房子。这是胡同？

（众生大笑）

生1：（腼腆）不是。胡同应该是很窄的。

师：你觉得哪里比较窄？七宝老街算不算？

生1：也不算。（沉默中……）

师：老街也不算。好的。你请坐，我们再问问其他同学。（指向生2）

生2：和上海的巷子差不多。

师：可我们今天讲的又不是关于上海的。（众生笑）

生2：就是上海的巷子移到北京了。（众人笑）

师：你什么时候把它移到北京的？（众生笑）实际上，北京的胡同，就和上海的——（众生）弄堂差不多。那么，北京的胡同有什么特点呢？

（众生议论）

师：我们从课文中找来看看。

（众生翻书，阅读，有顷）

师：（指向一生）请你说说。

生3：方向性很强。

师：什么意思？

生3：一定是朝着正的东南西北。

师：哦，方向很正，是吧？

生3：如果是斜的，会特别说明一下。

师：我准备反驳她一下，还没来得及，她已经补充说了。（众生笑）胡同一定是正南正北的，是吧？

生3：嗯。

师：你从哪里看到的？

生3：文章的第一段。

师：对。写的是胡同的走向。走向有什么特点？

生3：正。

师：对。（板书：走向——正）还有什么特点？

生3：连起来，就像四合院。

师：很好。还有别的特点吗？

生3：还没想好。

师：文章还不太熟，是吧。不过已经很好了。请坐。我再问问其他同学。（环视）刚才让大家坐前面，都不愿意。以为坐在后面就安全了，我现在就要找坐在后面的了。（众生笑）

师：（走向后面，指一男生）请你说说。

生4：胡同有大有小。

师：有大有小，是吧？我觉得也是。

生4：它可以贯通大街。

师：你从哪里看到的？（引导学生看书）

生4：第4段。

师：你读一读。

生4：胡同是贯穿大街的网络。

师：（声调高昂地重复）胡同是贯穿大街的网络！

生4：嗯！（欲坐下）

师：等等，等等，不要坐下。这段就是讲"胡同是贯穿大街的网络"吗？

生4：嗯……距离闹市近。

师：（反向引导）距离闹市近，很吵？

生4：对！

师：对啊？（众生笑）

生4：生活很方便。

师：（总结）胡同是贯穿大街的网络，距离闹市近，生活方便，比较吵。这段讲的就是这个意思，是不是？

生4：对。

师：对？

生4：不对。

师：又不对啦？那是什么？

生4：（迟疑中……）

师：文章不是太熟，是吧。好的，请坐。（面向众生）这段是不是写这些呢？

生5：喧闹中又显得安静。

师：到底是喧闹还是安静？

众生：（纷纷接话）安静。

师：这里写了胡同的环境，是安静的。（板书：环境——静）下面大家花一点时间看一看，然后再来谈谈胡同的其他特点。

生6：接下来讲的是胡同的取名有讲究。

师：什么讲究？

生6：按照住在胡同里的人啊，各种各样的行业啊，来取名。

师：（把取名引导到名字特点）那取出来的名字有什么特点？

有生：接地气。

生6：接地气。

师：他说接地气，你就说接地气。

生6：确实是接地气。

师：你用一个字来概括一下。

有生：俗。

师：好的。接地气，俗。（板书：名称——俗）胡同还有什么特点？

众生：数量多。

师：第3段怎么会是数量多呢？第3段前面还有那么多内容呢。（故意反问，目的是引导学生全面把握文段，抓重点。）

（众生思考，有说规模的，有说数量的）

师：这段的重点就是写胡同的数量多，尽管前面用了那么多的文字。（板书：数量——多）

$$
\text{胡同的特点}\begin{cases}\text{走向——正}\\\text{名称——俗}\\\text{数量——多}\\\text{环境——静}\end{cases}
$$

师：那么，住在胡同里的居民有什么特点呢？（众生看书）（有顷）你们想不想把自己的观点和同学交流一下？

生7：（玩笑）不想。

师：不想，是吧。那就请你说说。（众生笑）

生7：不愿意搬家。

师：是不是房子很漂亮？

生7：住久了。

师：住久了，不愿意搬家。很好！（板书：不愿搬家）还有没有其他特点？

生7：和街坊保持一定的距离。

师：保持距离，可见街坊之间的关系怎样？

生7：关系好。

师：你的重点是街坊之间有距离，但是关系好，是吧？

生7：嗯。

师：这是哪一段说的？

生7：第7段。

师：真的是这样吗？这样吧，如果让你概括这一段的主要内容，你怎么概括？到底是关系好呢，还是有距离？

生7：除了特定情况，其他不怎么交往。

师：你刚才说了一个什么词？

生7：特定。

师：不是，前面。

生7：除了。

师：我们一起看课本。除了……

生7：除了有的街坊是棋友，有的是酒友……

师：下棋，喝酒……"除了"这几种情况，后面还有一个词，是什么词？

生7：此外。

师：很好。那么，到底是讲"除了"，还是讲"此外"。

生7：此外。

师："此外"的内容是什么？大家一起读给我听一下。

众生：各人自扫门前雪，休管他人瓦上霜。

师：对了，重点在这里。说明胡同里的居民是交往不多的。前面有一句话，叫"平常日子，过往不多"。我们讨论半天都是这段的后半部分，再看这段的前半部分，写了什么？

众生：讲究"处街坊"。

师：对了。这就是刚才那位同学产生疑惑的地方，街坊之间到底是关系好，还是不好？还是一会儿好，一会儿不好？大家再读。

众生："远亲不如近邻"。"街坊里道"的，谁家有点事，婚丧嫁娶，都得"随"一点"份子"……

师：再读。

众生：道个喜或道个恼，不这样就不合"礼数"。

师：再读。

众生：但是平常日子……

师：停。这一句的前面。

众生：但是平常日子……

师：前面两个字。

众生：但是。

师：很好，就是这两个字。"但是"。有"但是"，难道没有"虽然"吗？"虽然"在哪里？

众生：前面。

师：没有！可以在哪里加"虽然"呢？

众生：北京人也很讲究"处街坊"。

师：虽然北京人也很讲究"处街坊"，也讲究礼数，但是，平常的日子过往不多。那你觉得这段主要内容是讲什么的？

众生：交往不多。

师：还是在讲北京胡同里的居民互相交往不多。（板书：不多交往）下面一个特点？

（众生议论纷纷）

有生：易于满足，要求不高。

师：什么要求不高？

众生：物质。

师：他们喜欢吃什么？（板书：不高要求）

有生：熬白菜。

有生：大腌萝卜，小酱萝卜。

师：下面一段是写北京胡同居民的什么生活习惯？

有生：爱瞧热闹。

有生：不爱管闲事。

师：根据我们刚才讲的，重点在哪里？（本句是"北京人爱瞧热闹，但是不爱管闲事"，也有个"但是"，正好可以利用刚刚讲的知识解决。）

众生：不爱管闲事。

师：对了。（板书：不管闲事）有着这种生活习惯的北京胡同居民，他们形成了怎样的一种文化特点呢？

众生：（交流）忍。

师：不止"忍"。还有什么特点？

生8：方位意识强。

师：方位意识强？这是一种习惯还是一种文化呢？

（众生思考）

师：其实，汪曾祺在一开始就说了。

生9：封闭。

师：在哪里？

众生：第6段。

师：对。（板书：封闭、忍）住的是什么地方？

众生：四合院。

师：四合院是什么特点？（展示PPT）封闭。生活在这里的人，思想常常是封闭的。如果，现在让你给胡同文化下个定义，该怎么说？

（众生看书，思考，交流）

师：你们觉得哪些词语应当放进去？（有顷）请这位同学说一下。

生10：首先，胡同文化是一种封闭的文化。

师：你这是列举，不是定义。胡同文化是一种封闭的……文化。

生10：……

师：有同学要给你帮忙？

生11：胡同文化是一种以忍为精义的封闭的文化。

师：胡同文化是一种以忍为精义的封闭的上海文化？（教师故意说错，引导）

众生：北京文化？

师：北京什么文化？

众生：市民文化。

师：哎，对了。（展示PPT：胡同文化是一种以"忍"为精义的封闭的北京市民文化。）刚才那位同学说的基本是对的，大家应该给点掌声。

（众生鼓掌）

师：当然，这掌声也应该有我的一半。（众生笑）

$$\text{胡同居民} \begin{cases} \text{不愿搬家} \\ \text{不大交往} \\ \text{不高要求} \\ \text{不管闲事} \end{cases} \text{封闭、忍}$$

师：我们刚才总结了，胡同文化是一种封闭的、忍的市民文化。那么，胡同文化真的就是这样的吗？

（这么突然一问，众生措手不及，满脸疑惑，立即翻书。）

师：同学们学会从书上找，没有离开文本，非常好。（有顷）大家交流一下。

（众生交流，有顷）

生12：第9段，写学生运动，说有时候不忍。

师：但是这和胡同有没有关系？

生12：后面写小伙子打小姑娘，作者几个人要小伙子道歉。

师：不是完全忍，有替人出头的冲动。看来有些时候不全是"忍"。还有谁说说？

生13：我觉得前面的同学说第9段也是能看出来的。毕竟北京市民曾经也是学生，参加学生运动……

师：有道理，但是你已经跑了。不能这么理解文章。我们就离开文本来说吧，胡同文化也一定不仅仅是封闭、忍这一种特点，只不过作者要着重谈这一特点。给大家看两句话，你们就明白了。（PPT展示）

有我之境，以我观物，故物我皆著我之色彩。——王国维《人间词话》

岁有其物，物有其容；情以物迁，辞以情发。——刘勰《文心雕龙·物色》

师：不管是写景、写人，还是叙事，总会带着作者的情感和态度。那么，对于胡同文化，作者到底有着怎样的情感和态度呢？请大家阅读、思考，然后交流。

（众生阅读课文）

师：下面请人说说。

生14：伤感，怀旧，无可奈何。

师：具体一点。

生14：物质生活不高，爱看热闹，不管闲事……

师：到底什么意思？

生14：第13段中有"记录着失去的荣华"，还有，记录着北京特色的那些东西都在逐渐消失，产生了伤感。

师：（对众生）有没有伤感？

众生：有。

师：从其他地方能不能看到伤感？

生15：文章写到胡同"有的原是皇家储存物件的地方"，连皇帝都把东西放在那里，说明当时应该很繁华。

师：现在呢？

生15：现在是"西风残照，衰草离披，满目荒凉，毫无生气"。

师：你再读一遍。

生15：西风残照，衰草离披，满目荒凉，毫无生气。

师：（对众生）读得怎么样？给点表示！

（众生鼓掌）

师：这怎么就伤感了？

生15：还是要看前面的内容。打不上水来的井眼、磨圆了棱角的石头棋盘。这些井眼打不上了水，可见荒废了很久。

师：当初打不打得上来？

生15：应该打得上来。

师：石头棋盘为什么磨圆了棱角？

生15：用得多了。

师：现在有没有人用？

生15：没有了。

师：这段景的描写显得是那么的荒凉，让人伤感。我们一起读一下。

（师生齐读）

师：除了景的描写表现了伤感，还有没有其他地方可以看出伤感？

生15：在商品经济大潮的席卷之下，胡同和胡同文化总有一天会消失的。

师：他不由地喊出了一句话——

生15：（随便地搭腔）再见吧，胡同！

师：再读！

生15：（加重语气）再见吧，胡同！

师：再读！

生15：（加重语气，加上情感）再见吧，胡同！

师：有进步。（深情地）再见吧——胡同！这是一种伤感，在这句就体现出来了。还有没有其他的？

生16：一种无可奈何。作者认为胡同的没落是必然的。

师：很好。我们一起来读几句话，好吧。"这话实在太精彩了！""北京人，真有你的！"你们觉得，这句话伤感吗？

众生：不伤感。

师：那是什么？

（众生思考）

师："这话实在太精彩了"，"太精彩了"可以加一个标点符号——

众生：引号。

师：对。加双引号。表示——

众生：讽刺。

师：说讽刺，有点重。应该是一种否定，对胡同文化有一种批判。不过，我在读的时候，感觉还不止伤感、批判，还有别的。我们再读几句。

师：（反复读）再见吧，胡同！有伤感，还有什么？

众生：舍不得。

师：对，舍不得，让我们有那种一走三回头的留恋。我再读一句。第8段，"虾米皮熬白菜"——（有学生接）这样，我读前句，你们跟读后面的"嘿"。

师：虾米皮熬白菜——

众生：嘿！（声调平）

师：这声调要怎么样？虾米皮熬白菜——

众生：（加重）嘿！

师：应当有一种轻松的喜悦的感觉。（示范读"嘿"）轻而上扬。

（众生自发读）

师：我们总结一下，作者对胡同、胡同文化的情感是比较复杂的，有批判，有伤感，也有爱恋。这让我们想到上学期学的《想北平》，作者认为，北平是天下第一，也带有一种主观情感。（PPT展示，并作解说）

批判 ｛ 直接——词句（这话实在太精彩了　北京人，真有你的……）
　　　 间接——居民表现（与街坊过往不多　爱吃熬白菜……）

$$
伤感
\begin{cases}
直接——词句（再见吧，胡同……） \\
\\
间接——景物（西风残照，衰草离披……）
\end{cases}
$$

$$
爱恋
\begin{cases}
直接——词句（哪儿也比不了北京……） \\
间接——胡同描写（安静的环境，磨圆了棱角的棋盘……） \\
间接——居民表现（安土重迁，爱吃熬白菜，随份子、杀一盘， \\
喝酒、遛鸟……）
\end{cases}
$$

师：胡同正在衰败，胡同文化明天又是怎样的一种状况呢？大家发挥想象，谈谈你的看法。

生17：周围都是高楼大厦，现代的气息。

师：那不是"明天"，今天去看都是这样。

生18：以后不会各管各的，变成热闹的地方。

师：很好。胡同文化会发生改变。

生19：可能变成上海石库门一样，变成遗迹，成为人们观赏的地方。

师：已经变成观赏的地方了。一开始我们展示的图片，就是"到胡同去"的旅游。我们来看一段文字。（PPT展示）

（街区制 北京西城区三里河南一巷、南二巷和南三巷，都是在成片的大楼间留下的楼间通道，但如今却因为紧邻学校、商场、国家部委和大型住宅小区，聚集的人流使得这几条夹缝成了"交通要道"。据悉，三里河区域，将率先实行"街区制"。打开围墙，狭窄的胡同将会变成宽阔的马路。）

师：有的胡同将会被拆除，小胡同变成大马路了。今天的课快要结束了，给大家留一个作业。（PPT展示）

以《上海的弄堂》为题写一篇随笔，将你的情感融入进去！

师：北京的胡同正在衰败、没落，正在被一栋栋高楼大厦所代替，但是胡同文化将会随着北京的发展而不断发展。明天你去北京，也许你所感受到的将是又一种新的文化气息。

今天的课就到这里，谢谢大家！

常态阅读教学，还原阅读本质

杜佳炜

当你拿到一本书或翻看一篇文章，你会如何阅读？是带着浓浓的好奇和未知去窥看，去探究？还是期望着谁能给你一份解析，列举一二三四点，让你连书页都不必翻看就能全部知晓？一个真正的读者在面对一篇真正需要阅读的文章时都会抱着一份敬畏之心，都期望能用最投入的状态去阅读，有所收获。如果有了这样的认知，那么我们就应该明白，在我们的课堂上有数十个能够成为真正阅读者的对象，我们的教学应该让他们成为真正的读者，而不是被动的接受者。

什么是常态阅读？"所谓常态，首先是指阅读是常态的，先读什么，再读什么，要符合阅读心理。……其次是指教学是常态的，阅读教学是教师一步步地巧妙地引导学生来理解文本，而不是告诉学生，强迫接受。"（朱诵玉《构建常态阅读教学的模型》）正如人的成长有其必然的过程，偶有细节不同，也不过是人与人之间的些许差异。同理，阅读也是如此。然而，不知不觉中，我们的课堂却希望越过过程，直抵终点。而"常态阅读教学"正是希望在课堂上一步步有层次地推进，巧妙结合文本，引导学生自己理解，而不是跳跃式的，脱离文本的强行灌输。

因为汪曾祺先生文章的语言风格与特点，使得《胡同文化》作为阅读文本而言，在基础阅读层面对于高中生已不构成问题。但是，我们仅仅只要基础阅读就够了吗？如何在课堂上还原阅读的本来过程？如何进行常态阅读教学？朱诵玉老师通过不断思考与多次实践，在课堂中为我们一一呈现。

（一）阅读从想读开始

"阅读心向是指学生阅读课文之前，在心理上具有的准备反映倾向，即阅读愿望、阅读动机、阅读心境和阅读兴趣的意向准备状态。"[1]而阅读一本书的收获，又往往与读者在阅读前的兴趣与阅读中的积极主动性有关。常态阅读教学还原读者阅读本来的过程，从读者对一本书产生兴趣，想要翻开阅读开始。

从两个实录来看，上课前朱老师都会播放一段音乐，如《故乡是北京》《北京胡同》等，再辅以图片来作为课前导入。老舍在《想北平》中说："我将永远道不出我的爱，一种像由音乐与图画所引起的爱。"就像音乐与图画代替不了文字一样，文字在某些方面也无法代替音乐与图画。朱老师用音乐与图画作为导入，将直观性、积极性、相关性融入课堂教学。

音乐与图画的介入在读者与文本之间建立起了一段"引桥"，作为比较直观的载体，即使是对于文本阅读稍显困难或是对文字阅读开始并没有很大兴趣的学生也能对歌曲、图片发表自己的见解，让课堂的参与度大大提升。此外，正如朱老师在实录中所说，音乐的播放能够"营造氛围"，氛围是多方面的，阅读的氛围、参与的气氛等，让原本陌生的教师、学生、文本在短时间内熟悉起来。

积极的阅读心向能帮助学生主动地进入阅读的状态，积极地思考与表达。"引桥"之所以作为"引桥"，最终还是需要将读者引向文本，因此音乐、图画与文本的相关性也至关重要。无论是介绍北京城，还是北京的胡同，都在一定基础上为学生的学习提供了一个环境的基础，即使是没有去过北京的学生也能从歌曲、图片中对北京有些许的了解。"北京初印象"打开了常态阅读教学的局面，读者积极投入到文本的诵读、赏读、品读中，让文本的阅读教学从读者"想读""想说"开始。"阅读可以是一件多少主动的事"，"阅读越主动，效果越好"。[2]

（二）精确成为"模糊"

在课堂教学中，教师们往往追求解读的精确性，将阅读的教学变成理科的解题过程，"对教材进行精雕细刻、条分缕析地串讲、分析，试图以满堂灌

---

① 马笑霞：《阅读教学心理学》，河北教育出版社1997年版，第35页。

② 艾德勒、范多伦：《如何阅读一本书》，郝明义、朱衣译，商务印书馆2004年版，第8页。

的'注入式',面面俱到的讲解来提高教学质量,'毕其功于一役'"①。在教师的"思路解析"与单一化、同质化的解读中,学生逐渐失去了自主化、个性化解读的兴趣,习惯于等待,等待老师给予题目的"正确答案"。其实,我们可以仔细思考,阅读的真正过程都不可能从精确解析文本开始。因而有些时候,对于文本阅读的"模糊性"反而比精确性更能够帮助教学,让学生充分地参与到与文本的对话中,给学生充分的能动空间。

在《胡同文化》的教学中,朱老师更习惯且喜欢从学生的口中听到解答。常态阅读教学的第一层级是希望学生通过诵读进行感知,而感知很多时候是带有模糊性的。"什么是胡同""什么是文化""什么是胡同文化",这些问题本身就兼具着具象与抽象的概念。对于学生而言,在阅读完文本之后得出的结论,用自己的语言进行表达,这个答案就具有模糊性、不完整性,甚至可能是不准确的,但这就是阅读的常态,每个读者在面对陌生的文本时,读出的感觉都不可能是一致的;而一个文本所要展现给读者的,也不会仅仅只是"阅读题"式的答案而已。就像朱老师在两次课堂中所呈现的一样,第一次展现的作者情感是"批判"与"伤感",而第二次除了"批判"与"伤感",又读出了一种"爱恋",每一次的阅读也许都会有新的体验,我们可以有正确的解读,但很多时候并不是唯一的解读。

所以"教师不要一讲到底,应该更多地采取模糊的手段,有意识地对某些教学内容有所保留,以无声代有声,给学生以更多的听说读写的训练机会,让他们咀嚼、玩味、思考、感受,'填补'被省略的内容"②。因而,朱老师在教学中更多采用"模糊"的手段,通过引导的方式,可以用同学们身边熟悉的东西作为例子,调动起同学们所有的知识储备与思维,让他们在思考后得出属于自己的答案。这就是教学的艺术,它体现了教师在课堂上的随机应变的能力。

(三)感觉变为感悟

"不愤不启,不悱不发",孔夫子的这句话是说,不到想求明白而不得的

---

① 马笑霞:《阅读教学心理学》,河北教育出版社1997年版,第224页。
② 马笑霞:《阅读教学心理学》,河北教育出版社1997年版,第228—229页。

时候，不去开导他；不到想说出来而不能的时候，不去启发他。教师在教学中总是容易出现一个问题，无法解决学生"不想说"的问题，同样也无法解决学生"说不出来"的问题，那么最后只能让老师的"感悟"变成学生的"感悟"，如此而已。如何在常态阅读教学中，让学生的感知变为感动，从感动成为感悟呢？如何让想说而说不出来的学生能够恍然大悟，打通"任督二脉"呢？

从实录中可以看出，朱老师是喜欢提问题的，而且这些问题是有层次的，在不断提升的过程中逐渐深入到文本核心。这些问题有时候甚至会以老师的"错误看法"的形式出现："胡同文化是一种以忍为精义的封闭的上海文化？"这里教师就故意说错，借以引导学生理解胡同文化。这是引导的一种手段，引导学生从整体阅读的感知转变为局部阅读的赏读，主动回到文本中去寻找细节，赏析文字。最终通过对文本的不断深入阅读，使答案从学生的口中诉出。

随着老师的问题不断抛出，不断加深，学生会逐渐意识到自己对于文本并不熟悉，随意地阅读也许只是达到了阅读心理的第一层次"基础性阅读"。从"基础性阅读"上升为"批判性阅读"，甚至更进一步产生"创造性阅读"——这一步骤更多时候可以在课后作业、随笔、迁移训练中体现，教师引导作用由此体现。当学生有了一种感觉但是说不出来的时候：

生21:说不出来,反正我认为是这样

师:是一种感觉!

生21:嗯!

就是体现常态阅读最好的时候，进行第二层级的阅读，期望得到答案，并且通过赏读从一个个细节中找到关键，将这些想法用自己的语言组织出一个较为完整的答案，原本想说而说不出的感觉变成了可以表述的感悟。"我们可以称指导型的学习是'辅助型的自我发现学习'"[1]，既是自我发现，那必然需要读者自己去找到问题的答案，自己说出感悟。

---

[1] 艾德勒、范多伦:《如何阅读一本书》,郝明义、朱衣译,商务印书馆2004年版,第8页。

（四）一极转为两极

有一些课堂教学只有老师的存在，没有学生，甚至脱离文本。常态阅读教学让阅读回到文本，让课堂关注学生，将原本的一极（老师）转换为两极（文本、学生）。

我们总是在潜移默化中接受了他人的观点，而不是经过自己的分析，形成独立的看法。一如我们所看到的新闻一样，当你真正地抛开那些带有判断性的意识，回归到事件本身，你就会发现那其实不过是"别人的观点"。媒体的设计与教师的灌输一样，如果我们将所有的材料做成佳肴，喂到学生嘴边，我想学生的阅读能力会一直停留在"等待喂饭"的水平。

"文章意义生成与构成系统的立体三向量结构（作者的意旨、文章的原意、读者的解释）"①即作者、文本、读者在阅读中的作用至关重要。常态阅读教学就是在课堂上建立起一个最自然不过的阅读行为，让成为"灌输"的教学回归到阅读的本质中去。

梁启超有"三步读书法"："第一步是鸟瞰。把文章浏览一遍，了解文章写些什么，并把文章的重点、难点找出来。第二步是解剖。揣摩文章是怎样写的，尤其是对文章的重点、难点细细探究，由表及里，抓住精髓。第三步是会通。就是把全文综合起来，融会贯通，并根据文章的背景和作者情况探究文章的成因，以便对文章有更透彻的把握。"②这"三步读书法"与常态阅读教学有异曲同工之妙。在课堂中，朱老师引导学生完成了对文章的细节赏读之后，多次出现"学生翻书""引导学生看书"等情况就是最好的说明。从文本中，学生读出了属于作者的态度，并读出了自己的感受，这些态度、感受又帮助我们再次回到全文，融会贯通。

（作者单位：浙江省柯桥中学）

---

① 曹明海、宫梅娟：《理解与建构》，青岛海洋大学出版社1998年版，第2页。
② 转引自教育部基础教育司教育部师范教育司：《语文课程标准研修》，高等教育出版社2004年版，第55页。

以"常态"构建"高效"

潘 青

当前高中语文阅读教学常偏向于功利性，老师通常以训练学生的阅读理解能力为目标，将教材选编的课文当做高考现代文阅读训练的范文。这种急功近利的行为，缺少对文章语言的探究，对文学的审美探索，从而固化了学生的思想，甚至使学生失去了对语文课的兴趣。基于这样的现状，朱诵玉老师提出了"常态阅读教学"理论，指出当下的语文阅读教学，应该根据不同体裁、不同类型的课文，进行常态阅读教学，帮助学生通过日常语文课的学习，掌握基本的阅读方法，从而构建高效课堂。

下面以朱老师分别于2001年在芜湖十二中和2016年在上海市七宝中学执教的汪曾祺散文《胡同文化》这一课为例，谈谈他在"常态阅读教学"中行之有效的探索。

（一）把握课型和学情，使教学内容常态化

阅读是运用语言文字来获取信息、认识世界、发展思维并获得审美体验的活动。教材中选取的课文，可以粗略地划分为小说、诗歌、散文等常见文体，不同文体教学内容势必不同。一般来说，小说的阅读教学要把握典型人物典型性格，在情节和环境中把握作品主旨；诗歌的阅读教学则要理解诗意，感受诗境，体味作者情感，品味语言；而散文的阅读教学则重在品味语言，把握情感，理清脉络。因此，把握课型，阅读课堂才有基本的常态教学重点，教学内容才不会杂乱无章。《胡同文化》是一篇漫谈北京胡同逸闻趣事兼及京城市民文化心态的议论散文，又是一篇将针砭锋芒藏于风趣诙谐的随意谈吐之中的文化随笔，是对于北京的胡同从取名到格局乃至"文化"所折射出来的京城市民的处世哲学、文化心态的人文思考。

在语言上，本文看似散漫无边，其实却有散文"率性自然"的真趣。作者以形象生动的比喻、通俗朴实的语言、信手拈来的方言俗语，闲话家常一般侃侃而谈京城的胡同文化的特色及其局限。因此，尽管朱老师执教的两次《胡同文化》示范课相隔15年之久，但是教学目标都是从散文这一课型出

发，均有"培养学生概括要点、提取精义"这一能力目标，体现了教学内容的常态化。

当然，教学内容的确定不仅仅要根据课型，还要根据学生实际阅读能力和发展的需要，即实际教学要以"教是为了学生学"为基础，那么老师就要将备课常态化，一方面从教材编排上找到学生的"已知"和"未知"，另一方面根据学生的实际情况确定教材内容。比如，同一篇《胡同文化》，人教版将之编在高一第一学期，沪版将之编在高二第二学期，同一篇课文，但是学生处在不同的学段，原有的知识状况不同，学习能力也有所不同，因此朱老师的教学目标也做了相应的调整。很显然，朱老师在七宝中学执教的《胡同文化》将课堂教学内容拓宽、加深了很多，着重引导学生体味胡同文化的没落及作者的感性与理性交织的复杂情感，符合高二年级学生语文能力的发展。

（二）循序渐进、由浅入深，使教学过程常态化

朱老师指出：阅读教学是老师一步步巧妙地引导学生来理解文本，而不是告诉学生，强迫接受。

一是引导学生从宏观上、整体上了解内容，把握文章思路。

理清作者的行文思路，弄清文章层次结构，以及句子之间，层次之间的联系，是深入解读文本的手段，更是训练学生逻辑思维能力，培养抽象概括能力的途径。文章的结构，是文章部分与部分、部分与整体之间的内在联系和外部形式的统一。在《胡同文化》的教学设计中，朱老师首先从文章的结构入手，引导学生如同庖丁解牛一般，对文本有一个宏观上的总体把握。胡同的特点和胡同文化的特点学生不难把握，通过划出每个段落的关键句学生就能总结归纳出来了。但是作者是怎样从"胡同"转到"胡同文化"的，胡同和胡同文化之间的关系怎么理解，这是文章学习的一个重点。"胡同"是客观物质，"胡同文化"是精神反映。二者是相互作用的，"胡同"的方正、封闭决定了封闭、以"忍"为精义的"胡同文化"，而这样的文化又使得住在胡同里的人建造出这样特点的"胡同"。这么一来，学生就可以联系自身的生活，谈谈他感受最深的文化及其内涵了。

二是引导学生深入到课文中去，品味语言，培养学生对文本语言感悟鉴

赏能力。

阅读教学过程中，要让学生对文本有切实的感受，最简单有效的方式，就是让学生反复地朗读体悟，恰当地朗读，不仅能让学生直接和文本对话，而且能通过阅读，感知文本的内容、节奏、气韵和美感。在当代文坛上，像汪曾祺这样重视语言的作家并不多。贾平凹说："汪是一文狐，修炼成老精。"还有学者认为，汪曾祺的代表作《受戒》与其说是以故事的离奇征服了伤痕累累的文坛，不如说是以语言的个性化征服了在"文革"话语中浸淫太久而已经不懂现代汉语之美的读者。可以说，汪曾祺是一个有意识地关注语言的作家。

因此，在对语言的品读感悟中，朱老师循循善诱，指导学生反复地读以下几个句子：

> "北京人易于满足,他们对生活的物质要求不高。有窝头,就知足了。大腌萝卜,就不错。小酱萝卜,那还有什么说的。臭豆腐滴几滴香油,可以待姑奶奶。虾米皮熬白菜,嘿!"
>
> "——'穷忍着,富耐着,睡不着眯着','睡不着眯着'这话实在太精彩了! 睡不着,别烦躁,别起急,眯着。北京人,真有你的!"
>
> "西风残照,衰草离披,满目荒凉,毫无生气。"
>
> "再见吧,胡同。"

学生在反复地朗读过程中，在声情并茂的对白中就体会到了胡同文化的精义——"忍"，而作者是怎样看待这个"忍"的价值观的，根本无需老师多讲，通过作者无穷魅力的语言，作者对北京人的嘲讽、揶揄、批评与警醒就明明白白地让学生体会到了。

语言本来就是一种文化的沉淀，语言的文化积淀越是丰厚，语言的意蕴就愈是丰富。汪曾祺曾经承认，他儿时所学的归有光的文章以及桐城派的古文为他文章语言的洗练打下了扎实的基础，他的文风中弥漫着古典汉语的"余韵"与"痕迹"。为了启发学生深入感受汪曾祺的语言特点，朱老师反复地让学生诵读"西风残照，衰草离披，满目荒凉，毫无生气""再见吧，胡同"，既让学生体味作者的伤感之情，又启发学生走进汪曾祺先生语言的核心——古典文化的传承。自然而然地，学生就明白文章中"乌衣巷"和"蛤蟆陵"这两个典故渲染了胡同的衰颓。作者并不是在文章中掉书袋，以示其渊博与高深，而是看似平淡、自然而然地提及，乌衣巷、蛤蟆陵见证着历史的变迁，北京的胡同也同样见证了人世的沧桑，学生们就感受到：汪曾祺先生的语言并不仅仅充满着平易近人的"胡同味"，更多的是一种洗练、雅致与绵长。

三是注重课堂生成，引导学生从"倾听"到"表达"。

王荣生教授曾指出："语文教育就是教会学生聆听和述说存在及其意义。"完整的常态阅读，学生的学习行为表现在"倾听"和"表达"两个方面。"倾听"即学生通过老师的引导，理解文本；"表达"即学生在理解文本的基础上形成自己的感悟。这就要求教师注重课堂生成，与学生合作联动，抓住关键，聚焦细节，使语言文字在学生头脑中形成画面，从而充分调动已有经验，移情体味，获得共鸣。朱老师在执教《胡同文化》时就展现了其教学上的智慧才华，如提问学生："对于胡同文化，作者到底有着怎样的情感和态度呢？"抓住学生临时迸发的思想火花，精妙点拨，针对学生理解的不足之处，给予准确的评价，同时又不断设置新悬念，提出新问题，使学生的学习不断得到突破和升华，接着朱老师又联系学生学习实际，调动他们头脑中储存的相关信息——上学期学过的《想北平》进行对比联想，最后又引导学生想象"胡同文化明天"，课堂紧凑巧妙，学生从"倾听"到"表达"，高潮迭起，妙趣横生。

朱老师两次执教《胡同文化》，前后相隔15年，读他的教学设计和课堂实录，我们仿佛看到一个白衣飘飘初入江湖的书生成长为剑走天涯，纵横课堂的高手，但万变不离其宗的，是他对以"常态"的阅读教学构建"高效"的语文课堂的不懈践行。

（作者单位：上海市金汇高中）

《我有一个梦想》

教学实录

教学视频

时间：2015年4月9日

地点：七宝中学东一阶梯教室

班级：高一（5）班

上课前——

（第一次和5班同学上公开课，大家都很好奇，表现得比较兴奋。）

师：（对众生）怎么觉得有点不对劲啊！有人从一开始进来就带着让人理解不透的笑容。

（众生大笑）

师：还记得我们提出的两个要求吗？

众生：记得！

师：第一个是什么？

众生：不要睡觉。

（因为上海的学校中午时间都比较紧张，孩子们都没有时间休息，下午第一节课容易犯困，所以，和他们幽默地提过这个要求。）

师：第二个？

众生：积极发言。

师：不对不对，错了。是不要让听课的老师睡觉。

（众生大笑）

师：好不好？

众生：好。

师：（高声地）准备好了没有？

众生：（大声地）准备好了。

师：那我们就开始上课！我们今天和大家一起学习一篇文章，题目叫——

众生：我有一个梦想。

师：这篇文章是五十多年前的了，而且是一篇演讲稿。（顿）谁演讲的？

众生：马丁·路德·金。

师：很好，回答得完全正确！（众生大笑）在什么情况下讲的？

众生：黑人被歧视。

师：被怎么样的歧视？

众生：种族隔离。

师：怎么样的隔离？（众生议论）你讲？

生1：黑人被单独隔离在一个地区，生活受到压迫。

师：你好像在哪看到的吧？

生1：书上。

师：书外的呢？

生1：差不多吧。（众生笑）

师：好的。请坐。至于五十年前的情况，我搜集了一点点，我们一起看看，相关的背景。（PPT展示，教师简要介绍。）16世纪欧洲人将非洲黑人卖到美洲，黑人奴隶在庄园里辛勤劳动——劳动没什么，只要有合理的回报即可——但黑人奴隶遭受到奴隶主的剥削、压榨。在1865年的时候，美国总统林肯签署了《解放黑奴宣言》，不过，黑人的处境并没有发生什么特别的变化。直到20世纪五六十年代，黑人仍不能参加选举，得不到平等的教育，不能到白人餐馆里就餐，不能坐在公交车的中前部——坐在后面还好，如果跟在公交车后面跑，就熏成黑人了。美国黑人发起了声势浩大的民权运动。我在搜集资料的时候，就非常感慨，写了两句话——这是美国黑人的屈辱史，也是美国黑人的斗争史。在斗争的过程中诞生了一个英雄——

众生：马丁·路德·金。

师：对，马丁·路德·金，他成为美国黑人民权运动领袖。1963年8月28日，他组织25万黑人在林肯纪念堂集会——为什么在林肯纪念堂（众生：林肯签署过《解放黑奴宣言》）——在会上发表《我有一个梦想》演说。当时的盛况是空前的，振奋人心的。我们看一下。（播放小短片）

师：这个集会有很多人，好像除了黑人之外，还有——

众生：白人！

师：这和马丁·路德·金的想法是一致的，课文里也有。这个集会过后不久，就发生了意外——1968年，他准备帮助黑人清洁工组织罢工，在旅馆的阳台上被暗杀。他的死引发黑人抗暴斗争的巨大风潮，几天内，全美一百多个城市发生了暴乱。由此可见，他所主张的非暴力恰恰使得社会变得稳定，通过合法手段争取权利。也因此，美国政府从1986年起，将每年一月的第三个星期一定为马丁·路德·金全国纪念日。

师：这是背景。今天我们和大家一起来学习马丁·路德·金的这个演讲。演讲是需要演讲辞的，我们学习的正是这演讲辞。演讲是要用嘴巴的，是要说出来的，下面我就想请同学们来读一读这篇演讲辞。好不好？

（众生沉默）

师：没声音！

众生：（陆陆续续）好！

师：说得那么假，干嘛？（众生笑）是想让我来读，是不是？

众生：（一起大声）是！

师：好，我来读！（教师读1至4段）

（读毕，众生鼓掌）

师：你们自己读一读吧。（众生热烈自读）

师：刚才读了一阵，嗓子打开了。现在想一想，如果让你读，你读哪一段。待会请同学来读。

（众生默默读）

师：将你准备读的地方悄悄地告诉你的同桌，看看你们想读的是不是一样。

（众生小声交流）

师：是不是读同一个地方？

生：不是。

师：那就好办了，两个人都可以读。有没有同学愿意主动来读？

生1：我来。

师：我想问一下，为什么你先来？

生1：看大家都没举手，我想表现一下。（众生鼓掌）我读17—25段。

（生1读，读毕）

师：他读得怎么样？

生2：非常好。

师：我料到了大家会说好，但没料到你会说非常好。你说说为什么非常好？

生2：我认为他读得铿锵有力，完美地把马丁·路德·金当时的情感抒发出来了。

师：我想问一下，马丁·路德·金当时的情感是什么样的？

生2：对美国政府压榨黑人的强烈不满，对未来充满希望。

师：你从哪里看出来的？

生2：他连用了1、2、3、4、5、6，六个"我梦想有一天"，说明他还是非常……非常有希望的。

师：用六个"我梦想有一天"就把情感表现出来了吗？

生2：还有，不止。在密西西比州、亚拉巴马州、南卡罗来纳州、乔治亚州这些地方，马丁·路德·金想把它们变成白人黑人共同生活的美好天堂，可以看出马丁·路德·金的强大的希望。

师：他在演讲中把这种信念，这种情感，这种希望表达出来了，是吧？这样，我再问一个同学——（指向刚才诵读的那位同学的同桌）

师：你是他同桌，你说说，他是不是把这种情感表达出来了？

生3：我觉得马丁·路德·金的情感应该会更强烈。

师：能不能再讲细一点？

生3：马丁·路德·金的演讲更加有激情一些。

师：更加有激情，是吧。你的言下之意是刚才他读得没有什么激情？

生3：……

师：是不是有这么一点？

生3：是有一点。

师：我的感觉是跟你比较接近的。他的朗诵是比较整齐的，铿锵有力的，情感上还是缺乏一点。

生3：（插话）我早看出来了。

师：你已经看出来了，你来读一读！（众笑）

（生3读17—25段）

师：你把他刚才读的又读了一遍。我不做评价，（指生4）你来评价一下。

生4：只是把声音读响了，没有把感情读进去。

师：你怎么敢说这样的话！（众生大笑）

生4：你不是说不要怕驳他的面子吗？

师：我是这个意思，我担心待会你也要……（众生大笑）

生4：（仍然坚持）他读得不是特别好。

师：但是我感觉他是非常努力用心在读，肯定比平时读得要好，从这个角度来说，值得表扬。当然，两位同学互相调和一下就更好了。不过，这与马丁·路德·金当时演讲的情况是否相符，我们也不太清楚。要不，你也读一下。你准备的是这部分内容还是其他的？

生4：也是这部分。

师：那太好了。来！

（生4读17—25段）（读毕，众生热烈鼓掌）

师：他读得非常好，真是在努力地读了。（众生大笑）这是比较经典的一段，我们集体感受一下，好不好？我和大家一起读。在读之前，有个地方要纠正一下。前面两个同学读错了一个字，第三个同学读对了。挫折——cuò折。（有同学接话）后面还有一个字——坎坷，读kǎn坷。下面，我起个头，大家一起读——朋友们……

（师生一起诵读，书声琅琅，精神振奋，效果很好）（读毕——）

师：刚才，三个同学都选择读这一部分，我不知道什么理由，能不能说一说理由？第一个同学先说。

生1：这部分已经到了演讲稿的结尾部分，他把自己要达到的目标转化为一种呼吁；其次，用了排比的句式，加强了语气。

师：我给你总结一下。第一，情感堆积到现在，有一个爆发；第二，连续排比，有助于情感的抒发。还有没有其他同学喜欢这一部分的？（众生默然）既然这样，我们来读一读其他部分。有谁来读？

生5：我想读10—14段。

师：你读。

（生5读）（读毕）

师：很好，也给他一点掌声。（众生鼓掌）你之所以选择读这一部分，是不是也是因为他用了排比的形式？

生5：有一部分原因是这个，还有就是，这一部分写出了他非常坚定的决心，下决心去改变这一切。

师：非常好，讲得非常好！你能具体到这个句子——不，我们绝不满足！你认为情感上还要激烈一些——不，我们绝不满足！这样的理解很好。请坐！

师：大家有没有发现，我们选择读的这两个部分，作为演讲辞来说，有个共同的特点——什么特点？（众生议论）明眼人都看得出来——排比！加强了气势。而且，好像还不止三句，还有更多。除了排比还有词语或短语的重复也比较多。有什么？

众生：只要……

师：只要，只要，只要。还有——

众生：绝不满足……

师：绝不满足，绝不满足，绝不满足。还有——

众生：我梦想有一天……

师：我梦想有一天，我梦想有一天，我梦想有一天。这种排比和反复的使用，加强了句子的语气。平常做题经常说加强语气，今天我们才是真正地见识到它了。这是演讲辞的特点。当然啦，语言之美也不仅仅在排比和反复，还有其他原因。谁再来读一读，说一说？就是，排比、反复之外的东西，有没有？

生6：前4段。

师：前4段？你敢挑战我啊？（众生大笑）这样，你读一小段吧，好吧？

生6：第4段。

师：你读吧！

（生6读，"就有色公民而言……"）（读得声情并茂，读毕，大家鼓掌）

生6：支票。（众生大笑）我觉得，马丁·路德·金用空头支票形象地说明美国政府敷衍黑人。还用了"正义的银行"来对应支票，反应广大人民的需求……

师：黑人。

生6：对，广大黑人的需求，但并没有得到保证，是空头的，没有给他自由……（有点啰唆）

师：讲得很好。我用最简洁的话给他的观点作一总结，就是用了非常形象的比喻。

生6：是的。

师：请坐。如果从朗读的角度来说，他是最有特色的一个。（生6读得非常有感情，甚至还有点激动。）

（众生笑）

师：是吧。

众生：是的。

师：看不出来，高人啊！我们在诵读演讲稿的时候要读出情感，读出气势。我们应该把这种排比、反复给读出来。不知道同学们有没有注意到，我在课文之外补充的一部分。大家有没有读？这一段无论是从情感还是从表达上和前面都不一样。这样，我们集体读一下最后一段吧。

（众生集体诵读，教师也一起读："在自由到来的那一天……我们终于自由啦。"）

（读毕，自发鼓掌）

师：你们有没有发现有什么不同？

众生：情感变得非常激烈。

师：对。因为演讲快要结束了，所以情感变得十分昂扬激烈。这还是因为用了一种修辞。

众生：排比。

师：我们不要再说排比了。当然这也确实是排比。

有生：语言很有气势。

师：还是排比。（众生笑）这是一种修辞，大家不知道的修辞，叫——"喊"。（众生大笑）

师：让自由之声从新罕布什尔州的巍峨峰巅响起来!让自由之声从纽约州的崇山峻岭响起来！让自由之声从宾夕法尼亚州阿勒格尼山的顶峰响起来!让自由之声从科罗拉多州冰雪覆盖的洛基山响起来！让自由之声从加利福尼亚州蜿蜒的群峰响起来！这里有个专有的名词——呼告。这是演讲中常用的手法。你想一想，快要结束了，再不喊就来不及了。

师：我们总结一下，演讲辞的特点，有排比，有比喻，有反复，还有刚才讲的呼告，把自己要讲的事反复地说出来。你要讲有多少实质内容，也没有，更主要的是带有煽动性，鼓动性。

师：说了这么多，刚才同学们也读了，我也读了。不过，我有点疑问，原来的演讲稿是不是这样的呢？马丁·路德·金是不是这样演讲的呢？我们一起看一下。（PPT展示英文原版）

师：我来读一下好吗？（众生鼓掌）今天听课的有英语老师，我要读错了不要笑我啊。（众生笑）这是最精彩的一部分——我有一个梦想。这篇演讲稿的题目叫什么？

众生：我有一个梦想。

师：我读了。（教师读英文版——）

I say to you today, my friends.And so even though we face the difficulties of today and tomorrow, I still have a dream. It is a dream deeply rooted in the American dream.

I have a dream that one day this nation will rise up and live out the true meaning of its creed: "We hold these truths to be self-evident, that all men are created equal."

I have a dream that one day on the red hills of Georgia, the sons of former slaves and the sons of former slave owners will be able to sit down together at the table of brotherhood.

I have a dream that one day even the state of Mississippi, a state sweltering with the heat of injustice, sweltering with the heat of oppression, will be transformed into an oasis of freedom and justice.

I have a dream that my four little children will one day live in a nation where they will not be judged by the color of their skin but by the content of their character.

（听课的英语老师实在忍不住，笑，引起同学们笑。）

师：（也笑）笑场了。这太不严肃了。（笑）我对英语老师有意见了。重来啊。

（师再读，读毕，掌声响起。）

师：这掌声尤其热烈。我们看看，英文版和中文版有什么区别？其实没有什么大的区别。我仔细琢磨了一下。中文版是——我梦想有一天……英文版是我有一个梦想，有一天。差不多。翻译的还挺不错，将"我梦想有一天"后加了一个逗号，起什么作用？停顿的作用。有点像英文了的"that"，它引导的是从句。但是后面有变化，变成"我今天有一个梦想……"，从演讲者写演讲辞的角度，这种变化避免了句式的单一，让人疲倦。

师：我刚才读的也就是一个尝试，下面我们一起看看马丁·路德·金的演讲。（播放马丁·路德·金演讲视频片段；看毕）

师：前面演讲比较慢，后面就比较快了。我们这堂课绝大部分时间都在读。我觉得，演讲辞实际上就是读，情感要真挚，语言特点大家也都清楚了。下面简要梳理一下这篇演讲辞的主要内容。（PPT展示）

聚会目的——要求获得自由和正义

表达决心——不达到目的决不罢休

斗争策略——联合白人非暴力集会

具体目标——于反面提出力争平等

表达梦想——从正面阐述我的梦想

激情呼告——让自由之声响彻大地

师：这次演讲离今天已经有五十多年了，他所演讲的内容涉及美国黑人的自由、正义问题，今天的美国有没有解决呢？我有一个思考题留给大家。（PPT展示）

2008年11月4日，非洲后裔贝拉克·奥巴马在大选中获胜，当选美国第56届总统。奥巴马的当选真的说明美国黑人"当家做主"了吗？大家课后思考。

师：还有一个问题，（PPT展示）

运用本文所学的关于演讲辞的知识，写一篇竞选班长或其他职务的演讲辞。

师：你们班级正在进行班委改选，正好用上。你们看看，我和班主任配合得多么天衣无缝！今天的课就到这里。谢谢大家！

（众生鼓掌）

研究论坛

让"读"成为教学的常态

卜凡军

有幸现场观摩过朱诵玉老师的《故都的秋》，简洁的教学程序、活跃的课堂气氛、轻松的教学过程，给人一种恍然大悟的感觉。朱老师的课其实质朴得很，用他自己的话讲就是立足常态。他之所谓"常态"，先指阅读是常态的，即先读什么，再读什么，要符合阅读心理；次指教学是常态的，阅读教学是教师一步步地巧妙地引导学生自己去理解文本，得出自己的应该有的结论，而不是强加给学生，直接告诉学生已知。似乎这样简单直白的操作无甚过人之处，然而放到教学实践中，出来的恰恰是意外惊艳的效果。《我有一个梦想》的教学也是这样。

（一）诵读，激发兴趣，托起气氛

课前的提醒不算入题，甚至朱老师导入过程也可以忽略，因为他的导入实在跟普通老师平时的上课相差无几。直到"请同学们来读一读这篇演讲辞"，台下"好"的假回应，依然徘徊在我们日常教学的"常态"中。不过，接下来朱老师对课文前四段的范读，瞬间就把课堂气氛推向了一个顶峰。台下雷鸣般的掌声做了最公正的裁判。显而易见，诵读功夫非一日之功，朱老师借此要传达给学生的是：读可以是很美，很让人向往，是让人叹服的艺术，你要不要小试一下？

就在学生心头涌起试试读的念头的同时，朱老师趁热打铁——"你们自己读一读吧"。效果是：众生热烈自读。

如果没有老师的范读，仅仅是告诉学生先快速浏览文本，学生心头没有任何的真正熟悉文本的念头驱动，那么所谓的"快速浏览文本"很有可能只有少部分很自觉的学生才真正的落实，自然课堂教学的效果会大打折扣。朱老师的范读榜样在先，确实能够激起学生读的兴趣，再给个集体环境下各读各的机会，没有任何心理压力，"众生热烈自读"便是水到渠成的。这里面朱老师有引导的成分，但是随风潜入，落地无声。

范读的精湛功夫体现的是朱老师对读的重视，这其实就是一个优秀语文老师的水准和境界。设法让学生自觉自愿地能沉入文本中去，哪怕时间短暂，也已经实现了和文本的第一次接触，对文本内容的初步了解，建立了对文本的初步印象。赏读、品读的前提业已具备，常态阅读教学模型的第一层次"诵读"自然也就成功落地。

（二）赏读，师生互动，潜入无声

赏读和品读的实现从学术角度探讨是必要的，但是面对具体文本时，如果硬是丁是丁卯是卯的人为板块区分，可能会有犯胶柱鼓瑟之嫌。朱老师在教学过程中借助巧妙设计问题来逐层实现，成功地避开了可能遭遇的障碍。

对生2的追问：你说说为什么（他读得）特别好？演讲者当时的情感怎样？你从哪里看出？句句贴着文本走，句句指向文本的语言、手法、情感，质疑而不露声色，既避免了伤害到学生解读文本的积极性，又从容有致地把问题传递到下一位同学——生3面前。生3在更准确解读文本句子的同时，也展示了个性化的独到理解，尽管他读的效果不尽人意，但其主动融入课堂，大大方方展示自己的行为，保证了教学过程的顺利推进。在课堂上，无论学生个人的层次怎样，程度怎样，都体现的是教学的"常态"，从这一点上看，常态阅读教学的提出是有鲜活源头的。常态才是真实的，常态问题的解决更具普遍意义。

显然生3的个性解读基本到位，生4在前两次读的基础上，通过努力展示了高于平时水平的诵读，至此，17—25段的诵读——赏读——品读环节基本达到目标，通过师生齐读再次感受文本，师生一起总结，语言、情感、手法等学界已有的定论扑棱棱呈现在了课堂上。

（三）品读，由表入里，由浅入深

一般来讲，赏读读到学界已有的定论层面上，教学目标可以算作完成。至于品读，品出个性内容，品出个性化的体悟，是课堂教学中的锦上添花，是偶然，不宜当做必然，或者是部分同学的必然，不必当做一个共有的目标非实现不可的。但个性化的品读作为倡导的一个方向，仍然是有必要列入教学目标的，说到底，对文本句子品出个性化的体悟不是空中楼阁，不经意间就能实现。即使不能实现，作为一种理想，他的指引作用对师生配合出精彩，也能起到潜在的催化作用。

有人说，追问生1为什么三人共读了相同的内容看起来是没必要的。倘若了解了常态阅读教学的心理解说，这个问题便不再是问题。前面生2呈现了自己对生1读的评点，生3生4各自呈现了自己对文本的体悟。而生1到底怎样感知17—25段，解读过程中有没有受到老师和其他同学的影响？朱老师再回头请出生1无非就是做个必要的检验，体现的是课堂的机会均等。既读之，必有所感知，生1的感知是个起点，是"由表入里""由浅入深"的

"表""浅",具有典型意义,是不能忽略的。生1的答案可能不是当时读完的单纯的感受了。通过组织语言表达的检验过程,可以看出他的课堂状态。生1不负众望,完美地诠释了三人共读的初衷:能够代表文本的特点,容易打动人、感染人,句子特点鲜明醒目。

常态阅读教学,在初步了解文本内容、建立对文本的初步感知后,选择自己喜欢读的,已经有了选择的意义。选择是有心理机制起作用的,一般选择最醒目的,最有特色的。这也应算教学中的"常态"范畴,那么所选部分的突出特征,可以代表整个文本的特征了。"在事物的整体关系中,作为整体的个别部分的客体才能够被认知,同样,如果离开了事物的个别部分,事物的整体也不能够被认知。"[1]生1选的"部分"在整个文本中被认知、辨识出,整个文本因生1所选"部分"而得以认知。

10—14段、1—4段的解读和17—25段的解读一脉相承,是教学程序的跳跃,阅读心理依然属于常态的,"要讲有多少实质内容,也没有,更主要的是带有煽动性、鼓动性。"一言以蔽之,《我有一个梦想》内容是简单的,过多肢解分析反而容易误入歧途。整篇文本教学的重点放在体会情感,品味语言特点上就够了。

所以,无论学生选择哪些句段来赏析品读,在把握文本主要内容和脉络的基础上,紧紧围绕演讲词的特点;在一遍遍形式各异的读中,体会演讲者面对25万听众时严肃愤慨、激情澎湃的情感,终不会脱离常态阅读"诵读——赏读——品读"的范式。

(四)构建,大道至简,返璞归真

常态阅读教学模式这一概念的提出,和特级教师肖培东的"浅浅地教语文"有异曲同工之妙。区别在于,肖之浅浅地教,是一口气,蕴含在语文课堂教学过程的七经八脉里,而朱老师的教学模式是一种范式,可感、可知,可拿去现场操作。因此,对于广大一线教师来讲,肖的"浅浅地教"是我们仰望的理想,朱老师的模式是我们手中的藏宝图,循着藏宝路线一路到底,可能会离心中的理想无限近。

---

[1] 杨九俊主编:《小学语文课堂诊断》,教育科学出版社2005年版,第87页。

常态阅读教学模式可以化为一板一眼的招式，似乎招式人人可学，也似乎谈不上灵性、捷径、窍门。其实，招式的提炼出炉，绝不是心血来潮，也不是灵感乍现；没有深厚的学识素养和丰富的实践经验，招式的出现只能是异想天开，是无源之水，无本之木。

常态阅读教学模式深受格式塔心理学启发。格式塔心理学认为，直接经验是一切科学研究的基本材料。所谓直接经验，就是主体当时感受到或体验到的一切，即主体在对现象的认识过程中所把握到的经验。那么，放到我们的阅读教学中来讲，学生对文本的直接经验必定首先来自阅读感知：对篇章进行整体感知，进而对篇章片段再认识，循序渐进，最后实现个性化体验。毋庸置疑，常态阅读教学模式符合读的心理，符合教的规律，尽管简单直白的像愚公随手挖下来的山石，但是和钱梦龙先生那句"语文，老老实实地教会学生读书"吻合得是那样巧妙。或许，这就是返璞归真吧？大道至简，真传一句话，假传万卷书。

喧嚣的大时代里纷纷攘攘的自我宣传铺天盖地，好听好看的概念让人眼花缭乱莫衷一是，高深莫测的理论层出不穷，语文教学的尴尬局面还是涛声依旧。朱老师从容不迫地使用最传统的"读"的方式，丝毫不张声势，也不大张旗鼓，缓缓地、浅浅地把学生的思绪、思维导入或热烈或平静的语言文字中去，让每个孩子愿意尝试着读，勇敢去读，大胆解读，小心辨析，进而积累了必要的知识，体味了文本的意义，获得了审美的愉悦。

常态阅读教学，用语文的方式引导学语文，从而紧紧地守住了语文的魂。亲切之余，发人深省，引人深思。

（作者单位：浙江台州市外国语学校）

《非攻》

教 学 实 录

时间：2009年3月22日

班级：安徽师范大学附属中学高三（12）班

教学视频

上课！

师：今天我们一起来学习一篇课文，在学习课文之前，我们先看屏幕上有个人的像——他是谁？

众生：鲁迅！

师：在你的心目中，他给你什么样的印象？

生1：根据书下的注释，一般给鲁迅定义为思想家、文学家、革命家，但在我的印象中，他是一个冷静的人，经常以旁观者的角色来看待中国正在变革中的社会。

师：作为旁观者的角色来观察社会。（教师重复此句，纠正学生"角色"的"角"的读音错误，应读jué）

（说明：安排这样简单的开头，一是做到简洁明快，二是把对鲁迅的认识作为暗线关照整堂课。）

师：我们给他传统的定义就是思想家、文学家、革命家，是比较严肃的一个人，是不是这样呢？今天我们一起来学习他的一篇小说——《非攻》，来感受一下。这篇小说选自鲁迅的《故事新编》。在学习之前，我们把这堂课的学习目标展示给大家。

（展示"教学目标：一、通读文本，了解小说的主要内容；二、深读文本，体悟小说的思想内涵；三、细读文本，品味小说的艺术特色。"）

（说明：一堂课第一重要的是要让学生明白这堂课到底要干什么，这对于理科的教学来说是非常容易的事，但对于语文学科的教学来说，却是很难的事，所以，我们应当坚持在上课伊始把教学目标告诉学生，让学生知道教师要干什么，自己要学什么。）

师：下面我们想先请同学们说说这篇小说主要写了什么内容。

（众生主动自由读书、交流）

师：谁来说说？

生2：课文主要讲的是关于墨子想要去楚国劝说楚王和公输般停止攻打宋国。

（众生鼓掌）

师：墨子去楚国劝公输般不要帮助楚王攻打宋国。（教师重复，一在补充"帮助"，二在加深同学们对课文内容的认识。）

师：为了深入研读小说，我们还是要把小说内容认认真真地、仔仔细细地研究透。我们看看这篇小说有几个部分？

众生：五个部分。

师：下面我们开展一项活动——请你给每个部分拟一个整齐的小标题。写完之后，可以和你左右的同学交流交流。

（众生写、交流，有顷）

师：好，谁来说说？

生3：我第一部分写的是"准备赴楚"，第二部分是"宋国所见"。

（有生小声说：宋国见闻）

师：有人给你改成"宋国见闻"，怎么样？

生3：嗯！（可以）第三部分是"义说公输"，第四部分是"智劝楚王"，第五部分是"告别归程"。

（师生大笑，生3亦笑）

师：为什么笑？有歧义，是吧？（"告别归程"产生歧义。）不过总体还是不错的。还有谁说说？

（一生多次举手，教师并未发觉，后经同桌指示，教师方才示意其回答。）

生4：第一部分是"闻攻宋即赴楚"。

师：听起来有点别扭。

生4：（不服气地）也有整齐的啊！第二部分师"过宋国嘱学生"。

（全班大笑，因为把"嘱"听成"煮"了。）

生4：第三部分是"访鲁班见楚王"，第四部分是"劝楚王练攻守"，第五部分是"别公输赴归路"。

师：同学们觉得怎么样？（众生鼓掌）除第一个感觉有点歧义之外，其他都不错。

师：我们给各个部分拟小标题，实际上是为了熟悉课文内容，形式怎么样，几个字，都不重要，我也拟了几个小标题，大家看看。

（屏幕展示——）

开端：	（　　）	准备往楚劝公输
发展：	（　　）	一路前行说备战
发展：	（　　）	拜访公输与辩义
高潮、结局：	（　　）	演战胜利止兵戈
尾声：	（　　）	彻底征服公输般

（说明：安排本部分的主要目的是进入文本，熟悉课文内容，为下面的教学内容的开展做准备。语文教学最忌讳匆匆走过文本，然后就抛弃文本进行漫无边际的拓展。以上完成本课第一个教学目标。）

师：从情节的推进来看，这五部分分别是小说的开端、发展、再发展、高潮结局、尾声。同学们有没有注意，屏幕中间的这些括号？在这些括号里可以填写一个相同的词语，大家看看，填什么词语？

（说明：填词语很容易，主要是为了过渡，进入本课的第二个教学内容的学习。作者的观点往往通过小说中的人物表达出来，研究小说中的人物，可以体悟作者在其身上倾注的情感。）

众生齐答：墨子。

师：这篇小说的主要内容就是墨子制止公输般帮助楚王攻打宋国的事。说到这里，我有一个疑问——宋国又不是墨子的祖国，楚国攻打宋国和墨子有何相干？他为什么要跑那么远去劝公输般不要攻打宋国呢？大家可以就此研读课文，然后互相交流一下。

（说明：安排本环节意在引出对墨子的"义"的理解，从而深入体会小说的思想内涵。）

（众生研读课文，有顷，互相交流。）

师：有谁来说说？

生5：（主动地）因为墨子主张的是兼爱、非攻，他支持正义的战争，反对的是不义的战争。楚国是一个强大的国家，而宋国——他途经宋国的时候，看到宋国的人民都是生活得非常艰苦，房子、土地，相比之下都落后很多。他认为楚国攻打宋国完全是不义的战争，而且这样造成生灵涂炭，最终遭罪的只是百姓。所以，即使墨子不是宋国人，他也会去劝楚王停止攻打宋国。

师：你刚才说墨子兼爱、非攻，这确实是他的思想，但从这篇文章里能看得出作者也是要表达这一点吗？

生5：文章前面已经写到有人（公孙高）反对墨子，说他们是兼爱无父，像禽兽一样。这说明已经提到了他兼爱的主张。

师：正因为兼爱，所以不管宋国是不是他的祖国，他都要去帮助它，是吧？那么"非攻"呢？

生5：他劝阻楚王放弃攻宋就体现了他非攻的主张了。

师：是的，而且小说的题目就叫"非攻"，这也可看出其"非攻"的思想。我们把他讲的写下来。

（教师板书"兼爱""非攻"）

师：这是墨子去劝公输般停止攻打宋国的思想基础、内在动力，那么是不是仅仅就这些呢？

生6：我认为，墨子对任何事物的评价标准就是"于人们有利的就是好的，于人们不利的那就是不好的"，在这里，墨子已经超越了阶级的概念和国家的概念，上升到是否对人民有利。对人民有利他就支持，对人民不利他就不支持。楚国想通过战争得到宋国的土地，这对楚国人民是不利的，而这场战争也会给宋国人民带来灾难，所以墨子就反对它。

师：对人民有利还是没有利是墨子评价战争的标准，你能不能把小说中有关的具体内容读出来给大家听听？

生6：有利于人的就是巧的，就是好的；不利于人的就是拙的，就是坏的。

师：这是小说结尾部分写到的公输般拿飞鹊给墨子看，墨子说的话。实际上，还不止这些呢。

生6：……

师：同学们有没有注意到，在曹公子演讲的时候，墨子跟管黔敖说了一句话，"死并不坏，也很难，但要死得于民有利"。这样，我们可以概括成两个字——

（教师板书"利人"）

师：兼爱、非攻、利人，这三点合起来就构成了墨子劝说公输般的内在动力——义。

（教师完成板书——）

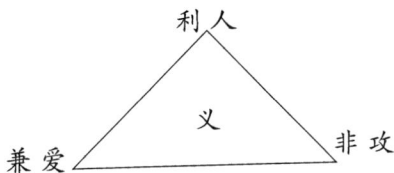

师："义"是墨子劝说的核心。那么，对于小说中墨子的形象，我们能不能用简洁的话来概括一下，他是一个什么样的人？

（众生交流片刻）

生7：我对墨子的评价是——他是一个简约而不简单的人。

（众生笑）

生7：简约，我是从他的服饰方面来看的，比如说，赴楚的时候，草鞋带已经断了三四回，脚底下磨了一个大泡；公输般劝他换衣服，也说明他穿得很破旧，他像一个老乞丐。但他很不简单，他一生都是为了追求"义"，他为了实现他的"义"，去劝公输般和楚王不要攻打宋国。他说自己也并非爱穿破衣服的，只是实在没有功夫换，这也说明他每时每刻都在追求"义"，所以没有功夫换衣服。

师：讲得很好。（众生鼓掌）

生8：墨子是一个为了表达自己兼爱、非攻的主张，制止不义的侵略战争而不顾自己辛苦疲劳四处奔走的这样一个仁、智、勇、信的哲人。

师：智、勇、信的哲人？

生8：还有"仁"，仁者爱人。

师：很好！——刚才两位同学都对墨子进行了评价，我们也搜集了一些图片，大家看看。

（展示图片，解说——）

（图片一：他不停地走，一直走。解说：他是一个实干家。图片二：真好像一个老牌的乞丐了。解说：他不怕苦、不怕累。图片三：就是杀掉我，也还是攻不下的。解说：他用"义"来劝说，以智慧取胜。）

师：最后，我们总结两句话，墨子是"不怕苦、不怕累的实干家，为行义而积极奔走的智者"。这是我们对人物形象的探讨和总结。小说中的人物往往倾注着作者的感情，描写一个人物往往要表达某种思想。鲁迅在刻画墨子这个形象时，肯定也要表达某种思想——实际上是赞扬墨子，以及像墨子那样的为"义"而奔走的，为国家民族利益而奔走的"中国脊梁"。

（说明：以上教学环节是由对人物形象的探讨到对小说思想内涵的理解，完成本课第二个教学目标。）

师：当然，学这篇小说，我们也不能仅仅就探讨墨子的形象、体悟其思想内涵，这篇小说在写作上有很多值得我们借鉴的地方。下面，我们就一起来研究、欣赏这篇小说在艺术上的特色。为了便于研究，前后四个同学为一组，互相讨论、交流，并选一个人做记录，把小组讨论的内容记下来，以便和全班交流。

（说明：小组活动要落到实处，所以要控制人数，以四人一组最佳；要有效果，故应分工合作，有人说，有人写，便于发言。另外，安排小组活动也可活跃课堂气氛，激发学生参与的热情。）

（众生分组讨论、交流）

师：大家把讨论的结果和全班同学讲一讲。

生9：（代表本小组）小说给我们的启示是，可以从已知的熟悉的内容中提取出新的东西。

师：能否说清楚一点？

生9：也就是说，小说的相关内容早就有了，鲁迅把它改编之后，就成了一篇新的小说，体现了作者的思想和作者自己的一些东西。

师："这就是"故事新编"。

生9：从语言的角度来看，这篇小说的语言轻松幽默。他写了很多闲笔，在第一节的最后写墨子走的时候"背后的窝窝头还在一阵一阵地冒着热气"；第二节里写了墨子的很多心理活动，如"这模样了，还要来攻它"。这些闲笔虽然和主旨没有太大的关系，但却可以使文章的语言更加生动，可以使小说更加贴近生活。

师：讲得不错！还有谁说说？他说过的你也可以补充，你也可以提出一些新的看法。

生10：我觉得文章中有很多细节描写是比较好的。有些是作者虚构的，但却给人真实感。比如开头说大约是第四或者第五回才遇见墨子，这说明墨子一直都是很忙的。还有和公孙高的对话，"你们儒者，说话称着尧舜，做事却要学猪狗，可怜，可怜"，这让我们感到墨子很善于辩论。

师：这是细节描写，说明墨子很善于辩论。

生10：作者写这篇文章跟当时的时局有些关系，他运用了现代的话来写这样一个古代的故事，比如下里巴人，募捐救国队等。

师：（觉得学生说得有点乱）你能不能把你讲的稍微提炼一下？

生10：小说对细节安排都是很巧妙的，而且情节构思也是很精巧的。

师：（纠正）"情节"你刚才没有讲，"情节"和"细节"可是两个概念啊！

生10：情节……

（没有准备，讲不下去。教师示意该小组另外同学帮忙。）

生11：小说先写到宋国，又写到楚国，通过两国的现状进行对比，突出了宋国的贫弱，也突出了这场战争的不义，也说明墨子去劝阻这场战争的意义。

（学生在谈情节，但用语不够准确，教师及时提示、修正）

师：在对比中使情节前后显得鲜明，是吧？

生11：嗯。……

（生11又说不下去了，把话筒又交给了生10）

生10：语言也比较幽默。

师：刚才有同学已经说过了，你能不能补充一点？

生10：草鞋带已经断了三四回，觉得脚底上很发热……有些地方起泡了……（突然思路打开）我觉得有些安排是作者故意的，比如玉米粉、辣椒之类的。

师：原来这些都是作者有意安排的。在这篇小说里，有很多都是这样，我们能不能用这样一个词概括一下？（稍停，让学生思考）这叫"用今入古"，故意把今天（鲁迅时代）放到古代（墨子那时候），这就形成一种非常有意思的幽默效果。

（说明：本部分的师生对话充分体现了小组活动的意义。一个同学回答不了，小组内的其他同学帮忙，并且可以往来几个回合，而教师也是有意识地这么引导，这样就把小组活动的价值体现出来了，使小组活动不只是停留在表面。）

师：刚才他们总结得很好，还有谁再说说？

生12：鲁迅在写的时候，有对当时社会的不经意的讽刺，比如小说中写曹公子的演讲，影射当时国民党只吹嘘不实干，比较符合鲁迅杂文的风格；还有墨子去拜访公输般被门人拒绝了，说是同乡来告帮，这也是对当时社会现象的一种讽刺。后面写到的募捐救国队也很显然是对国民党的讽刺。

师：是啊，不经意之间就进行了讽刺。很好，请坐！

师：刚才同学们说到细节描写、语言比较幽默，还有讽刺、对比，还有没有其他的了？

生13：《非攻》这篇小说里描写了很多人物，我把它们分成几种类型，第一种是实干型，以墨子和他的学生为代表，还有一种是表演型，如曹公子，还有一种是"清高"型，指宋国都城城墙前做着的几个钓鱼的人，还有一些其他的人，比如管黔敖说募捐的时候"难得很：有的不肯，肯的没有。还是讲空话的多……"。小说将这些人和墨子这种实干型的人作对比。

师：这是人物的对比，刚才同学们提到了楚国和宋国的对比。很好！

（众生鼓掌）

（从录像回放可见，一女生已多次举手，但教师始终没有看见，这次教师终于把话筒交给她。）

生14：关于细节，有一个印象非常深，因为这篇小说本就是根据古代典籍改编过来的，古代的典籍中是没有形容词的，鲁迅在对话的前面加了很多形容词，比如"眼睛看火焰，慢慢的说道"，公输般"沉了脸，冷冷的回答道"，还有公输般怅怅地说，讪讪地说，等等，这样的一些词，不仅使文章更形象了，而且在不经意之间也表现出一种幽默，也把人物形象刻画得更加生活化了，也更细致了。还有关于讽刺，我觉得可能是就是鲁迅的一种习惯，就像某些文学大家引用典籍的时候信手拈来一样，鲁迅写的时候，写着写着就有一种灵感。读完小说，对其艺术特色我有两点感受，一是细节与历史的融合，还有就是穿越时空的冷幽默。

（该生善于发现细节，表达流畅，又有条理，教师鼓励，众生鼓掌）

师：同学们有没有注意到，刚才同学们在发言的时候始终关注一点——细节。大家想一想，要写几千年前的墨子，那是很空的。不信，我们做一个对比，你看看公输般的原文和这篇小说里的描写，有什么区别？原文就一句话"子墨子解带为城，以牒为械，公输盘九设攻城之机变，子墨子九距之"，而《非攻》这篇小说里却不是这样，双方是怎么样的你来我往，公输般进攻了九次，墨子进攻了三次，而且是怎么样一挡一遮。这都是作者发挥想象的。写那么久以前的事，必须把细节写得很细。刚才同学们讲了这么多，讲得都很不错，我们来总结一下。

（教师展示，总结——）

> 构思精巧：连缀多篇古文
> 想象逼真：添加具体情节
> 语言幽默：使用今人语言
> 描写夸张：运用漫画手法
> 巧用闲笔：顺带讽刺现实

（说明：教师着重讲解"描写夸张，漫画手法"一点，以"曹公子演讲"和"赛湘灵演唱"为例，因为这是鲁迅写作的一个重要特点，讲清楚了，也有利于学生作文，而这也是学生在交流讨论时没有提到的，教师正好发挥自己的作用，补充说明，这样就做到了师生互补。）

师：还有"闲笔"，大家都说到了闲笔，小说的结尾都可以看做是"闲笔"，但这闲笔绝不是可有可无的。我们可以提一个问题供大家思考——小说到墨子劝说公输般停止攻打宋国成功后就可以结束了，却又来么长的一个尾声，很明显，鲁迅安排这一段，正是为了让墨子来强化他的"义"。——这是我们对小说的艺术特色的学习和研讨，大家说得都很好。

（说明：以上对小说的艺术特色的学习，一方面是了解鲁迅的艺术风格，另一方面也是希望学有所用，学而能用。完成本堂课的第三个目标。）

师：我们学完小说后，可能对鲁迅有点新的感觉。你现在还认为鲁迅是革命家、思想家、斗士，还是严肃古板的？（展示鲁迅和许广平先生的塑像，感受不一样的鲁迅）

（和本课开始呼应，了解鲁迅其人。）

师：这堂课的学习，你一定有不少感触，下面我们每个人写一句话记录你这堂课学习的感受，也可以是一个对偶句，或者一首诗。

（说明：安排本环节是想学生对本堂课作一反思，检验一课是否能有一得，同时收束本堂课。）

（众生写，读与全班交流）

生15：奔走，奔走，奔走，他用智慧和执着义救苍生。

师：写的是墨子！

生16：我写的是一首诗，但中间有个字填不出来。

师：没关系，你读出来，我们一起帮你填填。

生16：我写的是"古有墨子为寻义，不远千里访楚地。今有鲁子什么呐喊，只为中国雄起日。"

（说明：虽然不太像诗，但学生的积极性要保护；正好少一个字，则可引导全班来填写，形成良好的互动学习氛围。）

师：大家看看填什么比较好？

生17：狂，在。

师："狂"不合适，"在"太俗了！

生18：独。

师：有点意思，基本可以了。（学生所作的诗本就不合律，填字只要能过得去即可，不必纠缠。）

生19：可以用英文来说吗？（全班轰动，课堂出现非常融洽、温馨的气氛）

师：当然可以，只是我不一定听得懂。

生19：Anything is possible.

师：这我听懂了，什么事情都是有可能的。但你想表达什么意思呢？

生19：墨子敢于为自己的理想而努力奋斗，这就告诉我们所有的事情都是有可能的，我们要敢于为自己的梦想而拼搏。

生20：历史沧桑腾巨浪，千古征战多凄凉。霸业已随江水逝，唯存兼爱铸脊梁。

（该生所作的诗较有诗味，且巧妙地结合课堂所学，赢得一片掌声和惊叹声。）

生21：有两个版本，一个是理科版本——墨子交鲁迅等于中国脊梁，"交"是"交集"的"交"，您懂吗？

师：我懂！

生21：一个是文科版本——墨子与鲁迅交汇，历练出一副完美的中国脊梁。

师：讲得很好，而且有创新，最关键的是，我听懂了。（众笑）

生22：我写的是"追寻心中的理想，即使踏着荆棘也不会感到痛苦"。

师：刚才大家都说了自己对这堂课学习的心理感受，讲得都很精彩。我们留一个课后任务，请大家完成。（屏幕展示——阅读鲁迅《故事新编》里其他七篇小说，深入体会其思想内涵和艺术特色，可写一篇读《故事新编》的心得文章。）

（说明：安排本环节是想对学生的学习进行迁移，以扩大本堂课的学习内容，扩大本堂课的学习成果，做到触类旁通，举一反三。）

下课！

研究论坛

随挥鞭策皆有序，漫话感悟总无痕

李卫华

常态阅读教学，首先指阅读是常态的，是正常人正常情况下的阅读方式。先读什么，再读什么，要符合阅读心理。《理解儿童文学》中说，"阅读是什么呢？作者写作是希望读者分享他们表达的意思，从而成为相互理解群体中的一分子"。常态阅读就是以正常阅读心理状态加入这个群体。其次指教学是常态的，阅读教学是教师一步步巧妙地引导学生理解文本，解决学生认知和课文内涵之间落差的过程，而不是告诉学生，强迫接受，为阅读而阅读，甚至为考试而阅读。朱诵玉老师小说阅读教学课《非攻》遵循阅读教学常态，将巧妙的教学设计了无痕迹地融入教学活动中，课堂随意挥洒又井然有序，精彩纷呈又严谨扎实，值得语文教师认真学习与借鉴。

（一）精密设计：从教学起点逐层递进到教学终点

从整个实录来看，我们可以将本节课的教学设计归纳为以下模板，更能直观形象表现朱老师设计的匠心。

教学起点：学生对鲁迅及其小说已有的认知图式

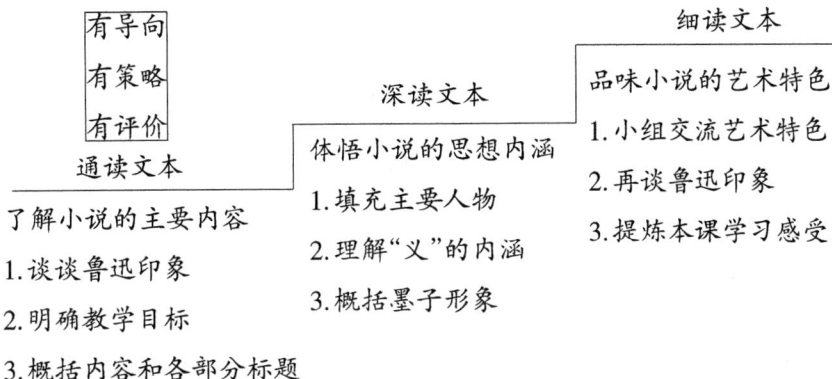

```
                                                          细读文本
                                                      ———————————
 ┌─────┐                                    深读文本    品味小说的艺术特色
 │有导向│                                 ————————————
 │有策略│                                 体悟小说的思想内涵  1.小组交流艺术特色
 │有评价│                                 1.填充主要人物    2.再谈鲁迅印象
 └─────┘                                 2.理解"义"的内涵   3.提炼本课学习感受
 ————————                               3.概括墨子形象
 通读文本
 了解小说的主要内容
 1.谈谈鲁迅印象
 2.明确教学目标
 3.概括内容和各部分标题
```

教学终点：学生对鲁迅《故事新编》形成新的认知图式

从以上台阶式模板可见，本节课的教学过程遵循了常态阅读教学的基本理念，即一步步地，循序渐进，由表入里，由浅入深。王荣生在《阅读教学设计的要诀》中指出，语篇的理解在头脑里一般有三种表征：表层编码、篇章格局、情景模型。这三者对应的就是文本的表层信息、文本呈现的一般意义、文本蕴含的读者的个性化理解。表层编码、篇章格局、情景模型可以看成语篇理解的三个心理表征阶段，良好的读者通过表层编码，建立篇章格局，在理解语篇的基础上建构情景模型。朱老师在此基础上建构常态阅读教学的模型：诵读——赏读——品读。第一步诵读，感知文本，了解文本基本内容即表层编码，建立对文本的初步印象。学生在没有任何参考资料的情况下"裸读"课文，直面文本。这也是教学环节的第一阶段。从课堂反应来看，学生通过课外预读课文、课内自由诵读，以及相互之间的交流，能概括小说主要内容：墨子想要去楚国劝说楚王和公输般停止攻打宋国（表述不够准确，教师适时重复并修正），也能形式多样地概括各部分的小标题（教师为教学环节过渡而精心设计了范例）。

第二个台阶是赏读，感动文本，掌握文本共识内容。从阅读心理的角度来看，这是第二个层次，是对文本所体现的一般意义上的"共识"性的、表层性的内容与信息的认知与理解。从教学环节来看，这是文本教学的第二个阶段，它是在诵读的基础上，对文本的进一步感知、解读、赏析，这些感知、解读、赏析基本上是学界已有定论的内容。本节课这个层次解决了两个问题：理解"义"的内涵，概括墨子形象。而这两个问题也就是这篇小说的思想内涵。凭学生已有的生活经验和语文经验，课堂研讨形成共识不难，教师通过形象化的板书以及本层次小结把"民族脊梁"的形象再加以固化。

第三级台阶是品读，感悟文本，品出文本个性内容。这是第三个层次，是对文本的更深入的品味、感悟，是在前两个层次阅读的基础上，读出个性化的体悟。这篇小说跟以往鲁迅的小说不同，它的艺术特色在哪里，课堂小组学习交流落在实处，是"真讨论"，学生沉入文本，分工合作，见解很丰富，教师适时引导提炼，这个环节的课堂生成最为精彩。学生不仅感悟到文本独特之处，也为以后《故事新编》的系统学习做好了准备。

这三个步骤乱了就不符合常态。"异态"或"变态"的阅读教学，或者未能建立"篇章结构"，将语篇看作"好词好句"的集锦；或者跳过"篇章结构"，把所读的东西强行拉入自己原有的知识和经验，以"疑邻窃斧"的姿态，径直以"情境模式"解读"表层编码"。尤其是在阅读与自己思想和文化观念相冲突的文章时，更是"感情预先介入"，甚至连"表层编码"都置之度外。

（二）不着痕迹：和谐交融的教的活动与学的活动

有了以上的模型建构，才可能保证教学活动的合理、有序和高效。王荣生教授认为，一堂优秀的阅读教学课应有如下安排：（1）一堂课的教学环节，以2—3个为宜（即每个环节15—20分钟）。（2）教学环节，就是组织学生进行较充分的"学的活动"（即每个环节的大部分时间是"学的活动"）。

先说本课"教的活动"。首先是每一步设计巧妙。每步之间过渡巧妙，不着痕迹。开头谈鲁迅印象，简洁明快，又把对鲁迅的再认识作为暗线关照进整堂课，首尾呼应，感受不一样的鲁迅，感受不一样的鲁迅小说；小标题留白，不经意之间课堂由诵读过渡到赏读，"墨子"就是文章思想内涵的主要载体，衔接自然；墨子三幅图片，代表墨子一生所为，适时出现，强化学生关于"民族脊梁"的形象理解；用一句诗或一个对偶句概括本节课感受，没有用教师的课堂小结代替学的活动，而是由7个学生的活动无形之中完成了光彩照人的课堂小结，其中生20的诗弥足珍贵："历史沧桑腾巨浪，千古征战多凄凉。霸业已随江水逝，唯存兼爱铸脊梁。"一首诗胜过教师的千言万语。之后再自然过渡到作业布置，读《故事新编》其他作品，写一篇阅读心得。教学设计看似信手拈来，但却非常的精妙，整堂课的教学环节浑然一体，自然流畅。

其次是适时引导，学生对文本的理解不是教师强加的，而是在教师的引导下自己理解的，教师只是在恰当的时机出现，巧扣文本，巧抓学生的即时认知水平。例如在研讨墨子核心思想时，学生从已有经验和文本信息中不难得出"兼爱"、"非攻"等结论，教师适时引导学生找出"利人"的信息，并通过板书三角图形，形象地揭示了"兼爱""非攻"与"利人"的逻辑关系。再如小组交流艺术特色时，生10和生11的表达出现了问题，这是因为前面几个学生已经讲了很多方面，到这里关于艺术特色的讨论超出了学生的认知经验，学生只有朦胧的感觉，"觉得有些安排是作者故意的"，并不能准确阐释，教师适时点拨"用古入今，形成非常有意思的幽默效果"，此后学生豁然开朗，从古今关系出发研讨小说的个性化特征，阐述就异常精彩了。

再说"学的活动"。整堂课"学的活动"有三个特点：第一，"学的活动"有较充分的时间保证。22个学生发言（有的还多次发言），全体学生参与概括、写话和小组交流等活动，学生活动时间占绝大部分。第二，学生的学习经验有较充分的表达和交流。学生在概括墨子是怎样的人、交流这篇小说的艺术特色以及用一句话概括学习感悟等环节中，踊跃地发表了自己的见解，陈述了观点，在师生、生生交流中丰富了自己的认识，丰富了对作品的感受，课堂交流充分，气氛轻松活跃。第三，学生在学的过程中形成了新的学习经验，包括对作品的理解，也包括对阅读方法、阅读方式的把握。对鲁迅作品形成新的阅读经验，通过文本的细微之处感悟《非攻》的独特之处，积累阅读此类"用古入今"小说的经验，知道该在何处用力去读。这三点有密切联系：因为"学的活动"有充分的时间保证，学生的学习经验才有充分的表达和交流；而学生的表达与交流，又促进了新的学习经验的形成。

朱老师这节课面对不同的学生甚至不同的年级，他都可以上。原因就在"常态"二字上，无论是阅读教学之前、之中或之后，对这篇课文的理解、感受始终都是学生的理解和感受，教师只是教学流程的组织者和引导者，课堂实录中将教师的话抽离，学生的话仍然是一个完整的认知过程。区别只是有的学生发现得少一点浅一点，有的学生发现得多一点深一点，教师根据学情有很大的调节和生成余地。

（三）获取新知：拓展延伸的旧的图式与新的图式

认知心理学家鲁墨哈特的图式理论认为，图式就是"世间典型情景在大脑中的反映"。人脑中所保存的一切知识都能分成单元、构成组块和组成系统，这些单元、组块和系统就是"图式"。借鉴到阅读教学中，学生头脑里原有图式与语篇中的文字信息进行比较，激活大脑中所储存的相关知识，寻找已有知识与语篇中所提供的信息之间的一致性以及差异性。当已有知识与文中所提供的信息是一致时，就把这些信息同化到自己的图式里，反之则进行反复观察，或重新调整和组合图式，或继续寻找与观察对象相同的其他图式。这种过程是动态发展的过程，是学生对文章内容主动认知的过程。

学生对鲁迅作品已有图式和《非攻》的个性特征之间存在一定的认知落差，教师据此设计教学重点，体现这节课精华所在。钱理群《中学语文教材中的鲁迅作品解读》中指出，如果说"故事"（神话、传说、史实）是我们民族历史早期对外部世界及自身的一种认识，"新编"就是身处20世纪二三十年代的作者对这种认识的再认识——我们今天读《故事新编》，所要注意的正是鲁迅怎样把握古今的相通，在古老的"故事"中注入了怎样的时代的与个人的"气息"。朱老师对这种独特的古今相通之处并没有急于贴标签，而是在学生的体悟中，在语言的品读中充分展开的。学生关于鲁迅时代的认知图式与墨子时代的认知图式浸染、重叠、延伸，关于鲁迅杂文或其他小说的认知图式与《非攻》的认知图式浸染、重叠、延伸，关于《非攻》的认知图式与《故事新编》的认知图式浸染、重叠、延伸，最终形成新的组合图式，并且很有可能利用本节课所学的图式去阅读《故事新编》里的其他作品。通过"这一篇"的学习，学生获得了与课文理解、感受相呼应的阅读方法，从而促进"这一类"的阅读学习水平提升，而这就是阅读教学的真正价值所在。

（作者单位：上海市田园高中）

《雨巷》

教学实录

教学视频

时间：2016年12月15日

班级：上海市七宝中学高三（4）班

上课！

师：我们一起学习了将近三年，一直没有在一起上过公开课，再不上就没有机会了。借着这次七宝中学"高端教师学术节"，我们一起上一节公开课吧。

师：我原本一直瞒着大家，不告诉你们我们今天的上课内容，想给大家一个悬念。可是现在网络这么发达，有些同学已经在"微七中"平台上看到了。那么，我们今天和大家一起学习戴望舒的《雨巷》。

师：我先读一下《雨巷》，好吧。（教师诵读《雨巷》）（读毕，学生自发鼓掌）

师：我也希望同学们能读一读这首诗。要不，大家先读一下吧。

（学生自由读）

师：我们请同学来读一读。

生1：（主动读）（众生鼓掌）

（读毕，众生再鼓掌）

师：他读得怎么样？

生2：我觉得他读得不够好，感情不够丰富。

师：那该怎么读？

生2："悠长悠长"读得不够好。（生2自己读了一下）

师：（对众生）大家觉得她读得怎么样？

众生：好。

师：你们只会用"好"，是吧？（众笑）

师：你们已经听了两遍，《雨巷》给你留下印象最深的是什么呢？

生3：凄冷的雨巷。

师：还有别的吗？

生3：没有了。

师：感觉雨巷很凄冷，是吧？大家记住他说的话。再请同学说说。

生4：哀怨。

师：也是两个字。哪里有？你读一下。

生4：（快速没感情地读）在雨中哀怨，哀怨又彷徨。

师：你别这样读啊。印象深的还有什么？

生4：姑娘。

师：丁香一样的姑娘。是吧。好的，你请坐。

生5：（主动地）我觉得这首诗里有很多叠词，读起来特别有韵味。

师：那你读读，我们听一下。

生5：也不是叠词，是反复。她是有丁香一样的颜色，丁香一样的芬芳，丁香一样的忧愁。三个"丁香"连用，反复，有节奏感。再如，像梦一样，也用了两次。反复的手法，读起来有特别绵长的感觉。

师：一唱三叹，是吧？

生5：嗯。

师：好的。其他同学在听完《雨巷》之后，也一定会有自己的印象，刚才，那位同学（生4）说印象最深的是"姑娘"，那么，我能不能再问一个问题——这首诗是怎么写这个姑娘的？

生4：（沉默）

师：这样，我换个问法，写了姑娘的哪些方面？

生4：姑娘的外貌、动作。

师：外貌是什么样的？你能说给大家听听吗？

生4：她结着愁怨，就是脸上很愁。还有太息般的眼神。

师：太息般的眼神是什么样的？

生4：就是她愁。

师：眼中含着忧愁，是吧？

生4：嗯。

师：忧愁是什么样的，不好讲，是吧？还有其他的吗？

生4：冷漠、凄清、惆怅。

师：这个是姑娘给我的一种……

生4：感受。

师：对。这是一种感觉。不仅是"冷漠、凄清、惆怅"，还有别的感觉。

生4：还有彷徨，凄婉，迷茫。

师：姑娘结着愁怨，太息般的眼光，给我的感觉是凄婉、迷茫，彷徨，愁怨，是吧？请坐。

师：这个实际上是写了姑娘的神情，以及给我的这种感觉。实际上还写了别的，还写了姑娘的什么呢？

生6：还写了姑娘的气质。

师：什么样的气质呀？

生6：像丁香一样的。

师：丁香一样的，是什么气质？

生6：结着忧愁。

师：结着愁怨。还写了什么？

生6：丁香一样的颜色，是……

师：丁香一样的颜色，你问我啊？可能是穿着丁香一样颜色，是吧？这是你想的，我还真没想到呢。我从来没有想到穿着是这样的。也许是吧。还有吗？

生6：丁香一样的芬芳。

师：你始终抓住"丁香一样的"，很好。待会儿再请你说说，好吧。请坐。

师：那么，这姑娘走在哪里呀？

众生：雨巷。

师：什么样的雨巷呀？

众生：下着雨的。

师：下着雨的江南小巷，对不对。姑娘有着太息般的眼光，丁香般的惆怅。这是从好几个角度来写姑娘，我大概拟了一下，请大家看看。（展示PPT）

行为：撑着油纸伞　走在雨巷

　　　　走过身边　　走过篱墙

表情：愁怨　哀怨　彷徨　冷漠

　　　　凄清　惆怅　凄婉　迷茫

　　　　太息般的眼光

感觉：像我一样　像丁香一样

　　　　丁香一样的颜色、芬芳、忧愁

师：她走在雨巷，她的行为有着标志性的动作。

众生：撑着油纸伞。

师：（抒情地）撑着油纸伞，走在雨巷。她有一个行为，走过我的身旁，走到颓圮的篱墙。她结着愁怨，彷徨，冷漠、凄清、惆怅，作者用了一大堆的这样的形容词，给我们刻画了这样的一个姑娘。什么样的，待会再说。她给我的感觉，就是像丁香一样的。刚才那位同学也说像丁香一样的，（走向生6）看来你就抓住了这一点。现在，我再来问你，你刚才坐下去的这么一段时间里，你是在听我讲，还是你自己在想？

生6：在想。

师：想丁香一样的姑娘是什么样的，是吧？

生6：给人一种忧愁。

师：丁香怎么就给人一种忧愁了？

生6："丁香"这个意象就很忧愁。

师：“丁香”这个意象就很忧愁，是吧？我们平时上课有没有讲过丁香？

众生：没有。

师：没有，是吧。讲过了一些别的意象。

生6：（突然插话）课后练习有提到丁香。（众人笑）

师：丁香这个意象就是有忧愁的。那好，我们看看课后练习。（同时展示PPT）

芭蕉不展丁香结，同向春风各自愁。——李商隐《代赠》

青鸟不传云外信，丁香空结雨中愁。——李璟《摊破浣溪沙》

花蕾不展——愁思郁结

师：“芭蕉不展丁香结，同向春风各自愁。”自从李商隐写了这首诗之后，丁香似乎就和“愁”结合在一起，看到了丁香就想到了愁怨。因为丁香的花蕾是不展开的。对我们四班的同学印象最深的是——

众生：芭蕉不展丁香结。（因为四班的门前有一丛芭蕉，班级的班刊也叫“芭蕉”。）

师：芭蕉和丁香都是传达愁绪的。这里说芭蕉不能展开，传达愁绪。刚才说到丁香是什么颜色，我们来看看。（展示丁香图片）

师：我花了两个晚上找了两张最漂亮的。其实，一颗大的丁香树，会开很多的丁香花。很多的时候，诗人是用没有开放的丁香来传达愁绪。

师：这是丁香一样的结着愁怨的姑娘。根据刚才讲的内容，大家能不能总结一下，这姑娘是什么样的姑娘啊？

（短暂思考，简单交流）

生7：她给我的感觉是，有一种温婉动人，但是，她的表情又比较哀愁，给人一种冷漠的感觉。总体来说，她就是一个美人。有一种淡淡的忧愁，动作又很优雅。

师：刚才是谁说的，有气质？

（生6示意）

师：是不是淡淡的忧愁，这种气质？

（生6点头）

师：这个丁香一样的姑娘，年纪一定不大，如果是五十岁的话，就没有办法了，六十岁就更不好了。很年轻，年轻就——

众生：美丽。

师：这是一个年轻美丽的，有着丁香一样颜色的。不管是紫色，还是白色，都给人一种高雅的感觉。那是一个年轻的，纯洁的，带着愁怨的形象。

师：读完这首诗，我们有一种感觉，年轻、纯洁不是诗歌主要要表达的，那么诗歌主要表达的是什么？

众生：愁。

师：愁。那又是怎么表现这种愁的呢？除了刚才讲的古人已经把丁香和愁绪结合起来了，你还从哪里可以看到这种愁绪？

（大家自由地读一读，再交流交流）

生8：可能大环境就能看出。

师：什么大环境？

生8：寂寥的雨巷。

师：你能不能想象一下，然后和大家说说？

生8：有一个美丽的姑娘走过巷子，还在下雨。

师：下着什么样的雨啊？

生8：小雨，灰蒙蒙的小雨。

师：灰蒙蒙的？

生8：（立刻反应过来）雾蒙蒙的。

师：这雾蒙蒙的小雨之中……

生8：她一个人走。

师：一个人走在这寂寥而又悠长的雨巷中，不忧愁都忧愁了。有诗人气质的人，就更加忧愁了。你忧愁吗？曾经走过这样的雨巷吗？

生8：应该走过。（众生笑）

师：他说得非常的好。（请坐）由于大的环境给我们营造了一种忧愁。什么环境？

众生：雨巷。

师：其实，这首诗我们可以改个题目——姑娘？

有学生接：丁香。

师：丁香一样的姑娘，也可以。但没有"雨巷"好。一切都发生在雨巷，江南的雨巷。

师：还有其他地方让你感觉忧愁吗？

（众生思考）

生9：写的姑娘是独自彷徨，我觉得"彷徨"就是在想心事的感觉。

师：想的好像还不是太好的心事。没了？

生9：嗯。

师：一个人彷徨就忧愁了，是吧？

生9：我觉得悠长的雨巷中的"悠长"也就像姑娘的愁绪一样。

师：大家看，她说得多好！（带头鼓掌，众生一起鼓掌）

师：绵绵不绝的愁绪不就是由这悠长的雨巷体现出来的吗？（请生坐）还有别人再说说？

生10：姑娘的动作里有默默地彳亍着。

师：彳亍就是刚才说的彷徨。

生10：还有，到了颓圮的篱墙。她最后到的终点是一个非常破败的地方。

师：颓圮的篱墙给人破败的感觉。

生10：让人感觉忧愁。

师：很好，请坐。你们说到了意象，雨巷，颓圮的篱墙，还有前面说的丁香，让人感觉忧愁。

（生11示意有话说）

师：好，你说。

生11：我想说，整体的故事给我一种忧愁的感受。他在想象中，独自一人走在雨巷，对面走来一个——我们姑且看成是紫色，因为后面写到"散了它的颜色"——姑娘，他就想，也有一个人和我一样走在这个巷子里，但是，那个女子可能拿着那把伞，遮住了那半边脸，这个女子的忧愁也发生在自己的想象中，想着，我们可能同是天涯沦落人，彼此有相逢的惊喜，最后又走散，整个故事给我一种忧愁感。

师：你想象得非常好。你讲的这个我们在后面可能还要提到。谢谢，请坐。

师：我看到有同学划了很多词。刚才讲的都是用意象来表现忧愁。实际上，没必要啊，直接说自己忧愁不就完了？有没有？

众生：有！

师：对啊。多呢！有同学不是说过了吗，又是哀怨，又是彷徨，又是凄婉，（指一同学，你说的是吧）又是冷清，又是迷茫，等等。诗人把这情绪毫无保留地直接就表达出来，这也能表现愁怨。这姑娘有丁香一样的颜色，丁香一样的芬芳，还带着丁香一样的淡淡的忧愁。

师：那么，在这雨巷中有没有逢着这个姑娘呢？

（少顷，有沉思的，有摇头的）（教师示意同学们交流一下）（众生热烈交流）

生12：我自己就比较矛盾。倒数第三段，像梦中飘过一支丁香的，我身旁飘过这女郎，感觉像是真实飘过的；但是，在最后一段又说，我希望飘过一个丁香一样的结着愁怨的姑娘，这让人感觉是没有飘过。我个人感觉有点矛盾。

师：你没搞清楚。我问你的问题，你又把它回给我了。这样，我们听听其他同学的看法，好吧。

生13：他可能是遇到了一个姑娘，但这姑娘不是他描写的那么哀怨、惆怅。在巷子里，下着雨，他遇到一个穿着白衣服或紫衣服的姑娘，他自己心情不好，是哀怨惆怅的，所以，写出来就是哀怨惆怅的。

师：将自己的情感投射到遇到的姑娘身上。那么，他到底遇到没遇到？

生13：我觉得是遇到了，但不是像他描写的那样。姑娘本身可能没有哀怨惆怅。

师：你说的有一定的道理，很好。遇到没遇到，我本来心里很清楚，现在被你们一讲，我现在搞不清了。那这样，我们把这个问题放一下。我们看看，这首诗到底要写什么呢？它表达怎样的一种情感呢？

生14：从表面上看，作者是要写自己的忧愁。

师：他为什么而忧愁？

生13：（犹豫着）

师：肯定不是考试没考好。

生13：他自己走在下着雨的巷子中，他心情不好。

师：那为什么不写逢着一个男子呢？

生13：（仍拿不定主意）

师：可能是失恋了，才写一个姑娘。照你这样解释，这首诗就是一首（众生齐说）——爱情诗了。

师：如果是爱情诗，我们读一读，感受一下吧。（教师读）撑着油纸伞……我希望逢着一个丁香一样的结着愁怨的姑娘。逢着没有？

众生：没有。

师：从整个一首诗来看，不仅没逢着，而且后来想，如果能飘过一个姑娘就可以了，而且即使现实中没有，如果梦中有，也很好。如果真要把这首诗解读为爱情诗，我们还要回到丁香这个意象上来。刚才说了，丁香和愁怨有关，我们看一下。（展示PPT）

丁香常被用来写爱情，写相思：
想佳人花下，对明月春风，恨应同。——李珣《河传》
竹叶岂能消积恨，丁香空解结同心。——韦庄《悼亡姬》
相思只在，丁香结上，豆蔻梢头。——王雱《眼儿媚》

师：刚才那位同学不敢说，我觉得这首诗可能就是这样，遇到了一个姑娘，姑娘又不大理他。

（有一个学生要发表看法）

师：稍等一下。此时的戴望舒正好住在他松江的同学施蛰存家里。施蛰存有一个美丽的17岁的妹妹，这其中有一段惊天地的爱情故事，我就不详说了。

生14：我觉得这不是一首爱情诗。如果是爱情，她飘过去应该停下来。

师：谁停下来？（众生大笑）

生14：爱情要发展，不应该是飘走，远了，远了，应该有交集。一点交集都没有，我觉得要是爱情，两人应该停下来，至少讲几句话。

师：要留个电话号码？（众人大笑）干吗非要停下来？

生14：我觉得，只是想邂逅，远离，一瞬间的美好。他并不是为了追寻爱情，如果是追寻爱情的话，他最后应该回一个头，或者和这个女郎相视一笑。

师：谁回头？

生14：都回头当然更好了。我就是想说，两个人相遇，毫不犹豫就走开了。

师：那你觉得不是爱情，是什么呢？

生14：就是一种美好的邂逅，一种微妙的感觉。

师：就是一种朦胧的美好的感觉。

生14：对对对。

师：似乎能抓得住，但又很快消失。

生14：那种美好不在于问没问到电话号码，而在于那种擦肩而过。

师：你理解得非常的好。（众生鼓掌）我虽然表扬他了，但我也有疑问，如果不是爱情诗，我们又怎么理解这首诗呢？

生15：他想象出来一个姑娘，我联想到，自从《诗经》就有种写法，诗人喜欢把自己的某种追求寄托在香草美人身上，我瞎猜的，（师插话，你瞎猜；众生笑）这个姑娘会不会是他要追求的某些东西，但他现在并没有得到，是一种比较隐晦的，符合当时时代和他自己现状的追求。

师：当时是什么时代？

生15：战争……我看到注释一有个"灾难的岁月"。

师：你看书很仔细，很好。那你能不能再仔细一点，这首诗写于什么时候？

生15：没写。

师：我告诉你，1927年。戴望舒此时大约二十几岁，大学刚毕业不久。

生15：他想报国。

师：可能是追寻自己心中某个东西，但又追不着，所以，有一种怅惘，

一种愁怨。我给大家一点资料。（展示PPT）

《雨巷》大约写于1927年夏天，其时，白色恐怖笼罩全国，进步青年看不到革命前途。戴望舒当时正与同学施蛰存等人从事革命文艺活动，他还因宣传革命而被逮捕过。

"四.一二"政变后，他隐居松江。

师：这个资料能证明某些东西。可能就不是爱情诗了。我们国家诗歌有个传统，以香草美人预示理想追求。（展示PPT）

香草、美人喻理想追求：

惟草木之零落兮，恐美人之迟暮。——屈原《离骚》

茂绿成荫春又晚，谁解丁香千结。南宋蔡伸《念奴娇》抒发国恨家仇

东风空结丁香愁，花与人俱瘦。南宋周密《探芳讯》抒发国恨家仇

师：这也是愁绪，只利用了丁香结。这样，我们可以把这首诗看成，理想幻灭后的苦闷和追求。这可能是一首关于理想与追求的诗。这样理解也是可以的。本来诗歌的理解就可以是多元的。

师：下面我们再来集体读一读这首诗。你愿意把它理解为哪种就是哪种。

（师生齐读）

师：不管是爱情追求的失落，还是理想追求的失落，都让他感觉到凄婉、迷茫。读这首诗，我们只要能隐隐约约感觉到：雨巷——丁香——姑娘——哀怨、彷徨，就够了。不必较真，是爱情，还是理想，只要一种朦胧的，像梦一样的感觉即可。

师：可能每个人心目中都有一个姑娘，这姑娘都不一样。下面我布置两个小任务：画出你心中的姑娘，如果你画不出，请你写出来，如果能用诗写出来更好。

师：今天很开心，终于完成这个心愿，和大家一起上了一节公开课。谢谢大家！

下课！

研究论坛

让诗歌教学走向"常态"

程燕

积极而清晰的教学理念，详细全面而细致入微的文本解析，联想开阔而关联密切的文段引用，细腻绵密而精准有效的课堂提问，恰到好处而水到渠成的课堂生成——朱诵玉老师以他的《雨巷》一课，给我们充分地展示了一节非常优质的常态阅读教学课。

朱诵玉老师在常态阅读教学方面有着长期的理论研究与实践经验，如上这些，都使得他拥有了非常积极而且清晰的教学理念与课堂操作。从笔者个人的教育教学实践来看，一个老师可以从纯粹的经验汲取出发，即诚如英国教育家约翰·洛克所言的"白板"状态出发，通过一定年限的实践积累而自然形成一些极具个人化的经验规律。这些规律势必具备相当可观的实践有效性，并且在被个人所拥有和使用的过程中，将会越来越走向单向度，同时还很可能在理论高度和理论的通约性方面存在着先天不足，变成一种"不足与外人道也"的纯私人产物。一个老师也可以通过在校期间的专门化学习而获得某种概型的理论的只言片语，或师从前人的经验而能站在巨人的肩膀上，可是这看起来又具有了先验论的色彩，使得人似乎就只是被填塞进一个模具里以方便进行批量化的生产似的。但所有的这些问题对朱老师来说，都显得无足挂齿，因为他既有理论建构的能力，同时又能够在不断的实践过程中，对其建构塑就的理论模型进行敲打、改进、融合进而推陈出新。也只有这样的理论与实践，才是有生命力的理论与实践，才能够经得起时间的检验——最重要的是，经得起对所要培养的人的检验。

作为教师，在引导学生进入一篇文章之前，自己要先进入其幽深隐秘之处，方能在带领学生进入文本时让他们发现最美丽的风景。王荣生先生认为，诗歌的抒情性、想象性、音乐性，决定了诗歌教学应重感悟体验、重二度创作、重感情朗读等特征。朱老师的《雨巷》教学正是十分重视对诗歌的朗读和学生的感悟的。

朱老师专门写了《〈雨巷〉的背后》，文中分析了该诗的结构，朱老师认为，《雨巷》的结构是绝妙的，在《雨巷》绵密的结构中，藏着一条线，这条线将全诗紧密地联系在一起。从丁香到丁香姑娘，从雨到雨巷，从姑娘的冷漠凄清、太息迷茫到姑娘的飘过而至于消散，好像有一根链条将第一节的头和第七节的尾接起来，将全诗连接起来，加之其间词语的反复，使得全诗节奏回环往复，读来荡气回肠。不仅如此，在主题方面，朱老师也做了深入的思考。一直以来，《雨巷》的主题解读一直偏向于对爱情的渴望或者是个人理想的追求。而朱老师在这两种解读之外结合戴望舒自身的气质特点，认为这首诗是一首表现在特定环境下的青年知识分子心境的诗，它是一首情感复杂的诗。也正因为如此，作者自己也只能朦胧模糊地表达，而正是这样的朦胧模糊，成就了《雨巷》。

叶圣陶老先生讲过这样一段话：一定要靠讲明语言的运用和作者的思路，也就是思维的发展来讲内容。要知道为什么这么说而不那么说，为什么用这一个词而不用那一个词，为什么用这种口气而不用那种口气，所有这些都跟文章所表达的内容密切相关，不能把两者分开来讲，这一堂课专门讲思想内容，另一堂课专门讲语言。只有把两者结合起来，这堂课才算成功。

朱老师对于文本的解读从字词句入手，从读法入手，再到篇章结构与主题表达，都体现了对于常态阅读的贯彻。"常态阅读教学"理念，不仅仅体现在课程设计上，朱老师自己在解读文本时，也贯彻着常态阅读的理念。在诵读中进入文本，通过字词句来感受诗歌所表现的景物美。

常态阅读教学要通过教师的设计来实现由教师的阅读常态化到学生的阅读常态化。朱老师的《雨巷》教学，从诵读入手，教师读、学生读、自由读、展示读等多种方式诵读诗歌，使学生的情绪和思维完全沉浸在诗歌中，学生在不断地诵读中也对诗歌的节奏韵律内容等有了更好的把握，方便后面赏读、品读环节的展开。在多次诵读之后，以"他（学生）读得好不好""应该怎么读"等问题，让学生脑海中对于诗歌的整体情感基调有一个大概印象，再以"《雨巷》给你留下印象最深的是什么"这一问题引出对诗歌关键意象——丁香姑娘的探究。在引导学生探究"丁香姑娘"的特点时，对教师的提问"这首诗是怎么写这个姑娘的",学生不知道从何入手解答。这时朱老师立刻对问题做了补充——"写了姑娘的哪些方面",将学生的思维引导回到文本上,概括出丁香姑娘的特征,结合前面诵读时的整体感知,指出姑娘的忧愁。而文本中对于"雨巷"的描绘,也是对丁香姑娘的忧愁的一种补充,这些所有的关于姑娘、油纸伞、雨巷等意象的内在意义全部都由学生在文本当中一一找出,既分析了本首诗的典型意象及其特点,又非常巧妙地扣住了文本信息。

王荣生先生认为诗歌有着特殊的表现手法和技巧,如起兴、象征、隐喻、意象等。而我们读者读一首诗,很容易停留在诵读阶段,只能读出作者的表层意思,但对于其中的隐喻、象征等就难以把握。而教师的教学正是引导学生不断地由表层信息向诗歌内部行进。在品读出足够多的信息之后,朱老师带领学生对丁香姑娘进行想象,并就"有没有逢着姑娘"这一问题进行探究,引导学生主动探究文本的隐藏信息,对诗歌进行更进一步的理解。最后对诗歌所表现的主题进行探究讨论,得出学界现阶段普遍认可的主题解读——不管是爱情追求的失落,或是理想追求的失落,都让他感到凄婉、迷茫。这些共同造就了这首诗朦胧的感觉。在这种感觉中,教师要求学生想象自己心目中的丁香姑娘,并画出来或写出来。这就是引导学生对于文本做出自己的个性化的解读。

张志公先生曾经就语文学习打过一个比方。他说:语文学习就是带领学生从文章里走一个来回,就是通过弄清语文形式来理解文章的内容,再在理解文章内容的基础上,进一步弄清为什么用这种语文形式来表达这个内容。也就是,从语文形式到文章内容,再回到语文形式。

朱老师的《雨巷》正是这样带着学生在文章中走了一个来回。由文本入手,先读,读出重要信息,再赏析,分析文本主要意象之间的关系,最后品读,探究主题以及意象对于主题的表现形式,这样一步一步、循序渐进地推进到文本的最深处。最后的画出或者写出自己心目中的丁香姑娘,则是又从文章内容回到了文本形式,从作者的内容主题引入到自己的解读。

语文教学就是从一个个标点、一个个词语、一个个句子开始构建或更新学生的人文世界的。在这堂课上,学生在老师的引导下,从对丁香姑娘的外貌、眼神的描绘到对丁香姑娘气质动作的探寻，由文本渐渐探寻到主题。学生在讨论到姑娘的丁香一样的气质时，对丁香的意象不甚了解，教师适时出示与丁香意象有关的诗句，让学生及时了解丁香意象所包含的愁绪；而在对丁香姑娘的忧愁做出深入探讨之后再触动学生思考作者想要表达的是什么？引发学生对主题的探究，最终得出"作者想要表达的是自己的愁绪"这一观点。又水到渠成地对作者愁绪的缘由做了交流，对主题做出更深入的探讨。在这堂课上，教师运用自己高超的提问技巧，一步一步将学生引入到诗歌最幽深的秘境，像苏格拉底一样助推学生的思维活动，让学生在课堂上不断地出新知，在教师恰当的点拨和适时的引导中迈向思维的更高处。

　　一篇课文的核心教学价值的确定，要考虑四个方面：既要考虑课程性质，又要考虑阅读特质，还要考虑文体特点，更要考虑学生的实际。朱老师的《雨巷》教学，在"常态阅读教学"理念的基础上，既兼顾了诗歌抒情性、想象性、音乐性的特点，又以从表层信息到隐含讯息再到个性化内容的方式，启发了学生的思维，丰富了学生对于诗歌的体验。

（作者单位：重庆市巴川中学校）

古代诗文教学案例

《杜甫与杜诗》

教学实录

时　间：2008年8月21日上午

地　点：黑龙江鹤岗市

组　织：人民教育出版社、鹤岗市教师进修学院

课　型：鹤岗市高中选修课教材培训示范课

执教班级：鹤岗市第一中学高二（18）班

说明：由于教师和学生从未谋面，故而教师在课前步入学生中间和学生交流，以轻松的方式和学生随意说点生活、学习的事，相机和某个学生说几句，目的是为了拉近和学生之间的心理距离，营造轻松愉悦的课堂气氛，同时也便于教师从谈话中了解本班学生的相关特点，在不知不觉中自然地过渡到上课内容。

上课！

师：同学们有没有兴趣和我一起上一节课啊？

众生：有！

师：那我们上课的内容知道了吗？

众生：知道！

师：很好！我们今天上课的内容是"杜甫和杜诗"。我提前让你们的语文老师给你们一些资料，但我不知道你们没有这本选修课教材。我从教材里选取了四首杜甫的诗，同学们没有什么可以参考的资料，不过正好，我想看看

同学们的诗歌鉴赏水平，想知道你们在看了这些诗后，都有哪些感受和认识。

师：大家喜不喜欢诗词？

众生：喜欢！

师：喜不喜欢杜甫的诗？

众生：喜欢！

师：既然大家都说喜欢杜甫的诗，那么我们来做个小游戏检验一下，好吗？

众生：好！

师：（屏幕展示）这里有五组诗，我们来看看都是谁写的！"仰天大笑出门去，我辈岂是蓬蒿人。"这是谁写的？

众生：李白。

师：你们怎么知道的？

生1：写得有气质！

师：有气势？

生1：（站起来说）有气质！

师：有气质？你不是说我吧？

（众生笑）

师："天生我材必有用，千金散尽还复来。"谁写的？

众生：李白！

师：也有气质，是吧？"江间波浪兼天涌，塞上风云接地阴。"

众生：杜甫！

师："五更鼓角声悲壮，三峡星河影动摇。"

众生：杜甫！

师：还是杜甫，为什么？

生2：（主动站起来回答）因为杜甫的诗很悲壮，联想到当时天是阴的，云气非常重，非常苍凉的感觉，在那种情况下，也只有杜甫对这种环境的感受是最深的，所以他会写出这样悲壮、苍凉而又大气磅礴的一种诗！

师：讲得很好！

（全班主动为该生鼓掌）

师：关于杜甫诗的特点，下面还要再讨论！下面一组，"无边落木萧萧下，不尽长江滚滚来。"谁写的啊？

众生：杜甫！

师：很好！那么我们就不再问原因了！（教师展示各组诗的作者）

师：李白的诗显得豪放飘逸，杜甫的诗显得悲壮深沉。有人说，李诗如海，杜诗如山。海和山的区别，一个显得潇洒、飘逸、豪放，一个显得很沉稳，很深沉。杜甫对自己诗的风格也有总结——沉郁顿挫。（展示本课教学目标——体味杜诗"沉郁顿挫"的风格）我们知道一个诗人的诗歌风格往往都不是他自己总结的，但杜甫却总结自己诗的风格说是"沉郁顿挫"，那么这"沉郁顿挫"到底是怎么回事呢？我们印发的材料上面也有一些解释。（众生翻阅材料）

师：（屏幕展示）现在我们看看屏幕。这"沉郁顿挫"包括两个方面，一是情感，二是情感的表达。从情感的角度来看，我们发现，杜甫的诗经常都是忧国忧民的，能不能举个例子？（生议论）

师：（指一议论的女同学）你举个例子吧！

生3：安得广厦千万间，大庇天下寒士俱欢颜！

师：讲得很好！还有，朱门酒肉——

众生：臭，路有冻死骨！

师：有人说"臭"读"嗅"，指气味，我倒觉得还是"臭"一点的好！在忧国忧民之外，杜甫还忧身，就是我们常说的"壮志——"

众生：（接）难酬！

师：所以他感慨自己命运的诗比较多，我们选的几首诗都是这样。杜甫的诗并不像李清照的诗那样"冷冷清清，凄凄惨惨戚戚"，而是一种阔大的悲，这就是杜甫，不是李清照。从情感的表达上来看，杜诗"沉郁顿挫"有以下几个特点，往往是借景抒情、借物抒情，或借其他的人来表达自己的情感，同时，杜甫还非常讲究炼字。在诗的结构上也很注意转接。杜甫通过这些手段使他的诗显得波澜起伏，而这些又使得杜诗具有"沉郁顿挫"的风格。总的来说，杜诗的"沉郁顿挫"的风格包括情感和表达两个方面。

师：下面我们回忆一下必修3中学过的三首杜诗，第一首是——《秋兴八首》，我们一起背一下怎么样？

（众生齐背，很整齐）

师：第二首《咏怀古迹》，预备，起！

（众生齐背，很整齐）

师：刚才听到有的同学读"画图省（shěng）识春风面"，也有人读"xǐng"。我们来说说"省"在这里的读音吧。"省"在这里解释为"略，略微"，那么"省"就是"略"，"略"就是"省"，所以，这里还是读shěng比较合适！下面背第三首《登高》！

（众生齐背，很整齐）

师：下面我们看看必修3中这三首杜诗是不是体现了杜诗"沉郁顿挫"的风格，好吧？

众生：好！

师：第一首，《秋兴八首》。这首诗中包含了忧国和思乡的情感，你们看得出来吗？（生小声议论，旋即停止）主要是思乡——孤舟一系故园心，显然，这和"床前明月光"所表达的情感是一样的，只不过没有李白写得那样潇洒，而是显得悲凉而深沉。能不能看得出来？（顿）从前面两句来看，玉露凋——伤（生接）枫树林，巫山巫峡气——萧森（生接），显得悲凉，但这种悲凉不是小的悲，不是李清照式的悲。下面两句——"江间波浪兼天涌，塞上风云接地阴"，这两句给人的感觉就是"阔大"，有一种开阔的胸襟在里面。从整首诗来看，其情感是阔大而深沉的，并且是借景物的描写来渲染这种情感。

师：第二首，《咏怀古迹》。为什么写王昭君啊？

（众生窃窃私语）

师：写王昭君是写自己啊！王昭君离开自己的故国、故乡，不能回去，我杜甫呢，也是离开故园，难以回去！这首诗的开头却写得很大气，我们一起把这一句读一读怎么样？（师生齐读"群山万壑赴荆门"）群山万壑都赶赴这里，为什么？这里有一个人，谁呢？王昭君！写得很大气。有人就说，写王昭君这样一个女子，怎么能这么大气呢！当然，杜甫有他的想法，他是把王昭君作为自己同类的人来写的。本诗其他的我们就不多说了！

师：第三首，《登高》。这首诗也写得悲凉而深沉。"万里悲秋常作客"，作客他乡，悲不悲？

众生：悲！

师：百年多病独登台，作客他乡还不说，还是多病之身，悲不悲？

众生：悲！

师：几个人一起登台？

众生：一个人！

师：悲不悲呀？

众生：悲！

师：艰难苦恨繁霜鬓，为什么有这么多的艰难苦恨啊？这其中包含了很多复杂的经历和情感。杜甫甚至连酒都不能喝了，因为他疾病缠身。在这种情况下，他内心的悲可想而知，但杜甫毕竟是杜甫，他却写出了"无边落木萧萧下，不尽长江滚滚来"这样大气磅礴的诗句来，这就使得他的"悲"显得阔大而深沉。

师：这就是杜甫的诗的风格——沉郁顿挫。沉郁顿挫主要是从情感和表达两方面来体现的。好的，刚才我们向同学们介绍了什么是"沉郁顿挫"，并一起简单回顾了必修教材中三首杜诗所体现的"沉郁顿挫"的风格。下面我们开始本堂课的学习重点——通过选修教材中的四首杜诗，深入体会杜诗"沉郁顿挫"的风格。

师：我不知道大家没有教材，不过没有关系，大家拿到的材料中有，我也会在屏幕上展示这四首诗。这四首诗是《蜀相》《登岳阳楼》《旅夜书怀》《阁夜》。我们加快一点速度，我们把全班分成四个大组。

（教师随即将班级分成四个大组）

师：我们每个组选择一首诗！

（各组纷纷议论，有顷，各组分别选出一首诗。）

师：我们的要求是首先读读你们所选的诗，弄懂该诗的主要意思，然后组内举荐一人诵读，一人解释诗的大概意思，举荐几位同学围绕"沉郁顿挫"的几个方面赏析本诗。如果你们在自学的过程中有什么不懂的，可以互相交流，交流之后还有不懂的，可以问我，我们一起学习。

（众生按组学习，小声诵读，小声讨论，教师在教室里巡回。）

生4：老师，隔叶黄鹂空好音的"好音"是什么意思？

师：就是很好听的声音啊！"空"就是白白地。连起来就是白白地唱出好听的声音，意思是唱得再好听又有什么用啊。

生4：这个字念bǎi，是吧？

师：对，"松柏"的"柏"，古代人常在坟墓周围种上松树、柏树。"森森"就是茂盛的样子。

生4：那有没有阴森的感觉？

师：这样理解也可以，但主要是指没有人的那种寂静氛围。你思考得很好！

（教师继续巡视，教室里议论纷纷，气氛浓烈。）

生5：老师，"戎马关山北，凭轩涕泗流"的"轩"是什么意思？

师："轩"是窗子的意思，"凭轩"就是靠着窗子。

生6："吴楚东南坼"的"坼"是什么意思？

师："坼"是分开。吴地和楚地被分开，被谁分开呢？被岳阳楼分开。而前面两句"昔闻洞庭水，今上岳阳楼"是互文，即，昔闻洞庭水边有岳阳楼，今天我登上洞庭水边的岳阳楼。

生6：谢谢老师！

师：不谢不谢！

生7：老师，"无一字"的"字"是什么意思？

师："字"指书信，"无一字"指的是没有音信。

生8：（接着问）老师，不是登岳阳楼吗？"有孤舟"怎么理解？

师：可以理解成一个人孤单地坐着小船到岳阳楼这里来看一下。

生8：（继续追问）为什么要登岳阳楼啊？

师：他很久以前就听说洞庭湖边有个岳阳楼，就想来看一看，今天正好到了这里，自然就要来看一看，实际上这里有一种人生的感慨和凄凉在里面。

生9：老师，"关山北"指哪里？

师："关山北"就是笼统的指北边。站在岳阳楼朝北边看，那里战争还在继续。

生9：这首诗写作的时间是什么？

师：时间不知道吗？那待会儿再说，怎么样？

生9：好！

师：（面向全班）有同学问这几首诗的写作时间，我就说一下，大家也好结合相关背景来理解这几首诗。《蜀相》写于760年，《旅夜书怀》写于765年，《阁夜》写于766年，《登岳阳楼》写于768年。到了770年的时候，杜甫——

众生：死了！

师：对！这几首诗都是写于杜甫——

众生：漂泊西南时期！

师：从765年开始，杜甫就已经无依无靠了，所以他才从西南那片天地走出来，想回他的老家，结果死在船上。

师：下面我们就按照刚才解释的杜诗"沉郁顿挫"的风格的特点来欣赏这几首诗。某一组在欣赏时，其他组也可提出疑问，好不好？

众生：好！

师：首先请第一组推荐一位同学把诗读一遍！（一男同学立即站了起来，看来该组内部的协调工作做得很好！）

生10：（抑扬顿挫地将《蜀相》读了一遍，读毕，全班立即自发地报以热烈的掌声。）

师：很好，读得抑扬顿挫。谁再把这首诗大概的意思解释一下？（一位女同学立即站了起来）

生11：这首诗主要是写杜甫在四川的时候去找诸葛亮的祠堂，由此引发的感想，前两句写的是丞相祠堂旁边的一些景色，柏树非常茂盛，显得空无人的样子，寂静；后两句，第二……

师：这样，我们讲诗的句子，要搞清楚……（意欲提醒"句"和"联"）

生11：（明白过来）噢，颔联也写的是丞相祠堂周围的景色，一个黄鹂它白白地在唱好听的歌，这句话表现出来……（思考，同桌提示"寂静"）寂静，还有杜甫内心的……（又思考，同桌又小声提示）

师：（笑）同学给你帮忙了。没关系，你接着说吧！

生11：后两联写的是杜甫感叹诸葛亮的才华和身世，说他辅佐了刘备和刘禅两朝，是很忠心的老臣，为了天下，做出了很多有利于蜀国的计策，但是最后一联感叹的是诸葛亮最后还是没有成功，由此联想到杜甫自己的身世——出师未捷身先死，没有成功。

师：很好，请坐！这位同学留下的一些疑难呢，待会儿再讨论。下面我们就从情感和情感的表达两个方面来谈谈这首诗所表现的"沉郁顿挫"风格。有谁来说一说？

生12：（主动站起来）首联"锦官城外柏森森"就营造了一种壮阔、阴沉、庄严的环境氛围，而"映阶碧草自春色，隔叶黄鹂空好音"写出了时间已经过去了很久，台阶上已经长出了碧草，树上黄鹂的鸣叫虽然很好听，但已经没什么用了。前两联写出了杜甫对时光流逝，对诸葛亮的感慨与惆怅。

师：（插话，意欲拉回欣赏的重点中来）这里所表现的情感是深沉的？

生12：对，是深沉的！

师：有没有悲凉在里面？

生12：当然有，"柏森森"嘛！

师：从这就可以看出来？

生12：嗯！"三顾频烦天下计，两朝开济老臣心。出师未捷身先死，长使英雄泪满襟。"这几句写出了杜甫感慨诸葛亮功业未成，但他所说的"英雄"不仅指历代英雄，还包括他自己。

师：好，（面对其他同学）他在解释"英雄"！请接着说！

生12：（继续）这个"泪"我认为有两个方面，一是感慨诸葛亮的功业未成，第二是感慨自己的壮志未酬，是借古写自己！

师：借什么"古"啊？

生12：借诸葛亮来写自己！

师：主要是表达自己……

生12：壮志未酬！

师：表达的是壮志未酬、功业未成的感慨！那么从情感上来看，显得悲凉而深沉？（教师再次暗示要围绕"沉郁顿挫"的几个方面来欣赏）

生12：悲凉、深沉、壮阔！

师：显得壮阔？这"壮阔"好像不太能看得出来啊！

生12：我认为从"柏森森"可以看出，因为它还含有悲凉的意思。我自己认为，历代的诗人，像温庭筠写的《苏武庙》里就有这种写法。

师：哟，看来你读的诗还不少啊！请坐！（面向其他学生）显得"壮阔"，我觉得还有其他解释啊！还有没有同学说说？（指一生）有同学推荐你，你就说说吧！

生13：诗的后四句主要写的是诸葛亮的身世，借此来写自己的身世，写自己的壮志未酬、功业未成。

师：（接过话题）借谁啊？

生13：借诸葛亮！

师：借诸葛亮来写谁？

生13：写自己！

师：借的是诸葛亮，而不是一般的小人物。这就看出杜甫的那种胸襟和抱负——致君尧舜上，再使风俗淳。这就使得整首诗在悲凉之中又显得阔大深沉。

师：第二组同学，推荐谁来读啊？

（一男生站起来朗读《旅夜书怀》，读完之后，全班自发给予掌声。）

师：读得很好，不过前两句可以读低一点、轻一点。

（教师示范读，重点说明"名岂文章著"应该怎么读，这一段以教师讲解为主，有师生互动。）

师：第二组的同学谁来解释一下这首诗？

（一女生站起来）

生14：第二句"危樯独夜舟"，一个"独"字把作者郁闷的心情写得淋漓尽致。"星垂平野阔，月涌大江流。"作者讲究炼字，语言精练苍劲，写出了雄浑壮阔的气质。（生停顿）

师：我发现你的鉴赏语言也很精炼啊！（众生小声笑）

生14：最后一句写出了作者自己就像天地间一只小鸟一样孤独与无助！（自己坐下）

师：结束了？我们这位同学的鉴赏具有跳跃性！跳跃性也是诗歌的重要

特点，看来你也能去写诗哦！刚才你主要是从炼字的角度来谈的，那么从情感的角度呢?从情感的表达角度呢？有谁说说？

生15：我认为第一句写出了他在夜里、旅途中非常孤独的心情，"星垂平野阔，月涌大江流"则写出了夜里看到的景，非常壮阔。最后两句则写出了他对自己身世的感慨，也算是对自己身世的一种释怀吧，对自己遭遇看得开！

师：（面对众生）是不是看得开啊？

生16：我觉得不是，因为"名岂文章著，官应老病休"用了反语，说明他对自己的遭遇还不是看得开。

师：哦，是的，他看不开，只是没有进一步的动作而已！这首诗作于765年，这段时间他的好朋友严武去世，他不得不离开成都，生活失去着落，想到自己的遭遇，百感交集啊。他的内心是悲凉的，但是本诗额联却写得阔大，在这阔大的景中体现了杜甫开阔的胸襟。

师：下面一首《阁夜》，谁来读？

（一女生，读得抑扬顿挫，非常动情，博得全班热烈的掌声。）

师：读得很好，但有一个字的读音要纠正一下。"岁暮阴阳催短景"的"景"读yǐng。同学们表现得真好，我都不想走了！那么谁来解释一下？我们可以把解释和欣赏放到一起！

（众生沉默，因为学生没有课本，看不到注释，而本诗一些词语及典故又难以弄懂，故教师和学生一起扫除这些影响阅读的障碍，教师讲得比较简略。主要涉及的有"五更鼓角""野哭""夷歌""跃马"等。）

师：下面请大家从情感和情感的表达两个方面来看看这首诗！

生17：表现出的是忧国忧民的情感，对黎民百姓痛苦的遭遇的同情，对那些少数民族不断地征伐、打仗的痛恨、担忧。

生18：（紧接着）"岁暮"是一年的末尾，也就是说自己的末期。"阴"和"阳"是一对相反的概念，将它俩放在一起，给人一种凄凉和悲伤的感觉。"天涯霜雪霁寒宵"，此时作者身在天涯，独自很孤独，眼前是一片霜雪，一片死灰、灰白，一个人独自度过寒冷的夜晚，这样写也是加深了这种感情的表达，显得更加的悲伤了。"五更鼓角声悲壮"，在夜晚的时候，军队的鼓角非常悲壮，他写这个是为了衬托内心的悲壮，也是写自己没有参与其中，为国家的统一尽一份力而感到难过，这就体现了他壮志难酬的情怀。"三峡星河影动摇"，写景，给人一种壮阔的感觉。卧龙、跃马都是蜀地的英雄人物，他们都随着时间的消失也变成了一抔黄土，"漫寂寥"，就是独自一人，给人孤独的感觉。（停顿）最后两句给人一种消极，再英雄的人物也变成了黄土，自己再怎么努力又有什么用呢？这就是我的感觉！

（该生的鉴赏有条不紊，而且很有独到之处，语言表达也很准确清晰，不紧不慢。）

师：（由衷赞叹）就是这样，讲得非常好，真的是非常好！（全班报以热烈的掌声）从情感上看，这首诗忧国忧民伤身；但他却写出了壮阔的景色来，杜甫毕竟是杜甫，胸怀就是不一样啊！前面这三首诗所表达的情感有一个变化过程，那就是从希望到愤懑，再到失望。最后一首诗《登岳阳楼》则表现了诗人人生将尽的绝望。下面我们看看《登岳阳楼》这首诗。

（最后一组一女生站起来非常有表情地诵读，抑扬顿挫处理得更好，全班仍主动报以热烈的掌声。）

师：读得很有感情，就像是杜甫站在岳阳楼上在吟诵，看你读得这么好，那就由你来谈谈对这首诗的理解吧。

生19：首联互文，他很仰慕洞庭湖上的岳阳楼，到了这个地方；岳阳楼把吴楚分开，"乾坤日夜浮"写的是天地之间，那个……

师：（接）天和地都日夜地飘浮在洞庭湖上。

生19：（马上接）写出了非常壮观的景象，把整个岳阳楼放在了一个博大的背景之中。"亲朋无一字，老病有孤舟"写的是自己年老病衰，独在异乡，没有亲人之间的关怀，而且关山之北还在打仗，他自己感到非常悲凉、痛苦。

师：如果总结一下该诗所表达的情感，那是什么？

生19：有对自己的身世，对自己的现状的痛苦，还有对战争无法停止的无助。

师：那用我们前面总结的四个字就可以说清楚了！

生19：（反应很快）忧国伤身。

师：请坐，你为你们组开了一个好头，谢谢！还有谁接着就"沉郁顿挫"来谈谈？

生20：头两句扣题，第二联写一个阔大的背景……

师：那么你能不能把这一联欣赏一下？

生20："坼"是裂开的意思，说明洞庭湖非常大，把两地都分开了；"乾坤日夜浮"用夸张的手法，天地都浮在洞庭湖上……

师：它整个地写出洞庭湖一带……

生20：都非常的大！最后几句写出了自己的孤单，想到北方还在战乱之中，眼泪就流下来了。

师：杜甫在他人生快要结束的时候，还关心着国家，忧国忧民，正因为心怀国家，所以才不局限于自己的个人伤感，才能写出这种阔大的气势来。还有没有同学来说说了？

生21："亲朋无一字"的"无一字"正表现了他的绝望。

师：你谈到了炼字的上面了，那我也提一个字，比如说"浮"，就把洞庭湖的气势给写出来了。

师：几首诗鉴赏完了，我们再回过头总结一下。（再次屏幕展示，"沉郁顿挫"的两个方面情感和表达）我要给大家留几个思考的问题：1.杜甫的诗为什么写得沉郁顿挫呢？2.是不是杜甫的诗都写得沉郁顿挫呢？（屏幕展示，留下作业。）

师：今天非常高兴和同学们上了这节课，谢谢大家！

（众生鼓掌，下课！）

◇ 附 ◇

蜀相

丞相祠堂何处寻，锦官城外柏森森。

映阶碧草自春色，隔叶黄鹂空好音。

三顾频烦天下计，两朝开济老臣心。

出师未捷身先死，长使英雄泪满襟。

登岳阳楼

昔闻洞庭水，今上岳阳楼。

吴楚东南坼，乾坤日夜浮。

亲朋无一字，老病有孤舟。

戎马关山北，凭轩涕泗流。

旅夜书怀

细草微风岸，危樯独夜舟。

星垂平野阔，月涌大江流。

名岂文章著，官应老病休。

飘飘何所似，天地一沙鸥。

阁夜

岁暮阴阳催短景，天涯霜雪霁寒宵。

五更鼓角声悲壮，三峡星河影动摇。

野哭千家闻战伐，夷歌数处起渔樵。

卧龙跃马终黄土，人事音书漫寂寥。

研究论坛

循序渐进 返璞归真

刘 静

对于选修课的教学，朱诵玉老师曾提出过自己的看法。他认为，选修课教学的基本原则是选修课的教学必须体现对必修课的补充、深入和拓展；选修课的教学应当连点成线、织线成面、组面成体。选修课教学的基本方法是，突出"三性"，即自主性、合作性、探究性；强调"三时"，即课前、课中、课后；采用"专题"，即把有联系的知识点组合成专题来学习。《杜甫和杜诗》的专题教学是朱老师为探讨选修课教学方法而开设的。首次教学是芜湖市的新课改选修课教学示范课，再次教学是朱老师远赴黑龙江鹤岗开展教师培训时开设的。本实录正是依据第二次教学整理的。既体现了朱老师对选修课教学的思考，更体现了朱老师一直在追求的"常态阅读教学"的理念。下面，试作分析。

（一）循序渐进、本真生成，符合常态认知理论的教学理念

朱老师依据相关的心理学理论建立了常态教学模型：诵读——赏读——品读。

诵读，是为了感知文本，了解文本基本内容。本课中课堂小组分组后，朱老师要求学生先自由诵读所选诗作，读懂该诗的主要意思。高二学生经过一年必修课的学习，积累了一定的文学常识和字词知识，学习过杜甫晚年三首代表诗作，对于作者的经历、风格有了一定的了解，基本读懂诗作的主要意思是没有问题的。

赏读，是为了"感动"文本，掌握文本共识内容。本节课上，小组讨论后学生发言朱老师有着明确的要求：组内举荐一人诵读，一人解释诗歌大概意思，举荐几位同学围绕"沉郁顿挫"的几个方面赏析本诗，这是本节课的重点部分。学生的诵读抑扬顿挫，非常动情，博得满堂掌声。每一组赏析的同学在老师的巧妙引导下均能条理清晰从语言、手法、意境、情感等角度赏析杜诗。

品读，是为了感悟文本，品出文本个性内容。由于时间关系，本课在品读这一层面是以练习的形式提醒同学思考杜诗"沉郁顿挫"的原因以及作家主要创作风格和其人生经历的关系。

课堂教学层次清晰地表现为"一步一步地向前走"，即由浅入深地、由易到难地、由知识到能力地向前推进，呈现出一种由感知到品评的逻辑顺序。

（二）破解单元、重组教材，由浅入深、环环相扣的教学设计

顾之川老师曾说：选修课应"着眼于学科知识的拓展、深化，满足学生的兴趣爱好，发展学生的个性与特长。"所以选修教材一定要突出它的"选修性"，它和必修教材的处理不应该画等号，二者在教学目标、教学内容、教学方法上大相径庭，必修教材中的经典篇目需要教师精讲，带领学生精读细品，进而在知识层面形成能力。正如朱老师一直倡导的，选修课的教学必须体现对必修课的补充、深入和拓展。本课显然是基于此而设计。

《杜甫诗三首》隶属人教版必修3教材第二单元，单元提示中要求学生"要注意联系不同时期、不同创作背景和不同的创作风格解读"，高二的学生已经有了对杜甫诗歌创作风格的初步认识，有了对于诗歌鉴赏的初步知识的掌握，这就为本节课中学生自主赏析做好了铺垫。《蜀相》（760）《旅夜书怀》（765）《阁夜》（766）《登岳阳楼》（768）在选修教材中虽然分属不同单元有着不同的教学侧重点，但是从纵向的时间轴来看，均是杜甫晚年诗歌的代表作，朱老师打破单元设置，重组教材，整合《杜甫与杜诗》专题教学，殊为创新。

本课教学目标清晰单一，那就是"体味杜诗'沉郁顿挫'的创作风格"。课堂先从李白和杜甫的诗句引入，一是引入自然而又调动学生的兴趣，二是引出学生对于李杜二人诗歌风格迥异的初步感受。再带领学生复习必修3中的三首杜诗，这样，既可以了解一下学生的实际学习情况，又可以启动学生的自主学习，适当整合关于学习杜甫诗歌的经验，完成之后要进行的自主赏析。朱老师把"沉郁顿挫"提炼成从情感和情感表达两个方面来表现，原本模糊化概念化的鉴赏术语便清晰起来，给了学生可以操作的抓手，易于使学生和文本对话。整个教学设计呈"板块"状，一步一步地逐层深入，必修与选修的杜甫诗歌便有了呼应，形成了朱老师所说的——连点成线、织线成面、组面成体的局面。

（三）尊重学生、突出主体，整体把握、细节推敲的教学方法

顾之川老师在《人教版高中语文课标教材（选修）编辑意图与教学建

议》一文中点明了选修教材的特点是自主性，"教科书的编写重在提出问题，揭示现象，设置具体情景，避免'告诉式'，引导学生自己去观察、思考、整理、体验、探究，并尝试自己寻找解决问题的答案。"还说由此可见选修课的教学要突出"三性"，即自主性、合作性、探究性。这些在朱老师的这节课中都有鲜明的体现。

课堂上朱老师首先将学生分成四大组，每组自己选定一首诗，学生首先自由诵读所选诗作。朱老师要求，按组学习，小声诵读，小声讨论，自己则在教室里巡回，如有不明白的字词可以举手向老师求助。这样每一位学生都能自主诵读、自主理解，参与合作探究，充分发挥了其自主性。

张必隐在《阅读心理学》中说："只有在事物的整体关系中，作为整体的个别部分的客体才能够被认知，同样，如果离开了事物的个别部分，事物的整体也不能够被认知。阅读一段篇章实际上就是发现合适的图式。"在古诗文阅读教学的课堂上这个"事物的整体"便表现为整体诗境，"个别部分"便表现为一联、一句、一词，要把握整体诗境，必须通过对一联、一句、一词的正确理解和总体整合；而准确地理解一联、一句、一词的含义，又必须根据整体诗境的需要去断定，否则可能会犯断章取义的错误。

朱老师的课，就是采用了整体把握、细节推敲的方式。朱老师先明确"沉郁顿挫"有两个层面——"忧国忧民"的情感内涵和"借景、物、人抒情"的情感表达。然后从这两个角度架起课堂主体。而在学生自主赏析的过程中，学生对诗作的理解始终在具体语境和整体诗境的统摄下，始终紧扣语言的揣摩、品味赏析文本。比如《蜀相》中学生对"英雄"一词的理解，《登岳阳楼》中赏析"坼"，等等。

一堂好课有两个基本特点：一是教学效果，通过老师的教授，学生获得了新知识，有了进一步探究的要求；二是达成教学效果的教学方法，课堂教学活动必须是常态的、本真的。朱老师的这节课很好地体现了这两点。然而，教学本身也是遗憾的艺术，一个小时的课堂，四首内涵丰富的诗歌，不得不说朱老师所安排的课堂容量太大了。时间比重上前两首诗的赏析时间较多，后两首诗的赏析时间相对较少，如果是在平常的教学中，把本堂课内容分成两节课来教学也许更好。但是，从教学过程来看，朱老师把握课堂游刃有余，真正成为课堂的引导者，而不是灌输者；学生是课堂的主人，他们一起体会、发现、质疑，共同合作、探究。学生们如同是在一位始终微笑、态度和蔼的大厨的引领下品尝一桌家常菜，没有山珍海味，但更多的学生与老师、学生与文本、学生与杜甫这位诗圣的亲近。课堂推进，是按照"常态阅读教学"理念循序渐进的；课堂给人的感觉是返璞归真的，看似平淡却回味隽永。

（作者单位：安徽省淮南第二中学）

于平实处见本色

王婉仪

朱诵玉老师远赴鹤岗市执教的《杜甫与杜诗》一课，是一节课堂容量很大的选修课。在这节平实严谨的《杜甫与杜诗》的选修课教学中，他的一贯思想体现得淋漓尽致——既有对于选修课教学的思考，也有对常态阅读教学理念的点滴渗透。

（一）化繁为简，结构谨严，显示为师的智慧

朱老师主张选修课的教学应与必修课有所区别，突出"自主性、合作性、探究性"，强调"三时"，即学生课前多准备一点，课堂多交流一点，课后多深入一点。重视"三多"，即多读一点，拓宽知识面；多背一点，加强知识积累；多动一点，提高研究能力；要整合成专题，多开展活动。在这样的理念下，朱老师把选修教材中的四首杜诗放到一起，整合成《杜甫与杜诗》专题教学，而这节课的教学目标就是"体味杜诗'沉郁顿挫'的风格"。

整个课程的设计结构非常明晰。先以从诗句中挑出杜甫诗句的活动导入，引导学生对比李白与杜甫的诗歌风格，说出对杜甫诗歌的直观感受。因学生在以往的学习过程中，对于杜甫忧国忧民、饱经沧桑的人格特点具有一定的了解，对于杜甫的若干名篇佳作也有所积累，所以已经能够说出自己感受到的杜甫诗歌的特点：悲壮、苍凉而又大气磅礴。于是，朱老师就自然而然地引入杜诗"沉郁顿挫"风格的介绍。学生通过翻阅资料，对"沉郁顿

149 〈〈〈〈

挫"这一概念有字面上的理解。老师适时引导学生举出能表现杜甫忧国忧民，壮志难酬的句子，并与李清照的"悲"进行对比，理解杜甫"悲""愁"的阔大。再进一步解释从情感表达上来看"沉郁顿挫"的特点。然后老师引导学生回顾旧知，用必修三中已学过的三首杜诗对"沉郁顿挫"的风格作一简单说明。

这里的设计独具匠心。阅读是读者主动参与的过程，是与作品进行的交流、对话。20世纪德国接受美学提出的"期待视野"，强调已有的知识经验对文学活动的重要作用。阅读鉴赏诗歌时，也要求包括师生在内的阅读者有先在的知识储备，有丰富的情感体验和想象、联想能力。这样师生才能顺利地进行鉴赏活动，从表层到深层去体味、涵泳，获得审美认知。在强化鉴赏基础之上，循序渐进地实施鉴赏活动。在这里，老师按照前面所示的杜诗风格四个方面直接提示学生对三首杜诗进行赏鉴，学生的思维被调动起来。通过对诗歌文本的捕捉，理解三首诗中阔大之境、凄凉之景、悲伤之情、精炼之字。强化了对杜诗风格的认识和理解。因为是在异地陌生班级执教，朱老师在与学生共同回顾必修三三首杜诗的内容时，也了解了本班学生对杜甫的了解程度与学习特点，为进一步推进新课内容打下基础。

打好了理解的基础之后，朱老师引导学生采用小组合作探究式活动，围绕杜诗"沉郁顿挫"的风格特点，从语言、手法、意境、情感四个方面对选修教材中的四首杜诗进行鉴赏。这一部分是课堂的重心，也是最能体现其常态教学理念的一部分。学生通过分析后基本形成普遍性的规律性的东西。

课的最后，朱老师留下几个思考的问题。进一步发挥学生主观能动性，加深学生对"沉郁顿挫"诗歌风格的理解，拓宽学生对杜甫诗歌风格的认识。

整个课堂结构严谨合理，由概念到内涵，由已知到未知，由表层到深层，既符合学习者的基本认知规律，也符合学习者的阅读心理。先对杜甫有一初步认识，再从旧知中探究总结，最后通过对新学之诗的鉴赏，获得对杜诗风格的深入理解。学生的即时认知水平与认知程度是老师引导学生深入探究的基础，朱老师基于这一点进行教学，引导过程也自然巧妙，不着痕迹。同时，这节课重点突出，层次分明，第一部分用来引出概念，第二部分用来感悟概念，第三部分用来验证概念。三个部分如行云流水，一气呵成，听者丝毫感受不到隔阂与跳跃。

从教学实录可以看出，朱老师是一位善于对教材进行整合的教师，他不是被动地按照教材顺序来进行教学，而是通过对知识内在的衔接关系的梳理，将相关联的四首诗歌放在一起进行教学，形成专题，寻找到适合于学生能力倾向和个性特点的教学内容。一篇课文也许有很多需要讲的内容，整合成专题时就要有选择性和侧重性。我们在教学的时候需要选择对学生的个性发展起关键作用的内容，这样才能集中精力发展学生的个性，使其做到"入乎其内"，然后"出乎其外"。

朱老师曾说过，选修课教学是对必修课教学的补充、深入和拓展。补充，就是说选修课要补充上必修课所欠缺的知识、概念等，这样就能和必修课形成互补关系，进而形成一个整体，以完备学生的知识体系。深入，是说有些知识、内容是必修课中已经有的，但是显得很浅薄，不够深入，这就给选修课留下了施展的空间。在这种情况下，就可以把选修课上得深入一点，使学生在某一点上有所突破，学得彻底，这对培养学生自主研究的能力是很有好处的。拓展，拓展不同于补充。补充的往往是同类别的知识和概念，而拓展则是以某个知识和概念为基点，延伸出与其相关的不同类别的知识和概念等，使整个教学形成完备的体系，使学生的知识和能力得到延伸发展。朱老师的课堂正生动地体现了这一点。

这也启发我们在设计选修课时，要结合教材内容，结合学生已有的知识储备和语文水平，采取"专题"教学的方式。这样既提炼了教材，节省了时间，也提高了教学效率，同时使学生在知识和能力两方面都能得到较高层次的提升。

（二）层层深入，灵活高效，显示为师的追求

听过许多古典诗词赏析课，这些课往往都会上得板滞单一，如上成朗读表演课或词句分析课等。同时，又容易上得自由散漫，如漫无边际地让学生赏析，热热闹闹一堂课，最后什么也没留下。而朱老师的这节课，内容丰富，层层深入，灵活高效。

层层深入体现在课堂的流程与节奏，老师的引导，学生的理解上。

每个时代，人们对于文本的认知都有自己的个性理解，加之个人体验不同，对同一文本的理解深度也会产生差异。因此，老师作为一个有预设有积淀的引导者，不应将自己的体验理解强迫式地传递给学生，而应该关注学生对诗歌的阅读初感及基础理解，从中发现学生对诗歌的初步认知水平，适时进行引导，使学生从整体感知、表层理解到抓住文本关键，深入理解诗歌的意蕴内涵，再结合个体阅读心理，形成个性化解读。朱老师在对四首诗歌的鉴赏中，对学生自然又不失技巧的引导恰恰印证了这一点。一如他提出的"常态阅读教学"——理解文本，由基本内容到共识内容，再到个性内容。

朱老师在引导学生鉴赏《蜀相》《登岳阳楼》《旅夜书怀》《阁夜》四首诗时，为了提高效率，将全班分成四个大组。并提出了这样的要求："首先读读你们所选的诗，弄懂该诗的主要意思，然后组内举荐一人诵读，一人解释诗的大概意思，举荐几位同学围绕'沉郁顿挫'的几个方面赏析本诗。"这其实就是"常态阅读教学"模型的别样体现。先诵读，对诗歌内容有初步了解，建立初步印象。再想想诗歌写了什么，弄懂诗歌的大概意思，其中包括对一些字词、句的理解。学生没有什么可以参考的资料，对四首诗的理解是干净的、原始的，这种初入文本的阅读是自主的，阅读之后的感受也是真实的；老师在巡回指导的过程中，也了解了学生对诗歌的理解和掌握情况，以便下一环节教学安排。比如在学生按组学习，小声诵读，小声讨论过程中，老师巡回，解释"轩""坼""字"等的意思。与学生共同学习《阁夜》中的词语与典故，扫除阅读障碍。朱老师不时在迷乱的"语词丛林"中给学生指示正确方向，指点可行的路径，促进学生对诗歌的理解。但也许是因为学生没有教材，看不到注释，在疏通诗意的时候产生了一些问题，耗费了一些时间。在学生产生疑问时，朱老师又适时补充背景，给学生深入领会情感做了铺垫。不得不说，朱老师是极有教学智慧的老师。他巧妙地引导学生把诗人放在历史演进和时代风貌的交叉点上，能大大促进他们对诗人个性作品和同类作品的领悟。而对诗歌已有了基础理解，在生生互动，师生互动交流时，引导学生关注诗歌表达的情感，情感的表达方式，来更深入地理解诗歌。

品味探究时，朱老师针对学生的个性化解读，抓住生成契机因势利导，临场调控，巧妙解决。如学生在谈《蜀相》所表现的"沉郁顿挫"风格时，表达略有偏题，朱老师通过"这里表现的情感是深沉的？""那么从情感上看，显得悲凉而深沉？"等进行追问，暗示、引导学生围绕"沉郁顿挫"几方面欣赏。在学生引其他诗歌证明自己的观点时加以鼓励。虽然这个学生对"壮阔"的理解不够准确，但他确实已经进入主动品读的阶段。

灵活高效则体现在朱老师的教学引导方法多样，注重与学生心理的交流。

课前与学生友好交流，拉近与学生之间的心理距离。在教学过程中，通过不同的谈话方式，如师生对话、生生对话等来促使学生逐渐加深对诗义的理解。语言准确而有指向性，依据学生的实际情况灵活应变，因而教学上能紧紧抓住学生的问题点引导学生自觉地从文本中发现蛛丝马迹，对诗歌具体意蕴进行深入分析，符合学生的认知规律。比如，《旅夜书怀》前两句的示范朗读，以教师讲解为主，有师生互动，以促进学生理解杜甫在本联中起伏的感情变化。老师通过朗读、提示补充、学生自主赏析等方式进行引导，使整节课动静相宜。学生对文本的理解不是教师强加的，而是在教师的引导下自己理解的。这些都体现了常态阅读教学的理念。

综观《杜甫与杜诗》这节课，有两个重点，一是知识上的，即什么是"沉郁顿挫"；二是能力上的，即诗的赏析。朱老师的教学思路是用能力训练来巩固知识学习，可谓一箭双雕。学生不是第一次学习杜诗，都能说出杜诗的风格是"沉郁顿挫"，但未必明白什么是"沉郁顿挫"。让学生先体会杜诗特点，然后引导学生围绕"沉郁顿挫"赏析，则是符合常态阅读心理的。这样，在诗歌赏析的过程中，学生就能更深切地体会到杜诗字词的精妙、音律与结构的顿挫、情感的沉郁这些特点。学生通过这节课，除了掌握本节课的内容外，还会领悟到同类归纳的学习方法，在以后各科的学习中，会受用无穷。

在《杜甫与杜诗》的教学中，朱老师以具体的教学实践极为明晰地诠释了教学内容的确定与教学方法的选择如何做到和谐地统一。教学方法很好地促进学生对教学内容的把握，教学内容也在合宜的教学方法下得到恰当的展示。这恰恰符合他一直提倡的"常态阅读教学"的思想。按照阅读的常态心理来教学生阅读，采用"常态阅读教学"方法来教阅读，也体现出语文教育美的本色。

（作者单位：西安市第十一中学）

《前赤壁赋》第二课时

教 学 实 录

时间：2015年9月20日

地点：七宝中学高二（4）班

《赤壁赋》
朗诵视频

说明：《前赤壁赋》的教学采用两课时，第一课时核心任务是疏通文意、初步了解文章内容，为第二课时的教学活动——文章的探讨、欣赏作准备。

（展示语词支撑物——乌台诗案）

师：哪位同学知道乌台诗案？给大家说说？

生1：我提前查过了。1079年，一个姓何的御史弹劾苏轼，说苏轼文章暗中讽刺朝政，苏轼有个好朋友吧，也是御史，叫李定的，也指出苏轼四项大罪，苏轼就被抓进御史台问罪。御史台就是乌台，因为院子里遍植柏树，柏树上常有乌鸦栖息筑巢，所以叫乌台，这个案子被称为"乌台诗案"。

师：乌台诗案的结果如何？

生1：苏轼被贬黄州，担任一个闲散的没有权力的官吧。

师：对，叫团练副使，没有签字权。实际上还是被监督的，连人身自由都没有。

师：在这种情况下，苏轼的心情如何呢？大家可以试想一下。下面我们来看几篇与课文写于同时期的苏轼的作品。

【展示语词支撑物——《定风波》（1082年3月）、《念奴娇·赤壁怀古》（1082年7月）、《后赤壁赋》（1082年10月）。突出作品创作时间，教师诵读

两首词并略作讲解,《后赤壁赋》不展示,只对主要情节、思想略作讲解,为后面环节蓄势。】

师:同学们了解了乌台诗案、被贬黄州,也看了他的同期诗文,你们感觉此时苏轼的心情应该是什么样的?

众生:(七嘴八舌)郁闷!苦闷!消沉!豁达!

师:我们不猜谜,好吧?下面我们走进被贬谪的苏轼的身边,看看他都在干什么,想什么。

师:十五的月亮十六圆。今晚,十六,月正圆。苏轼在干吗?

众生:游赤壁!

师:赤壁之景如何?

(众生议论纷纷)

师:我们欣赏一下吧。

(展示视觉支撑物——精选的苏轼夜游赤壁的图片)

师:请结合文章第一段说说,都写了哪些景?(众生交流)

生2:清风、明月,还有水。

生3:应当是水波。

师:水波在月光下呈现什么情景?

生3:水光。

师:很好。还写了别的景了吗?

生4:白露。

师:白色的雾气。(展示语词支撑物——清风、水波、明月、白露、水光)这些景各有什么特点?

生5:风是轻轻地吹,水面波澜不惊。

师:你的用词很美。

生5:明月在天空徘徊。

师:明月徘徊怎么理解?

生5:慢慢走。

师:是月慢慢走?

生5:哦,对了,是船在慢慢漂移。

师：嗯，反应挺快的。白露和水光有何特点？

生5：横江，就是铺满江面。水光和天相接。

师：上下天光，连成一体。

生5：对的。

师：如果用一个词来概括今晚夜游赤壁之景？你会用哪一个词？

众生：美！

师：看来我们只会用"美"来概括了。不过，也可以。面对如此良辰美景，苏轼的心情又如何呢？

生6：缥缈。

生7：景物辽阔、空旷，悠然的感觉。

生8：自由。

师：你们看，文章中其实是用了两个叠词来表达这种感觉的。

生9：浩浩乎，飘飘乎。

师：对，这是一种什么感觉？

生10：舒服。

师：舒服？对！文章第三段写到"苏子愀然，正襟危坐"，说明他是斜躺着或斜靠着的，可见其放松与悠闲，所以，用"舒服"这个词还是很合适的。不过，就是俗了一点。（众生笑）可不可以换成一个雅一点的词？

生11：惬意！

师：对！景美，情惬。（展示梳理的关键词）

```
┌─────────────────┐    ┌─────────────────┐
│ 清风——徐来       │    │                 │
│ 水波——不兴       │    │                 │
│ 明月——徘徊       │    │   浩浩乎        │
│ 白露——横江       │    │   飘飘乎        │
│ 水光——接天       │    │                 │
└─────────────────┘    └─────────────────┘

        ┌──────────────────────┐
        │  景美  ——  情惬       │
        └──────────────────────┘
```

师：面对如此良辰美景，作为文人，常常会有一种冲动。

众生：喝酒！

师：不错，喝酒。如果只是喝酒，那就是酒鬼，俗人一个。古代的文人可不仅仅是喝酒。

生12：（快接）作诗！

师：是的，作诗或吟诵诗歌。苏轼做什么了？

众生：吟诵诗歌。

师：课下注释有，吟诵的是《诗经·陈风·月出》。下面我把苏轼吟诵的配乐朗诵一遍。

（听觉支撑物——精选古典音乐；视觉支撑物——月出皎兮，佼人僚兮，舒窈纠兮，劳心悄兮！月出皓兮，佼人懰兮，舒忧受兮，劳心慅兮！月出照兮，佼人燎兮，舒夭绍兮，劳心惨兮！）

（教师的入境朗诵，音乐的渲染，成功地营造了氛围。）

师：除此之外，苏轼还唱了一支歌，有这么几句——桂棹兮兰桨，击空明兮溯流光。渺渺兮予怀，望美人兮天一方。下面，我来朗诵一下。（教师配乐朗诵）

师：主人此时的心情如何？

众生：快乐！

师：是的，乐！在苏轼唱歌之时，有个人给他在伴奏。谁啊？

众生：客！

师：客人的伴奏有何特点？

众生：悲伤！

师：客人为什么悲伤？

生13：想到了两个人——曹操和周瑜。

师：想到这两个人为什么就会悲伤呢？

（众生交流）

生14：想到了当年赤壁之战那些英雄人物都已经不在了。

师：我们直奔主题，从文章中找出一些信息，好吧？

生14：想到曹操当年破荆州，下江陵，一世之雄，现在都不在了，而自己人生短暂，也就是哀吾生之须臾，羡长江之无穷。

师：不仅是人生短暂。

生14：渺小。

师：对。人生短暂又渺小，因而悲伤。这种悲伤通过什么来化解呢？

众生：挟飞仙以遨游，抱明月而长终，托遗响于悲风。

（展示语词支撑物——赤壁、曹操、周瑜、《短歌行》，教师诵读节选部分，简略讲解。）

师：曹操忧人生短暂，没有人才来平定天下。客人因此而悲。（展示梳理的关键词）

$$客 \begin{cases} 明月 \\ 赤壁 \end{cases} \begin{cases} 曹操——一世之雄不在 \\ 吾与子——沧海一粟须臾 \end{cases} —— 悲$$

师：经过了乌台诗案的苏轼对此有何看法？

（众生交流）

生15：苏轼认为，这世间万物，从不同的角度看，得出的结论不同。

师：能否结合文章说具体一点？

生15：苏轼以水和月来打比方，说明了变和不变是相对的。

师：好，那他最后得出什么结论？

生15：没有什么值得羡慕的。

师：不羡慕别人，自己做什么？

生15：享受大自然提供的无尽宝藏，也就是清风明月。

师：总结得非常好。这样看来，主人，也就是苏轼的心情如何？

众生：豁达！旷达！

师：对的。客人想到人生短暂而悲伤，苏轼由水与月想到万物变和不变都是相对的，没什么值得悲伤的，这是一种豁达。（展示梳理的关键词）

主 水 变 ——不能一瞬 非吾所有，一毫莫取
　 月 不变——物我无尽 清风明月，人所共适 ——豁达

师：客人听了苏轼的一番话之后，什么表现？

众生：客喜而笑。

师：由悲转喜，乐了。我们可以将全文用以下表格梳理以下。（展示表格 支撑物——理解文脉）

```
苏轼：饮酒乐，扣弦歌——乐
客人：和声伤，哀人生——悲
苏轼：风与月，人共适——豁达
客人：喜而笑，饮酒醉——乐
```

师：如果我们将上表变成下面这样，你会有何发现？

```
苏A：饮酒乐，扣弦歌——乐
苏B：和声伤，哀人生——悲
苏A：风与月，人共适——豁达
苏B：喜而笑，饮酒醉——乐
```

生16：这是苏轼内心在挣扎，最后乐观、豁达战胜了悲观、消极。

师：总结得很好。他的内心为什么要挣扎？

生16：遭受了乌台诗案那样的灾难，人生从顶峰跌入低谷，当然会内心挣扎。

师：是的。所以，苏轼才会想到人生短暂，人生的意义这些哲理性的话题，最后是A面战胜了B面，乐观战胜了悲观，走向了也无风雨也无晴的豁达境界。

师：不过这种主客问答的方式也是赋体文常采用的手法，西汉司马相如的《子虚赋》《上林赋》也都采用这种方法。书读的多了，自然也就明白啦，主客问答，也只是苏轼采用的一种手法，至于客人到底有没有说过那样的一番话，就不得而知了，也不重要。

师：下面我们再来读一读《定风波》（1082年3月）、《念奴娇·赤壁怀古》（1082年7月）、《前赤壁赋》（1082年7月）这三篇作品。你们认为应该先读哪一篇？（展示这三篇诗文）

（众生交流）

生17：《前赤壁赋》和《念奴娇·赤壁怀古》。

师：为什么？

生17：写这两篇诗文的时候，苏轼的内心还在痛苦地挣扎。

师：好一个"痛苦地挣扎"，确实如此。由三篇作品创作的时间顺序可见，苏轼在《定风波》里所表现的豁达恐怕只是一时的豁达，而并非真正能做到"一蓑烟雨任平生""也无风雨也无晴"了。这给我们阅读文学作品也许有不少启示。

（按大家讨论的顺序集体诵读《念奴娇．赤壁怀古》《前赤壁赋》《定风波》，体会苏轼情感的变化。）

师：一篇《赤壁赋》，引起人们无限的思考，学完此文，你有什么感触呢？课后认真研读文章第四段，体会苏轼的人生观，或者，搜集资料，研究苏东坡。（布置课外小组合作学习与探究）

下课！

───◇ 附 ◇───

抛锚式教学模式与语文教学

朱诵玉

抛锚式教学模式是深受西方盛行的建构主义学习理论影响、以技术学为基础的一种重要的教学范型。它是由温特比尔特认知与技术小组（CTGV）在约翰·布朗斯福特（John Bransford）的领导下开发的。其基本理念、常用的方法都与我们的语文教学有着很大的契合度，可以运用到语文教学中去。

（一）抛锚式教学模式的基本内涵

1.抛锚式教学模式的基本含义

抛锚式教学是使学生在一个完整、真实的问题背景中，产生学习的需要，并通过镶嵌式教学以及学习共同体中成员间的互动、交流（即合作学习）、主动学习、生成学习，让学生亲身体验从识别目标到提出和达到目标的全过程。CTGV利用影像作为"锚"为教与学提供一个可以依靠的"宏情境"（macro—context）。这种影像的设计完全不同于通常教育中使用的影像，它是有助于教师和学生进行探索的"宏观背景"。约翰·布朗斯福特的后来研究者将"锚"由影像扩大到图片、文字等。

2.抛锚式教学模式的基本方法

抛锚式教学的方法主要有以下几种：（1）搭建脚手架，即教师在学生解决某一问题有困难时，及时地参与教学，向他们提供解决问题所必需的援助。（2）镶嵌式教学，学生在解决问题的过程中遇到了困难，这时教师适时地提供"锚"以帮助学生推进问题的解决。（3）主动学习，让学生积极地参与由影像支持的各种活动。（4）由学生担任教学的指导者，由学生作为教学的指导者，让学生在角色的置换中获得新的体验，激发进一步学习的需要和兴趣。（5）探索问题的多种可能解答，抛锚式教学的一个重要目标是帮助学生发展对自己体验的表征，以便为正迁移创造条件。（6）鼓励学生自己生成学生项目。（7）合作学习，创设能导致合作学习的环境，让学生在解决支撑物中描述的问题时获得小组成员的帮助。

3.抛锚式教学模式的教师角色

抛锚式教学模式中的教师角色应从信息提供者转变为"教练"和学生的"学习伙伴"，即教师自己也应该是一个学习者，应激励学生在探究支撑物时，去识别自己的问题、目的和课题。为激励和支持学生的生成性学习，教师必须是灵活的。他们不应该仅仅遵照预先制定的课堂教学计划，此外，教师也不可能成为学生所选择的每一个问题的专家，为此，他们常常应该和他们的学生一起做一个学习者。教师应允许学生尽自己的最大可能指导自己的学习进程，努力坚持不让学生过于直接地解决问题。

（二）语文教学中运用抛锚式教学的思考

结合约翰·布朗斯福特后来者们的研究成果来看，我们认为，抛锚式教学模式完全可以运用到语文教学中去。

1. "宏情境"与教学情境的设置

从具体的教学实际来看，一切教学活动的开展均离不开特定的教学环境。而教学环境的设置离不开"锚"——影像的、图片的、文字的。这些作为"锚"的影像、图片、文字与传统课堂里的影像、图片、文字是有很大的不同的。抛锚式教学中所设置的"锚"是激励学习者对知识进行建构，有助于师生进行探索的。举个例子来说，在传统教学中我们也会用到影像资料，比如教学《长亭送别》，我们就可以播放一段录像，让学生感受一下；在抛锚式教学中，我们也可以播放一段录像，但这段录像是为了设置一种情境，是为了辅助学生对文本的理解，便于他们通过影像进行相关的思考、探索，而不仅仅是观赏、感受。再如，教学《前赤壁赋》，我们可以投影"主""客"两个大字，再切换成"主A""主B"，以激起学生的主动思考。由此可见，教师可以在平时的教学中结合班级学生的特点营造一个具有特定情境的教学环境，即宏情境，并以这个宏情境为基础开展各种学习活动。

2. 搭建脚手架与教学活动的组织

抛锚式教学方法所说的搭建脚手架，意即教师不把现成的知识教给学生，而是在学生学习知识的过程中向他们提供援助。有鉴于此，在平时的教学中，教师也应当给学生搭建一个个脚手架，来解决所碰到的一个个问题。比如，在学习《前赤壁赋》时，当学生在开展小组活动——讨论苏轼情感变化时，会凭直觉想到，苏轼一直是快乐达观的，这样，就没有深入到苏轼的内心中去。此时，教师将黑板上的"主""客"两个字改成"主A""主B"，然后让小组继续展开探索，他们立即就会明白——原来苏轼的内心是在不断挣扎的，最后才由悲观走向乐观。教师在学习活动开展的过程中并没有直接告诉学生答案，而是向其提供了援助，帮助其搭建起了脚手架，学生围绕着这个脚手架去主动开展探究活动，最终解决问题。脚手架的搭建可以是教学活动开展之前，也可以是教学活动开展过程中。如果是在教学活动过程中搭建脚手架，实际上就是采用了镶嵌式教学的方法来组织课堂教学。

3.镶嵌式教学与教师角色的担当

镶嵌式教学意即教师在学生学习的过程中，根据学生学习的需要及时组织镶嵌式的片段、材料，为学生搭建脚手架。镶嵌式教学是从教师的角度来说的。如果说搭建的脚手架就是一个个"锚"，是为教学活动设置的情境的话，那么镶嵌式教学就是在教学活动过程中，教师适时向遇到困难的学生提供一些片段材料、辅助信息，以帮助学生解决问题，它是一种手段，一种方法。据此可见，采用镶嵌式教学，教师不是喂饭者，而是碗筷的提供者，至于怎么使用碗筷，学生可以自己去研究、探索，教师可以从旁扶助、指导，但不能亲自上阵。在这里，教师扮演的角色既不是组织者，也不是教授者，而是扶助者、陪伴者。我们再以《前赤壁赋》为例。在学习这篇课文之前，教师不要先跟学生讲什么"乌台诗案"，把这个留待最后，先让学生读，在学生已经掌握了苏轼的情感变化之后，在引导他们自己去探索：苏轼为什么会有这种情感的挣扎与变化。这样，比一开始就告诉其背景更能激发学生的求知欲，同时也能培养其探索能力。

4.学生担任指导者与自我学习

学生是学习的主人，是教学活动开展的主体，是主动的指导者，不是被动的参与者。作为教师，在组织教学活动时应该深刻地认识这个问题。当然，一次教学活动中，并不是每个成员都要成为

指导者，都能成为指导者，能成为指导者的只有少数，比如，学习
小组组长——这在课外语文活动的开展中尤其重要，那些小组长语
文水平好、组织能力强的小组往往会将活动开展得很好。然而，最
重要的一点是，学生在语文活动中应该成为自己的指导者，自己指
导自己去收集资料，分析资料，开展研究，这才是语文教学的最终
目的。套用一句话，"教是为了达到不教"。只有一个个个体逐渐形
成自我学习的习惯和能力，才是语文教学的成功。如果学生在学习
过程中，通过自己的努力搞明白了苏轼情感的变化与其遭遇有关，
那么以后他也会用这种知人论世的方法去学习《念奴娇·赤壁怀
古》或其他作品。

　　5.生成学习与课堂教学生成

　　抛锚式教学方法所说的生成学习与一般意义上语文教学中所设
计的"生成"既有联系，也有区别。区别是，抛锚式教学中所提倡
的生成教学是，以"锚"为起点，然后由学生在探索的过程中生成
新的学习项目，再去解决这个新的项目，整个教学就由围绕着原先
作为支撑物的"锚"过渡到围绕着学生自己生成的真实项目中去；
而一般意义上课堂教学中的"生成"则是在教师的引导、点拨等手
段的激发下，形成的与预设不完全一样的内容，但这个内容应当是
可控的，否则就是"跑偏"了。联系是，这两者都有生成，也都主
要是由学生生成的。其实，在语文教学中，有时也会出现由一个
"锚"而引出另外一个"锚"的情况，如学生也许会由《前赤壁赋》
中的"乌台诗案"而产生对其他同时期相关历史人物的兴趣，也许
会对"乌台"产生兴趣，也许会对苏轼同时期的其他作品产生兴
趣，等等，这样就可以开展一个个小的课题研究了。结合上面分
析，总的来看，抛锚式教学的"生成"比一般意义上的"生成"范
围要大很多，也更突出学生的主动性。

研究论坛

在"变"与"不变"中彰显格局

范婉

朱老师的《前赤壁赋》的教学安排成两课时，第一课时核心任务是疏通文意，初步了解文章内容，第二课时则主要是探讨文章、欣赏文章。如此安排，符合事物认知的心理，正如美国认知心理学家鲁墨哈特的图式理论所说："只有在事物的整体关系中，作为整体的个别部分的客体才能够被认知，同样，如果离开了事物的个别部分，事物的整体也不能够被认知。"对一篇文章的阅读，应当先进行整体感知，再进行篇章片段的认知，再在此基础之上结合读者自身的生活体验，将经验与文本对接，形成个性化的解读。《前赤壁赋》的教学便是按照此顺序科学合理地进行。

一堂好课，不应当是矫揉造作，老师滔滔不绝一人主场，充当学生学习的"讲解员"，而应当是老师引导学生，促进学生自主学习、合作学习，让学生积极思考，最后水到渠成，目标自然达成。朱老师的这堂课便是如此。这堂《前赤壁赋》没有像一般常见的那样，先对苏轼历经乌台诗案，被贬黄州担任闲职，依然热爱生活的背景介绍完了之后，直接贴上标签，苏轼是乐观旷达，然后再用《前赤壁赋》这篇文章来印证苏轼的乐观豁达。这种直接告诉学生结论，再用文章来印证的教学方式，是不少老师都习惯采用的，但这种方式不符合阅读心理。王荣生教授在《阅读教学设计的要诀》中讲道："语篇的理解在头脑里一般有三种表征：表层编码、篇章格局、情景模型。这三者对应的就是文本的表层信息（文本呈现的主要内容）、文本呈现的一般意义、文本蕴含的读者的个性化理解。"言下之意，对于一篇文章的阅读，我们读者应当是先从把握语篇的字面讯息即字词的辨识，句子的理解开始，然后在此基础之上推论隐含讯息，建立语篇结构，最后再是联系自己的生活经验，拓展认识，进行评价。而不是先评价再来理解把握语篇的字面讯息和推论隐含讯息。朱老师的这堂课，从疏通文意，再到探讨文章，再到引导学生结合自身经验欣赏评价文章，这样便十分符合阅读的心理。

为了让学生更好地理解《前赤壁赋》，朱老师先创设情境，让学生介绍乌台诗案相关背景，接着带领学生回溯到苏轼生活的时代，让学生走近苏轼，从而为后面知人论世，知事论人，从人之常情推知理解苏轼此时的心情心境做准备。在这一环节中，朱老师还巧妙地结合了苏轼同时期的《定风波》（1082年3月）《念奴娇·赤壁怀古》（1082年7月）《后赤壁赋》（1082年10月）这些作品，多角度多方位地呈现苏轼被贬黄州的心理变化过程，也为课堂最后一个环节（应当按照什么顺序来读这三篇作品）的设计张本，整个课堂前后衔接，照应得当，设计颇具匠心。正如王荣生教授在《阅读教学设计的要诀》中提及的"文本互为语境"，即联系其他文本（包括作者其他文本，同时代他人的作品，同主题的作品）进行理解，朱老师这一设计便是基于此，通过老师示范诵读，对两首词内容略作讲解，对《后赤壁赋》的主要情节、思想略作讲解，让学生看到一个人物形象更丰满的苏轼，而这些都是为后面的环节蓄势。

有了上面的铺垫，让学生以人之常情推测此时的苏轼心情如何，激发学生思考——但并没有直接贴上评价的标签，然后通过"下面我们走进被贬谪的苏轼身边，看看他都在干什么，想什么"这一问题，自然而然过渡到文本本身的探讨上，过渡不着痕迹。

对文本本身的探讨这一环节，从苏轼在干什么（游赤壁）——赤壁之景有哪些——赤壁之景各有什么特点——用一个词概括赤壁之景——赏景的苏轼心情如何，这些具体的问题，环环相扣，循序渐进，由表入里，由浅入深，巧扣文本，让学生在教师的引导下得出自己对文本的理解。在这一过程中，朱老师对学生的点评和引导十分精到。当学生回答得准确迅速时，朱老师会及时给予肯定赞赏，如"很好""你的用词很美""反应挺快"等。当学生回答不准确，甚至偏离教师预设时，朱老师的引导以及课堂随机应变便充分体现出了他教学能力之强，教学智慧之多。比如一学生回答"明月在天空徘徊"，朱老师追问"明月徘徊怎么理解"，学生脱离句子语境只回答一句"慢慢走"，朱老师发现学生偏离了轨道，并没有纠正学生，而是追问"是月慢慢走？"学生恍然大悟——"哦，对了，是船在慢慢漂移"。通过追问，刺激学生自己积极思考，让学生觉察到自己思考问题的偏差所在，并有一个"悟"的过程。这种苏格拉底式问答法应用得十分到位。

再比如当朱老师问："面对如此良辰美景，苏轼的心情又如何呢？"不少学生都回应了老师，但都是脱离文本想当然作答，这时朱老师也没有直接告诉学生答案，而是给学生搭个台阶，给学生们一点提示，引导学生回归文本，从文本中找依据——"你们看，文章中其实是用了两个叠词来表达这种感觉的"。给学生指明方向后，学生自然而然答道"浩浩乎""飘飘乎"。这也是一种良好的阅读习惯的培养，引导学生阅读文章不能脱离文本随意漫谈，而是要基于文本解读。朱老师进一步追问："这是一种什么感觉？"本以为自然而然学生会得出自己预设的答案"惬意"，但没想到，一个学生回答"舒服"。学生的回答还是没有达到预期所设，该生的回答也让朱老师愣了一下，但是朱老师迅速做出了回应："对！文章第三段写到'苏子愀然，正襟危坐'，说明他是斜躺着或斜靠着的，可见其放松与悠闲，所以，用'舒服'这个词还是很合适的。不过，就是俗了一点。可不可以换成一个雅一点的词？"接着马上就有学生回答出了"惬意"。这一问一答真是太精彩了！朱老师的课堂随机应变让人十分佩服，一步步循循善诱引导学生，这种应变体现了朱老师备课很充分，对文本研读很透彻，以及丰富的教学经验与智慧。如此，才能离开文本又回归文本，为学生的作答从文本找到依据，再引导学生用词用语规范作答，最后水到渠成。真让人忍不住拍手叫好！

景之美，情必惬。面对如此良辰美景，作为文人的苏轼怡然自得地朗诵《诗经·陈风·月出》，这样便自然而然地过渡到下一个环节，教师入境配乐朗诵《诗经·陈风·月出》，音乐的渲染，成功地营造了氛围，紧接着配乐朗诵苏轼唱的那支歌。有了教师有感情地朗诵这一听觉支撑，加上音乐的渲染，学生自然能身临其境感受到主人苏轼心情之乐，接着追问"伴奏人有何特点""客人为什么悲伤"让学生基于自己的理解先思考，然后再引导学生回归文本，从文本中找到相关信息，最后再分析，展示梳理的关键词，作为师生共读的阶段性结论——"主乐客悲"这一对比；顺势再呼应前面所埋伏笔——"同学们了解了乌台诗案、被贬黄州，也看了他的同期诗文，你们感觉此时苏轼的心情应该是什么样的？""经过了乌台诗案的苏轼对此有何看法？""主人苏轼的心情如何?"这样设问,伏线千里,又水到渠成,学生十分有体会地说出"豁达""旷达"。学生的回答是在这巧妙的设计、引导,一步步思考,一步步解读文本的过程当中,深入理解文本之后做出的回答,是他们自己所理解、感受到的。此时"豁达""旷达"显然不是标签词,不是扁平的,无味的,而是立体的,有滋味的。在这一过程中,老师充当引导者,引导学生去探索,去挖掘,既调动了学生学习的积极性,也让学生很有成就感,从而形成良性循环——学会发现,爱上语文,从而觉得,原来语文也是这么有趣。

最后一个总结课文环节,更体现了执教者的匠心。用直观的表格梳理出文章的文脉,清晰明了,"如果我们将上表变成下面这样,你会有何发现",学生之所以能立刻准确地呼应,这都是与最开始课堂导入时,朱老师给同学们补充的苏轼同一时期的其他作品紧密相关。此环节回扣到了开头,师生一问一答,最后老师结合赋这种体裁本身的特点,顺势总结:"苏轼才会想到人生短暂,人生的意义这些哲理性的话题,最后是A面战胜了B面,乐观战胜了悲观,走向了也无风雨也无晴的豁达境界。不过这种主客问答的方式也是赋体文常采用的手法,西汉司马相如的《子虚赋》《上林赋》也都采用这种方法。书读的多了,自然也就明白啦,主客问答,也只是苏轼采用的一种手法,至于客人到底有没有说过那样的一番话,就不得而知了,也不重要。"补充赋这一体裁的相关知识,再予以佐证,苏轼借主客问答的方式实则是自我内心的挣扎,挣扎的最后是乐观战胜悲观,而这个结论也是学界普遍认同的。最后,让学生思考应该按照什么顺序读苏轼在黄州时期写下的著名的"二赋二词"(《前赤壁赋》《后赤壁赋》《念奴娇·赤壁怀古》《定风波》),以此来更好地体会苏轼情感的变化。

作业的布置也恰到好处,体现了小组学习的合作探究。课虽上完了,但是对苏轼的认识与了解并未结束,而仅仅是开始。让学生认真研读文章第四段,体会苏轼的人生观或者搜集材料研究苏东坡,这个作业是课堂的延伸,也是基于让学生个性化阅读文本的考量。

总之,朱老师的这堂课十分精彩,不管是环环相扣的教学设计,还是对学生的循循善诱的引导,都处理得自然而巧妙。给朱老师点个赞!

(作者单位:江西南昌市豫章中学)

《长亭送别》

教学视频

教学实录

时间：2009年8月7日

地点：南京师范大学礼堂

课型：第六届全国中青年优秀语文教师课堂教学多种风格展示课

授课对象：初三、高一学生共三十二人组成的混合班

（因为师生之间从未谋面，彼此不熟悉，故教师和学生随便聊聊，拉近距离，消除陌生感。）

上课——

（屏幕展示"在活动中学，教学活动化"的教学理念。同时播放李叔同《送别》曲子，作为背景，导入。）

师：现在我们正在听的这首曲子叫什么？

众生：长亭送别！

师：很聪明，联想到了课文，但不对。

（学生议论纷纷，教师询问。）

生1：骊歌。

师：骊歌？很好。又叫《送别》，是李叔同写的。大家会背吗？

（师生齐背了一段《送别》）

师：一曲《送别》唱出了多少离别之人的伤感。今天，我就和同学们一起学习《长亭送别》。题目叫《长亭送别》，"长亭"点明了地点，"送别"点明了事件，那么，谁在长亭送别谁呢？

众生：崔莺莺在长亭送别张生。

师：为什么要送别？（众生议论，师问生2）

生2：我不大清楚。（众生大笑。这是个临时拼凑的混合班，又是在暑假，没人想着学习。）

生2：（接着说）应该是在赶考吧！（猜得还不错）

师：（故意）是崔莺莺逼他赶考，是吧？

生2：（本意要引他说出故事情节，没想到他居然还真回答）是！（众生大笑）

（动员大家看课本注释，有的学生连课本都没有。）

生3：张生去赶考，崔莺莺和老夫人在长亭送别张生。

师：为什么要去赶考？

生3：考一个状元回来，去娶崔莺莺。

师：谁逼张生去考状元的？

生3：老夫人！

师：因为崔莺莺和张生私订终身，老夫人又没有办法，怎么办？就给张生设下一个条件，去考一个状元回来，就把崔莺莺嫁给他，所以才有这一出长亭送别。

师：黯然销魂者，唯别而已。一出《长亭送别》就把那种离别之情渲染得震撼人心。为什么能做到这样呢？我们今天只学习其中的一部分——情景交融的艺术，就是通过景的描写来渲染离别之情。（展示教学目标"体会情景交融的艺术美"）同学们看课文，里面有很多曲子都是写景的，请找出来。

（众生阅读，有顷。）

师：有哪些曲子是写景的？请说说。

（众生七嘴八舌。《端正好》，《滚绣球》，《脱布衫》，《四边静》，《一煞》。）

师：下面我们就具体品一品这五支曲子，好不好？我想让同学们自己来学习。我布置一下任务。大家自由组合，三个一组，四个一组，都可以。自由诵读这几支曲子；各小组任选一支曲子重点欣赏，可以从景物选取、词语使用等入手；推荐一人做记录，记录组内交流情况，以便发言；其他组员可以补充，其他小组也可以补充。

（众生自由组合，议论纷纷，非常热闹。经过教师的不断引导，疏导，至此，课堂气氛才开始轻松，活跃。）（教师来回走动，和学生交流，指导诵读、欣赏，并再次拉近和学生的距离。几分钟后）

师：哪个小组来读第一支曲子——《端正好》?

（生4主动站起来诵读，读毕。）

师：请你们小组四个再一起读一遍。

（该小组齐读，很有表情，也很有感情，但速度太快。）

师：感觉还不是很过瘾！为什么？读快了一点。（教师示范读）

（学生叽叽喳喳地一起附和着读起来。）

师：（诵读完毕，问）美不美？

众生：美！

师：你说说，美在哪里。（指该组同学回答）

生5：用雁的正常迁徙来渲染离别的悲伤。

师：很好！就看到雁了？

生5："霜林"应该说明当时是秋天的景，更能渲染一种悲凉的气氛。

师：霜林是秋天的景，更能渲染悲凉的气氛，你是怎么得出这个结论的？

生5：因为它比较苍凉。

师：文人悲秋！还有吗？

生5："碧云天，黄花地，西风紧，北雁南飞。"吹风了，又平添一丝凄凉。

（该生讲得不错，教师提示同学们给他一点掌声，以作鼓励。）

师：组内有其他同学补充说说的吗？（有顷，没有。）其他组有没有？（在教师的慢慢鼓励下，终于有一女生愿意说。）

生6："总是离人泪"写出了送别时的依依不舍、感伤。（有点说不下去）

（至此，这个混合班在对课文一点也不熟的情况下，仍然对顺利展开教学活动有着很大障碍。）

师：（引导）最后一句"总是离人泪"直接写出了离别的感伤，刚才那位同学说是景物的渲染。那又是如何将景和离别的感伤结合起来的呢？

生6：先写了景色，然后归结到离别上去。

师：（面对众生）用一个词就将二者结合起来了。哪个词？

生7：（清脆地）染！

师：对了！一个"染"就把主观的情和客观的景结合起来了，所谓离人泪染霜林醉。这么美的曲子，我们一起读一遍吧！

（众生齐读）

师：第二支曲子是哪个组选的？

（生8读《滚绣球》）

师：读得怎么样？（众生没有鼓掌）原来你读漏了三个字，读错了两个字。（教师有感情地朗读一遍，读毕，众生鼓掌。）你们这一组谁来欣赏这支曲子？如何做到情景交融。

生8：就我吧。这首曲子用了很多的意象。如柳丝、玉骢、疏林、斜晖、马儿、车儿。

师：那你说说，是如何做到情景交融的？

生8：在这些写景的句子里，夹杂了直接表达情感的词，例如"恨""怨"都非常准确地表达了离别的悲痛。

（该生很聪明，从第一支曲子的学习中习得了方法，运用得也较有条理。）

师：（面对众生）大家觉得这支曲子里最能表现情感的是哪个词？

生9：恨！因为"恨"字反复出现。恨相见得迟，恨不倩疏林挂住斜晖。

师："恨不倩疏林挂住斜晖"，这一句我不太懂，你能解释一下吗？

生9：希望太阳能够晚一点下山。

师：恨不得请求疏疏落落的树林能把夕阳——

生9：（接）给抓住！

师：抓住不好，还是"挂"好！你还有没有说的了？

生9：最后一句"此恨谁知"，也表现了这种情感！

师：好！刚才第一位同学说到马车也是景，对此，你有何看法？

生9：还是让他解释吧！

生8：马、车是交通工具，也是表达一种不舍。

师：你的解释好像浮在表面，还没深入进去。（学生的理解毕竟有限，教师需要带领学生一起研读）同学们，我们一起把这两句研读一下。马儿什么样的行？（众生：迟迟地行。）什么意思？（众生：慢。）马儿你慢些走。车怎么样？（众生：快。）谁在车上？（众生：崔莺莺。）谁在前面走？（众生：张生。）张生在前面走。张生啊，你慢慢走，让我赶上来和你说说悄悄话。我们一起把这支曲子读一遍。

（众生齐读）

师：把最后一句读重一点，此恨谁知！！

师：欣赏下面一支曲子，脱布衫。这支曲子比较容易，就不难为大家，我自己来解决吧。这支曲子写的是什么时候？（众生：酒席上。）在酒席上突然来这么一句，是用西风，用黄叶，用寒烟，用衰草来渲染酒席上的凄惨的离别之情的。

师：最后两支曲子哪个小组来读？（生10诵读）

生11：（欣赏）把青山和疏林赋予了感情，唱的人自己非常不舍，青山、疏林看起来也就非常感伤。"淡烟暮霭相遮蔽"显出一种淡淡的哀伤。夕阳古道、禾黍、秋风、马嘶都是非常凄凉的意象。"遍人间烦恼填胸臆，量这些大小车儿如何载得起？"把烦恼有形化，用"车儿如何载得起"表达了离别之情的深厚。

师：很好！用凄凉的景写离别之情，最后一支曲子直接抒情。请坐！

师：讲得不错，同学们越来越熟练了。我们回过头来看一下。几支曲子在景的选择上都是非常有特点的。在意象的选择上非常有特点，选取了黄花、黄叶、西风、秋风、雁、霜林、疏林、柳丝、斜晖、夕阳、残照、落日、衰草、禾黍、寒烟、淡烟暮霭、青山、山色、古道、车、马、马嘶。同学们有没有注意到，在我国古代的诗词中、诗文中，有很多这样的意象，谁能说一句？

生12：枯藤老树昏鸦，小桥流水人家，古道西风瘦马，夕阳西下，断肠人在天涯。

生13：马作的卢飞快，弓如霹雳弦惊。

（教师展示一些诗句）

师：《长亭送别》在意象的选择上，在词语的使用上都很有匠心，由意象

的精心选择、词语的准确使用产生意象美、语言美，最后达到一种情景交融。（展示）

景物选用　意象美
词语运用　语言美

情景交融

师：除此以外，作者在情节的安排上也独具匠心。从情节的推进来看，我们可以把《长亭送别》划分成出发、赴长亭、在长亭、离长亭。随着离别的逼近，主人公情感也在变化，作者采用的手法也有所不同。（展示，理清脉络。）

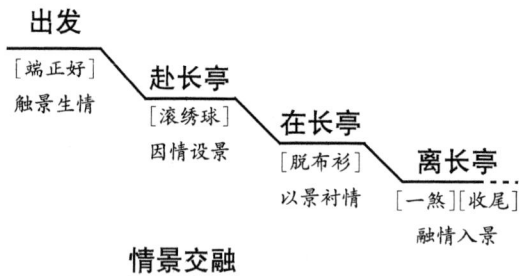

出发
[端正好]
触景生情

赴长亭
[滚绣球]
因情设景

在长亭
[脱布衫]
以景衬情

离长亭
[一煞][收尾]
融情入景

情景交融

师：一出长亭送别，就是一幅离别的画，就是一首离别的歌。如果让你导演《长亭送别》，你怎么设计人物的活动及环境（景物)？

（学生自由交流）

生14：我会先拍碧蓝色的天，然后拍满地黄叶，一群大雁越飞越远，从远处走来一群人。

生15：先拍天，再拍黄叶随风飞舞，一群大雁飞过，一直拍到长亭。

师：很好！那我们看看别人是怎么拍的！（播放黄梅戏《西厢记》片段）

师：跟你们设想的是不是一样呢？大家可以再交流。我们学完这几支曲子，如果大家愿意的话，练一练，从［端正好］［滚绣球］［脱布衫］［一煞］［收尾］五支曲子中选择一二支曲子，改写成现代诗或散文，深入体会"情景交融"的艺术美。

师：《长亭送别》一出戏里所表现的不仅仅是崔张的惜别之情，对于崔莺莺来说，她还担心张生，会不会金榜无名不回来？会不会停妻再娶妻？等等。这些就留待你们的以后研究吧。

今日和同学们短暂相聚，破题儿又早别离。真是：悲欢聚散一杯酒，南北东西万里程。愿同学们学习进步，天天开心。

研究论坛

教学方法与教学方法的选择

胡根林

巴班斯基说："选择对一堂课来说最有效的教学方法，这是教学过程最优化的核心部分之一。"朱老师所上的《长亭送别》一课，在教学方法运用方面颇多可圈可点之处。

在结合课例进行分析前，我想先对教学方法作点辨析。

首先，我们理解的教学方法究竟是什么。

翻一翻教学论或课程论方面的教科书，这样的定义是比较普遍的：教学方法就是教师和学生为了实现共同的教学目标，完成共同的教学任务，在教学过程中运用的方式与手段的总称。这样的定义很正确，但其实解决不了什么问题。在一线教师眼里，这样几个层次的"教学方法"是经常要被混用，纠结一处，牵扯不清的：

一是原理层面——教学方法观。

特征：体现一定的理念，不具有操作性。

例：启发式教学法、接受式教学法、发现式教学法、对话式教学法、设计教学法、非指教学法。

二是技术层面——教学策略。

特征：中介性和中立性。

例：课堂教学准备策略、主要教学行为策略、辅助教学行为策略、课堂管理行为策略，讲授法、谈话法、演示法、参观法、练习法、讨论法、指导法。

三是操作层面——学科具体教学法。

特征：与内容相联系，具有操作性。

例：语文课用形声字来教识字，语文课用题解方法来教课文，数学课用拼图法来教勾股定理。

四是技巧层面——教学技巧。

特征：体现出教师的个人色彩，可以上升为教学风格、教学艺术，形成教学流派。

例：于漪的"情感教学法"、窦桂梅的"主题教学法"。

我们这里要讨论的"教学方法"仅限于第三种，也就是在操作层面的针对具体内容的教学方法。

其次，我们所理解的教学方法究竟有什么特点。

很长一段时间，我们一线教师普遍关注教学方法。平时观课，观的主要是执教者用了什么教学方法，怎么用的；学习名师，学的主要是名师用了什么教学方法，怎么用的。关注教学方法，也许本身不见得是件坏事，坏就坏在看了就想模仿。有的模仿魏书生，有的模仿钱梦龙，近来模仿得比较多的是相对年轻的一批名家，如胡明道、肖家芸、陈军等。其实，教学方法有可借鉴的层面，如前面所讲的第一二两个层面的教学方法，但这种借鉴至多在原理和策略上有意义；教学方法有不可借鉴的层面，如前面所讲的第四个层面的教学技巧、教学风格、教学艺术，甚至流派，原因是其个人色彩过浓，难以迁移；教学方法也有可借鉴而必须了解其特点的，前面所讲的第三层面的教学方法，即操作性教学方法就是。它的特点有二：

其一，它与教学内容互为硬币两个面，不可分离。当我们说教学内容时，实际上是包含了一定教学方法的教学内容；倒过来，我们说教学方法时，也是指包含了一定教学内容的教学方法。

其二，它与学生学习情况密切相关。一定程度而言，它只适用于特定的学生群体，适用于特定年龄、学习水平甚或学习需要的学生群体。

　　这就是说，如果要借鉴这个层面的教学方法，借鉴时必须考虑其具体内容的适应性，具体学生群体的适应性。脱离具体教学内容、偏离具体学情所进行的所谓教学方法迁移，不仅不见得能提高教学效果，反而会带来反作用。叶圣陶在《语文教学二十韵》中有几句诗道出了教学方法迁移的奥妙："教亦多术矣，运用在乎人，孰善孰寡效，贵能验诸身。"所谓"运用之妙，存乎一心"，这"一心"中实际包含了执教者对具体教学内容和具体学情的充分观照和洞察。朱老师《长亭送别》一课，在教学方法使用上就体现了这种观照和洞察。

　　从教学内容角度说，《长亭送别》一课确定的教学内容（其实也是教学目标）是"体会情景交融的艺术美"——就是体会课文是怎么通过景的描写来渲染离别之情的。这一教学内容又分化成两个点，一是意象选择，二是词语运用，具体说就是：一是课文通过选取怎样的意象来渲染离别之情的？二是课文通过选取怎样的词语来渲染离别之情的？这两个教学内容最后以什么材料为依托来实现教学的呢？五首曲子，分别是《端正好》《滚绣球》《脱布衫》《四边静》《一煞》。也就是说，本节课的教学就是通过分析五首曲子的意象选择和词语运用来体会景的描写是如何渲染离别之情的。从体裁上说，五首曲子属于诗歌，诗歌教学重体验、重领悟，诵读品味、讨论对话等教学方法是其内在应有之方法。朱老师的教学或读或析，或析或读，强调教师范读，要求学生读出味道，读出情感，品之再三，暗合了这种诗歌教学的内在要求。

　　从学情角度来说，朱老师这节课具有种特殊性。所在班级是由初三、高一学生共三十二人组成的混合班，执教的时间又在暑假。对于一班不想学习而又不得不学的学生来说，对于一班对教学内容有的初步接触，有的毫无接触的学生来说，最见效的教学方法显然是合作讨论。合作，人人有事做，教学就是要让每个学生进入一种待学习的状态；讨论，人人有话说，教学就是要让每个学生进入一种与人对话的状态。朱老师充分顾及学生这种情况，在进行五支曲子的教学时，让学生进行合作学习，三人或四人一组，自由诵读这几支曲子；各小组任选一支曲子重点欣赏，可以从景物选取、词语使用等入手；推荐一人做记录，记录组内交流情况，以便发言；其他组员可以补充，其他小组也可以补充。这样，在后面的学习中，学生的思维得以被激活，讨论也渐次进入到状态。

（作者单位：上海市浦东教育发展研究院）

抚花香满衣 弦动琴有情

陈艳玲

读朱诵玉老师的《长亭送别》课堂实录，语言与艺术齐飞，情感与美景融于一色。无论是铺垫情感的导入，还是生动流畅的过程，都让人深深感受到的是一堂精彩纷呈的语文课；无论是丰富而又精致的教学内容，还是开放而又能聚合的各种问题，都能体现执教者深厚的功底；无论是学生回答问题的数量与质量，还是执教者适时适度的引导与扶助，都总能让人深深叹服这是一堂理念先进的语文课！朱老师驾驭课堂，如萧峰使降龙十八掌，看似轻描淡写，实则功力无边；看似是一种常态，实则是一种智慧。

这篇《长亭送别》教学实录是第六届全国中青年优秀语文教师课堂教学多种风格展示课，课堂渗透了"在活动中学，教学活动化"的教学理念，师生互动、合作对话既频繁，又有效，也充分体现了朱老师一直以来所倡导的"常态阅读教学"的理念。

（一）精选教学内容，聚焦离愁别绪

导语设计感性化，瞬间把学生带入文本氛围，聚焦于离愁别绪。比如在上课伊始，播放李叔同《送别》FLV，"人间离别正堪悲，一曲《送别》唱出了有情人离别的伤悲"。在音乐的衬托下，教师用抒情化的语言营造了凄凉的意境，把学生带入无限的离别情境中，可谓"未成曲调先有情"。

所谓的教学内容，应当来源于作品本身的价值，同时又应该是适应于课堂教学并与学生语文素养的成长有关联的那部分内容。就作品本身的价值而言，章培恒、骆玉明先生在《中国文学史新著》中是这样论述《西厢记》的文学成就的："首先，在人物思想情感的刻画方面比较细腻深入；其次，由于能较细致地刻画人物思想感情，也就能在一定程度上写出其发展过程；第三，在作品中出现了多个丰满的人物形象，打破了以前的元杂剧只有一个丰满的人物形象的惯例；第四，戏剧冲突的展开比较充分。除此之外，《西厢记》还有一项重大成就，那就是语言华美及情景交融的艺术美，堪称元曲文采派的代表作。"就《长亭送别》来看，这一节《西厢记》片段的教学价值又何在呢？没有充分的戏剧冲突展开，没有体现人物性格的发展过程，没有丰富的人物形象，因此就剩下的价值定位来看，其教学内容的起点应该体现为——体会情景交融的艺术美以及戏剧语言的华美。朱老师将本课的学习目标定为"欣赏优美的曲子，体会情景交融的艺术美"。教学目标清晰，教学内容少而精，因而使学生学得非常透彻，也是语文课"好课"的境界之一。

《长亭送别》是一曲送别的歌，是一段离别的曲。当我们读完全文的时候，张珙和崔莺莺分别的场景如在眼前，那分别的气氛似乎就在我们周围萦绕，如此大的感染力来自文中恰到好处的景物描写。通过景物的描写来表达离别之情，这也正是《长亭送别》历来为人们称道的地方。因此朱老师从情景交融的艺术美入手，精心选择教学内容，如导入，"黯然销魂者，惟别而已。一出《长亭送别》就把离别之情渲染得震撼人心，为什么能做到这样呢？我们今天只学习其中的一部分——情景交融的艺术，就是通过景的描写来渲染离别之情。同学们看课文，里面有许多曲子都是写景的，请找出来。"师生共同从19支曲词中选出5支写景的曲子，这是典型的点式教学，整体把握，精选典型，教会方法，留下空间，窥一斑而知全豹，以有限而求无限。倘若面面俱到，就有可能蜻蜓点水以致面面不到。教学目的统率教学内容，内容的选择又凸现对全文的整体把握，体现出选择的智慧。

（二）巧设教学切口，品评文本语言

本课的重点是情景交融的手法，而教学的突破口却是从品味语言开始的。对每一支曲词的处理皆是由"读一读"到"说一说"再到"悟一悟"。

1.诵读，入景、入情、入境

诵读是学习文言文的一种常见的重要的学习方法，而本课的诵读教学堪称经典。不仅老师的指导得方，学生诵读得法，而且形式多样，不似雕琢，自然天成，与课堂其他教学环节自然融合，相得益彰。更重要的是，诵读做

到了入景、入情、入境。

在品味"情景交融美"环节，先是小组自由诵读五支曲子，初步感受写景的画面的美感，然后老师引领学生欣赏美景，用读的方式把想要表达的读出来，老师又具体在"轻、重、缓、急、抑、扬"上作具体的指导并范读，如"感觉还不是很过瘾，为什么？读快了一点（教师示范读）"。学生有对景物特色的理解，又有具体诵读的方法，景物的特色，景中所蕴含的审美意趣，人物情感，文本内容等就在诵读之中潜移默化的内化了。

在归纳景物特点时，朱老师说："几支曲子在景（意象）的选择上都是非常有特点的，选取了黄花、黄叶、西风、秋风、雁……同学们有没有注意到，在我国古代的诗词中中，有很多这样的意象，谁能说一句？"学生背了几句学过的诗句，教师又展示了一些诗句，让学生在一种宽松的环境下背几句抒发离别哀伤的古诗词，把学生带到一个新的境界，重新审视情景交融的这几支曲子，再深情朗诵这几支曲子，景中有境了。景外之景，景外之语，景外之境，尽在诵读声中。

2.炼字，有理、有力、有味

诵读伴随着文本的咀嚼，在品味〔端正好〕这支曲子时，老师引导学生抓住"染"字，沟通了景与情的联系，使得大自然的景物融入凝重的离愁，蒙上一层沉郁忧伤的感情色彩，萧瑟的秋景与悲凉的心境化而为一，无法分开，创造了委婉深沉、令人感伤的悲凉意境，通过对"染"字的分析，在下一支曲子的分析中，学生自然就抓住了"恨""愁""挂"等字来赏析。除此之外，老师还引导学生赏析叠字，比如"迟迟""快快"，重在理解，虽是一时半刻的厮守也不肯放弃的惜别深情，并且一笔双至，莺莺的依恋，张生的难舍，同样传神。

咬文嚼字地读书，发现问题，深入文本，在汉字中入内出外，这就是语文课的本真，与文字交汇，与作者对话，心心相通，这就是阅读实质意义的对话，而不是滑过文字、浅尝辄止的假对话。当然这一切必须建立在老师深厚的文本解读功底之上，同时也要有相应的教学艺术。而这两点，也正是朱老师在这节课上所呈现的。

3.拓展，中肯、中意、中道

为了品味"情景交融"的艺术美，老师除了诵读、咬文嚼字，还借助文字资料铺路搭桥，一步一步地深入文本跳出文本。在品味〔端正好〕时，老师一句"文人悲秋"，引出学生对前四句的赏析，四个秋之意象，两动两静，同时也是化用范仲淹《苏幕遮》中的句子，给离别的感伤作了充分的情感上的铺垫。朱老师又安排了这样一个环节："如果让你导演《长亭送别》，你怎么设计人物的活动及环境（景物）？"学生畅所欲言后又让学生观看了黄梅戏《长亭送别》的片段，以此激发学生的想象、联想，也充分调动了学生的知识储备，因而课堂反应热烈。联系古诗词，不仅拓展了教学空间，在安排上也立足于学生为主体，教师为主导。

（三）精设教学流程，教法灵活多变

抓主问题设计，层层深入。这节课紧扣"情景交融的艺术美"，循着文本的思路"出发——触景生情，赴长亭——因情设景，在长亭——以景衬情，离长亭——融情入景"，作者穿插的景物描写很好地服务了整个文本的情节结构。让学生理解到作者所写的景都是为情而服务的，景物的特征就是人物心境的表现，人物心境的表现同时又给原本无情的景物染上了浓厚的主观色彩，让学生真正感受到了"寓情于景，情景交融"的妙处。

教学板块清晰。整个教学过程分为五个部分：第一部分：由李叔同的《送别》曲导入；第二部分品一品，品味情景交融美；第三部分，比一比，看看谁更高明；第四部分，练一练，看看学得怎么样；第五部分，总结收束。除去"导入""收束"，核心板块三个，全部指向教学目标，而且层层深入，思路清晰，简明，显得很清爽。

生生合作，在提出学习要求的前提下，放手让学生自主合作完成自己喜欢的曲词的鉴赏；师生合作，以教师的引导为主，完成第一支和第二支曲词的赏析；以教师为主导完成第三支曲词的赏析；以小组合作的形式完成最后两支曲词的赏析。单是品味语言，就采用了朗读法与语义分析法，前者以确定重读方式推进，后者采用了比较法、想象再造法等。

（四）关注常态阅读，遵循认知规律

所谓常态阅读，是先读什么，再读什么，要符合阅读心理。朱老师在教授《长亭送别》时，不是开始就把主人公的情感告诉学生，而是先以小组合作的形式，让学生从曲词中找出景物和表达情感的词语，然后读一读，初步感知一下，然后再想一想，这支曲词到底写了什么，然后停留在某个词或某个意象上，对其进行思考，如，"［端正好］中通过哪个词将景和离别的感伤结合起来的？""［滚绣球］中'车、马'仅仅是交通工具吗？'恨不倩疏林挂住斜辉'是什么意思？"通过对这些词语和意象的分析感受到主人公的情感以及情景交融的艺术美。

常态阅读下，阅读教学是教师一步步地引导学生理解文本，而不是先告诉学生内容，强迫接受。在朱老师的这节课中，体现了这样几个特点：

第一是"一步步地"，即是循序渐进，由表入里，由浅入深，不跳跃。如在"品一品"环节中，朱老师安排小组合作，先读一读，推荐一人读，教师指导。然后再推荐一人来说一说，从景物选取、词语使用等角度欣赏。最后再齐读，悟一悟。就是这样引导学生一步步地品味曲词。

第二是"巧妙"，即是每一步的设计要巧妙——巧扣文本，巧抓学生的即时认知水平，同时，两步之间的过渡要巧，不着痕迹。比如，在小结"情景交融的艺术美"时，老师先是引导学生注意几支曲词在景的选择上和意象的选择上都非常有特点，选取了"黄花、黄叶、西风、秋风、雁"等意象，接着让学生回忆，在我国古代的古诗文中有没有这样的意象，在学生说不全的时候，再进行补充，并在此基础上引导学生总结出由意象的精心选择、词语的准确使用产生意象美，语言美，最后达到一种情景交融的艺术境界。

第三是"引导"，学生对文本的理解不是教师强加的，而是在教师的引导下自己理解的。比如，"总是离人泪，写出了离别时的依依不舍、感伤"。"最后一句，总是离人泪直接写出了离别的感伤，刚才那位同学说是景物渲染的。那又是如何将景和离别的感伤结合起来的呢？""先写了景色，然后归到离别上去。""用一个词就将二者结合起来了，哪个词？""一个'染'字就将主观的情和客观的景结合起来了，所谓离人泪染霜林醉。这么优美的曲子，

我们一起读一遍吧!”教师一步步引导学生抓住重点字词和意象来理解曲词。可见，学生的理解是在教师的引导下学生自己理解的。

常态更是一种设计，一种调控，一种厚积薄发。常态，是一种匠心独运，需要一种精湛的设计；常态，是一种大智慧，需要一种教学的灵动调控；常态，是一种博取厚积，需要一种长期的积累。常态语文，让语文回归本色，复归本位，返璞归真，把语文上得扎实朴实而又巧妙自然，让语文课干净而丰美，凝练而高效。

整堂课没有进行相关名词术语的灌输及讲解，没有进行口头的概念性、口号性的情感灌输，但是这些内容却在扎扎实实的言语学习及情感的体验下进行着。“知识与能力”“过程与方法”“情感态度与价值观”得到完美的整合，不着痕迹，自然流走。

这是一堂富有情感艺术教育的语文课，陶冶了学生的情操，滋润了学生的心田，其魅力在于教师善于拨动语文课的“情”弦，讲究教学的艺术——精妙的设计，巧妙的引导，使得学生在不知不觉中就得到一种文的操练，美的享受；更是激起了众多听课、观课者对“常态阅读教学”的无限兴趣。

《长亭送别》教出了艺术，教出了境界。

（作者单位：上海市古美高级中学）

常态阅读教学的一次探索

王艺睿

《西厢记》作为元杂剧的杰作，六百多年来一直被人称赞。特别是“长亭送别”这一折戏（第四本第三折）更是脍炙人口，可谓千古绝唱。这折戏主要刻画崔莺莺、张生二人临别时缠绵依恋而又无可奈何的情态、心理。在表达感情的方式方面，或直抒胸臆，收纵自如；或触景感伤，化情入景，生动细腻刻画了莺莺在送别时内心的复杂情感。曲词文雅，“写情则沁人心脾，写景则在人耳目”（王国维《宋元戏曲史》），充分体现了王实甫宛如“花间美人”的“文采派”的风格特征。而这篇课文最大的特点就是围绕人物的离情写景，细致入微、具体形象地展现了“暮秋”时节与相爱的人被迫分离时莺莺的复杂的心理,作者为莺莺所填的几段唱词则把她这种愁苦伤感的情怀表现得淋漓尽致、真挚感人,所以对唱词的鉴赏是非常必要的。

朱诵玉老师在2009年举行的"第六届全国中青年优秀语文教师课堂教学多种风格展示课"中开设了《长亭送别》这节课,朱老师从学生实际出发,立足于语文特性和《长亭送别》的语言特色,上出了一节高品质的好课。朱老师的这节课充分体现了"在活动中学,教学活动化"的活动主旨,更难能可贵的是通过这节课,大家感受到的不仅仅是一节诗意的语文课,更是领略到了看似不着痕迹,实则精心设计、巧具匠心的一节常态阅读教学课。具体体现在以下几个方面。

(一)教学目标明确化

李海林老师主张一堂课要有一个教学指向。一节课的时间是有限的,不可能面面俱到,所以教学目标的设计显得至关重要。朱老师把这节课的教学目标设定为"欣赏优美的曲子,体会情景交融的艺术美"。从学情来看,班级是由初三、高一学生共三十二人组织而成,对于这样的班级尤其是其中的初三学生来说,想要准确把握景物中所传达的人物复杂的情感,更是有一定的难度。老师应该教给学生的是没有掌握的知识而不是重复性的内容,所以选择这样的教学目标符合学情。从文本来看,《长亭送别》这折戏,曲词文雅,具有诗情画意之美,是情境交辉的典范,非常值得学生学习与借鉴。在课堂上,一开始朱老师让学生找出文本中写景的曲子,再带着学生逐步分析文本中的意象,进而感受人物的情感,最终领会情景交融的艺术美。叶圣陶曾经说过"教是为了达到不教"。这节课集中精力解决了一个问题,学生在学完本课之后一定会掌握这种手法,并能够学以致用。所以这样的教学目标设计是切实有效的。

(二)教学过程常态化

1.课堂结构——整体到部分,再到个性化

张必隐在《阅读心理学》中指出,只有在事物的整体关系中,作为整体的个别部分的客体才能够被认知,同样,如果离开了事物的个别部分,事物的整体也不能够被认知。阅读一段篇章实际上就是发现合适的图式。那么对于阅读教学来说，可以先对篇章进行整体感知，然后抓住篇章片段，细研文本；最后，老师一定要尊重学生的个性，为学生营造一种可以充分发挥学习个性，各抒己见，甚至相互争论的研究性学习氛围，形成学生个性化的体验，实现个性化的阅读。朱老师则采用了这种方法，他的这节课一共分为导入、品一品、比一比、练一练等四个部分。在这四个部分之中，朱老师带着学生由诵读、赏读，最后上升到品读。具体来说，在导入部分，朱老师选择了李叔同《送别》这首歌，歌词和《长亭送别》中的〔端正好〕曲词存在很多重叠的地方，这首歌本身主题是"离别"，和文章的主题也是一致的，所以在一定程度上不仅能够创设一种情境，激发感染学生的情绪，而且让学生对文本有了初步印象，能够让学生快速地进入课堂中去。另外，《长亭送别》是高二年级的一篇课文，并且是从《西厢记》中节选出来的，对于高一的学生尤其是初三的学生而言（有些学生甚至都没有课本），想要正确把握文章的主题还是有一定的难度，因而，在解题时把《长亭送别》这一折戏的背景给学生们做了简单的介绍，就很有必要——因为崔老妇人要张生进京考状元，所以崔莺莺在长亭送别张生。这是古代戏剧，本来学生在理解文本时会产生困难，通过介绍背景可以让学生在头脑中形成张生和莺莺离别时的依依不舍以及悲伤的背景图式，这样学生对《长亭送别》这一折戏就有了一个初步的整体感知。

在"品一品"环节，朱老师让学生找出写景的曲子并和学生一起鉴赏了文本中的这五支曲子，充分体会情景交融的艺术美。通过抓住文本中最为核心最为关键的部分，让学生通过对景色的分析体会张生与莺莺缠绵依恋而又无可奈何的情感。

在"比一比"环节，朱老师对学生提出了这样的一个问题："一出长亭送别，就是一幅离别的画，就是一首离别的歌。如果让你导演《长亭送别》，你怎么设计人物的活动及环境（景物)?"学生对这个问题非常感兴趣，兴致越来越高，自由交流，其实这是在理解文本内涵基础上来引导学生进行内心的体验，实现了个性化的阅读。更为关键的是，朱老师在学生发表完自己的看法之后，利用多媒体设备播放黄梅戏《西厢记》片段，这就再一次加深了学生对文本的理解。

最后，在"练一练"环节，要求学生从［端正好］［滚绣球］［脱布衫］［一煞］［收尾］五支曲子中选择一二支曲子，改写成现代诗或散文，深入体会"情景交融"的艺术美。可以说是读写结合，以读促写，不仅使学生对文本的理解水平上升到一个更深的层次，而且可以提升学生的写作水平。

2.教学内容——由表及里，由浅入深

表层编码、篇章格局、情景模型可以看成语篇理解的三个心理表征阶段，良好的读者通过表层编码，建立篇章格局，在理解语篇的基础上建构情景模型。那么在语文阅读教学中，老师首先要带领学生理解文章中字词句表层含义，然后揣测分析字词句背后所蕴含的深意，最后结合自己的知识背景、生活体验，加深对文本的理解。朱老师的课堂就做到了这一点，他先让学生找出文本中写景的曲词，然后通过分析写景曲词中意象的内涵，比如用雁的正常迁徙渲染离别的悲伤，用秋天、霜林渲染悲凉的气氛等等，从而把握文本所传达出来的离别的悲痛，最后根据本篇文章用凄凉之景写凄凉之情的特点，请学生结合自己的知识背景说出我国古代诗文中其他这样类似的意象，可以说是立足文本、落实文本、跳出文本、回归文本。施教中，朱老师带领着学生由浅入深、由表及里，符合学生的认知心理，也更能加深学生对文本的理解与掌握。

（三）教学方式多元化

1.学生变被动为主动——学习自主合作探究

知识的获得是一种主动的认识活动，学习者不应是信息的被动接受者，而应该是知识获取过程的主动参与者。小组合作学习正是为学生提供了这样一种参与实践活动的可能。朱老师通过分小组合作，以相邻三到四人为一组，自由诵读这几支曲子，各小组任选一支曲子重点欣赏，可以从景物选取、词语使用等入手；推荐一人做记录，记录组内交流情况，以便发言；其他组员可以补充，其他小组也可以补充。这就充分调动了大家的积极性，本身这个班级就是一个临时由初三和高一学生新组成的班级，并且年龄层次、学习层次都不一样，所以小组合作不仅有利于学生间互帮互学，增强合作能力，而且能提高他们学习的自主性，也能帮助他们及时地发现问题、分析问题，从而解决问题。同且也可以使他们彼此认识熟悉一下，对接下来的教学内容的展开有着积极作用，同时，从更远的角度来看，对他们今后形成良好的人际关系也能起到一点作用。

2.老师变主导为引导——师生有效沟通

王荣生教授说："我们在提倡互动时，更应强调学生对信息的接受能力，让他们吃透，吃好才是学习的关键，一味地放纵并不是最好的手段。"对于这样一个临时组成的班级，不管是刚开始时朱老师提问"为什么送别"，学生直接回答"不大清楚"，还是在鉴赏第一支曲词［端正好］时的难以推进，刚开始的教学活动开展起来都存在着很大的障碍，但最后在朱老师的巧妙地一步步引导下，能够学生迅速从第一支曲子的学习中学到方法，顺利运用到第二支及余下的曲子中，这都离不开朱老师的引导。比如学生在鉴赏［滚绣球］这支曲子时，学生认为"车儿""马儿"都是意象，可是对"车儿""马儿"的解读仅仅停留在交通工具，也是表达一种不舍。于是朱老师根据学生的认知水平，开始引导学生：马儿什么样的行？车儿怎么样？谁在车上？谁在前面走？看似不着痕迹地设计，实则环环相扣，其实也巧具匠心，经过这样循循善诱，学生对车儿、马儿所传达出的情感一目了然。并且在整个过程，朱老师给予了学生中肯的评价，比如有位学生解读［端正好］时分析得很不错，朱老师就提示同学们给他一点掌声，不但鼓励了这位学生，而且也鼓励了其他学生发言的勇气。

（四）课堂诵读多样化

钱理群教授曾经说过："文学是感性的，而不是理性的。所以，读，让学生感动，用心朗读，是感受文学的一个重要方式。"余映潮老师也曾提出：朗读，是让学生认知文字、感受声律、体味词句、领会情感、品味意境、发展语感的充满情致的语文实践活动。

《长亭送别》这一折戏，曲词文雅，具有诗情画意之美，而要鉴赏情景交融的唱词，诵读是必须的。朱老师抓住文本的特点，引导学生在各种形式的诵读中体会把握文本所传达的情感。在这节课上，朱老师采取多种形式的诵读，比如个人读、自由读、齐读、老师示范读等等。诵读本身就是建立在对文本的理解之上的，最难能可贵的是当学生朗诵完，朱老师有时通过自己的示范读来指出学生存在的问题，有时候直接指出朗诵的问题，比如学生在读〔滚绣球〕曲词时，朱老师指出该生读漏了三个字，读错了两个字；有时则是在鉴赏完一支唱词之后，即对唱词所蕴含的情感理解之后，再来朗读，比如鉴赏完〔滚绣球〕之后，朱老师则要求学生重新来读一遍，读完感觉还不够深刻，着重强调一定要把最后一句读重一点——"此恨谁知！"通过多种形式的诵读，学生对《长亭送别》的理解肯定从原来仅仅停留在字面意思上，深入到了文本所传达的情感。

总而言之，这是一堂实实在在的、蕴含着朱老师提出的"常态阅读教学"理念的课，也是一节非常值得大家在日常教学中学习与借鉴的课。

（作者单位：华东理工大学附属科技高中）

常态教学背后的不平常

潘蔚楠

中学阶段的教材如人教版初中教材，共74篇古诗文，与元曲有关的仅有两篇散曲；沪版高中教材，共40篇古诗文，与元曲有关的有两篇散曲与两篇杂剧；苏教版高中必修教材共有37篇古诗文，其中与元曲有关的也只有《长亭送别》一篇。对于学生而言，元曲是比较陌生的一种文体，然而对于元曲的鉴赏方法却与其他诗文有着相似之处。

《长亭送别》作为元曲《西厢记》中颇具代表的一折。"是全剧诗意最浓的部分，它在情节上没有多少进展，也没有戏剧矛盾的激烈转化，只是以抒情诗的语言，叙写女主人公的离愁别恨，使全折弥漫着一种淡淡的而又是悠长的哀愁。"（邓绍基《元代文学史》）诗意的文字需要以一颗"慢"的心去感受，才能够体会到其中的意蕴来。而朱老师的这堂课，授课时间是在暑假期间，且授课对象是初三、高一学生共三十二人组成的混合班，可以想见学生当时的状态应该是较为浮躁，甚至有些混乱的，但朱老师却能带领着学生自然地深入文本，并与文本展开对话，这之中所体现的"常态教学"理念与设计，呈现出的一种不平常的特色，非常值得玩味。下面试作分析。

（一）学生阅读体验的常态化

对于元曲这种陌生的体裁，学生必定不知从何下手，通常在教授的过程中，教师可能会先引入元曲的相关文学常识，并以此为起点展开教学。而朱老师却并没有这么做——在课堂的导入环节由学生都非常熟悉的《送别》歌词引入，将第一个与文本内容相关的问题聚焦在"谁在长亭送别谁"上，即引导学生去关注《长亭送别》的主要情节。以探究情节作为熟悉文本的第一步，正符合一般学生的阅读心理——阅读时往往关注情节多。在了解到长亭之别因老夫人而起之后，这一折中所表达的那种深沉的离别之情自然而然地能被学生捕捉到，利用这看似平常的导入，朱老师带领学生完成了阅读的第一步——对篇章进行整体感知。

对于学生而言，读懂一篇文章的主要情节是什么并不难，但能对文字所投射出来的情与景有深刻的体悟就没那么简单了。在关注情节的时候，学生往往会忽视作品通过语言文字所投射出的情境之美，正如张必隐在《阅读心理学》中曾提到"不熟练的读者往往选择语音表征作为中介；而熟练的读者则往往选择视觉表征作为中介"。如若只是泛读文本，学生对于文本的品读也可能只止于情节了，而如果学生能够透过文字想象出画面来，才算是真正体悟到了语言文字之美。

为了让学生能够更深入地品味《长亭送别》的情景交融之美，朱老师选择让学生以自由组合的形式来自由诵读几支描写景色的曲子。从阅读心理的角度来看，诵读是阅读的第一个层次，是对文本的第一次接触，是对文本内容的初步了解，从而建立对文本的初步印象，它是赏读、品读的前提。通过指导学生诵读的语速，使其慢一些、再慢一些，学生渐渐体悟到了这几首曲子中的"悲凉"。通过对"霜林""西风"的想象，通过分析"染"字的作用，学生似乎逐渐走近了文本，但依然仅是从意象本身所自带的情感去感受文本中的"悲凉"之感，而非将所有的意象整合，与作者的情感联系在一起，品读出情景交融的味道。于是，在学生品读《滚绣球》一曲的时候，朱老师又带领大家关注了"车"与"马"速度的差异，再将此景与"此恨谁知"相关联,最后要求大家再次诵读此曲,更能让学生体悟到车马之物与崔张二人之间的遗憾悲痛之情的直接关联,脑海中情景交融的画面也更加生动。

至于品读《一煞》的时候,学生答道:"把青山和疏林赋予了感情,唱的人自己非常不舍,青山、疏林看起来也就非常感伤。'淡烟暮霭相遮蔽'显出一种淡淡的哀伤。夕阳古道、禾黍、秋风、马嘶都是非常凄凉的意象。'遍人间烦恼填胸臆,量这些大小车儿如何载得起?'把烦恼有形化,用'车儿如何载得起'表达了离别之情的深厚。"足以见其对文本的品味已由字面的简单理解上升至对于文字所呈现的整个画面的赏读。此时朱老师顺势点出"意象"与"动词"之间的紧密联系,一切显得再自然平常不过——学生通过诵读文本、自主品味景物的作用,再到教师点拨景物与词语之间的关系,完成诵读到赏读的过渡。

在课堂的最后,朱老师提出了"如果让你导演《长亭送别》,你怎么设计人物的活动及环境(景物)?"这又是一个看似平常的问题,而这一问题能为学生带来的思考却是将文字所呈现的画面转换成属于自己的个人化的想象,从阅读心理的角度来看,他完成了对文本的更深入的品味、感悟,在诵读与赏读的基础上,读出了个性化的体悟。

(二)学生学习逻辑的常态化

在课的一开始,朱老师便向各位同学呈现了本节课的学习目标"体会情景交融的艺术美",这是一个看起来非常简单的教学目标,而明确学习目标对于学生而言,更能够刺激他们学习的积极性。马克曼(Markman,1981)曾提到过读者理解文章与假设之间的关系:"如果一个人能证实或否定他自己的假设,那么他就能获得,他在何种程度上了解了课文的信息。"当学生在阅读文章前,以"学习目标"作为他们阅读的"假设"基础,对于课文的学习将更有方向感,也能够更容易地体会到元曲的精妙之处。

而关于阅读教学教什么?怎么教?语文教育研究专家们都有着各自的理论,《高中语文课程标准》明确将语文学科的核心素养设定为"语言建构与运用""思维发展与提升""审美鉴赏与创造""文化传承与理解"四个方面。"语言建构与运用"是途径,培养学生的思维、审美能力、文化视野则是目的。语文教学中所有的品味都应当以语言文字为基础。现在回过头来看，多年前的这堂课中，朱老师就始终紧扣文本语言展开，引导学生从品味语言入手，确实值得赞赏。观察朱老师多个课例，也均是这样。

至于"体会情景交融的艺术美"这一教学目标，一般谈到情景交融，我们往往想到要教授给学生的是情与景的几种不同的关系。这一点朱老师在课中也有涉及，他根据《长亭送别》中的情节的推进，将情景关系划分为"触景生情""因情设景""以景衬情""融情入景"四种，但这不是这节课最核心的内容。朱老师将"情景交融"的方法分为"景物选用"与"词语运用"，并以此作为学生品读文本的线索。在小组品读环节的一开始，他便引导学生"从景物选取"和"词语使用"两方面来分别欣赏五首曲子，并将这一欣赏的方法贯穿始终。正是因为学生对于如何赏析"情景交融"是不熟悉、不了解的，所以在最初的小组分享时，学生只能够抓住自己所熟悉的语文知识"意象"来展开分析，说到"总是离人泪"的时候，正是由于不能够将情与景的关系相结合而有些说不下去。此时朱老师巧妙地问出："用一个词就将情与景结合起来了，哪个词？"学生豁然开朗，抓住了"染"字，点出是"泪染霜林醉"，文字之美一下子体现了出来。

而掌握知识除了习得方法外，更需要反复的练习，在随后的小组分享中，学生的回答"在这些写景的句子里，夹杂了直接表达情感的词，例如'恨''怨'都非常准确地表达了离别的悲痛"可以看出，他习得了方法，也学会了模仿并运用。朱老师不经意间点出了"挂"字的妙用，又对随后一位学生所回答的"把烦恼有形化"起到了引导的作用。

选择五首曲子进行分析，其用意并不仅仅是希望学生更深入地感受到文章中的哀伤，更有反复操练之意，在自然平常的分享过程中，学生渐渐掌握了分析"情景交融"的方法。

（三）教师教学语言的精细化

常态阅读教学讲究的不仅是符合阅读心理的常态阅读过程，也强调常态的教学过程，即教师一步步地巧妙地引导学生来理解文本，而不是告诉学生，强迫接受。对于学生而言，阅读仿佛平常一般自然，而对于教学者而言，每一个环节都需要极细致的铺垫。而这一点，在朱老师的课堂中也得以体现。

白居易《与元九书》有言："感人心者，莫先乎情。"教学语言当有情感，才深入人心。在学习文本的过程中，教师语言所饱含的感情也起到了极大的引导作用。朱老师导入环节中的"一曲《送别》唱出了多少离别之人的伤感""黯然销魂者，唯别而已"数语，暗暗地将学生阅读文本的情感基调由原先的浮躁转而平静甚至带着点小小的失落，在这样的情况下再去品读景中哀情才变得顺理成章。

在品读五支曲子的环节中，教师意在让学生感受到情景交融之美。有意思的是，第一个小组分享《端正好》时，朱老师让学生诵读了两遍，强调"感觉还不是很过瘾"后，又慢速示范读了一遍，此举引得其他坐着的学生们跟着老师一起诵读了起来，这样平常的诵读环节，却起到了不平常的作用，学生们通过慢速的诵读，自然感受到了文字中的"美"。

在欣赏《滚绣球》的时候，学生又一次遇到了阻碍，此时朱老师的引导也尤为绝妙：

同学们，我们一起把这两句研读一下。马儿什么样的行？（众生：迟迟地行。）什么意思？（众生：慢。）马儿你慢些走。车怎么样？（众生：快。）谁在车上？（众生：崔莺莺。）谁在前面走？（众生：张生。）张生在前面走。

他引导学生说出"快"与"慢"二字，引导他们关注到"快车"上坐的崔莺莺以及"慢马"上的张生，这一快一慢的对比，将崔有话而说不尽的"恨"更形象地展现出来，最后加上"张生啊，你慢慢走，让我赶上来和你说说悄悄话"的引导语，"此恨绵绵"自然被学生更深切地体悟到了。在课堂中，朱老师几乎没有直接陈述自己对文本的理解，而是引导他们逐步进入更深层阅读层次。

在课程的尾声，朱老师又说道："今日和同学们短暂相聚，破题儿又早别离。真是：悲欢聚散一杯酒，南北东西万里程。"再次回扣课文"离别"之主题，足见其教学语言的精细设计。

（作者单位：上海外国语大学闵行外国语中学）

其他类教学案例

《文本细读》

教 学 实 录

教学视频

说明：文本细读这个研究内容，我是从2009年接触孙绍振先生的《文本细读》一书时开始的，用这个题目上公开课就达六次之多，最后一次是2014年，内容有一些调整。以下是2010年在安徽师范大学附属中学上课的实录。

上课！

师：今天和大家一起学习文本细读。我把题目定为——于细微处见精神。有时，我们读一篇文章，读一首诗，读得越细，越觉得有味道。下面我们展示一首诗给大家看一看。（PPT展示李绅的《悯农》）

师：学没学过？

众生：学过！

师：在什么时候学的？

众生：小学！

师：谁来读一遍？

生1：（有感情地读）

师：她读得怎么样？（众生鼓掌）第一个字是"悯"。什么意思？

众生：怜悯。

师：它可以翻译为"同情"。（教师诵读一遍）读完这首诗，你有什么感受？（指生1）还是你说。

生1：对农民的辛苦劳作很高的评价，赞美。

师：对农民的辛苦劳作的评价和赞美？

生1：是的。

师：请坐。再请一同学说说。

生2：告诉我们要勤俭节约。

师：好的。再请同学来说。

生3：我没有什么说的。

师：还有没有同学来说一说？（众生沉默）这首诗太简单了，已经无话可说了，是吧？

（连续提问，印证了我的猜想，大家读这首诗，就能感知到这些，并不能做到细读。这也为接下来的细读做准备。）

师：下面，我们再找一首复杂点的。（PPT展示李白的《静夜思》）

（众生看了忍不住笑）

师：笑什么？大家都会背吧？我们一起读一遍。（众生齐读，声音清脆）有什么感受？

生4：这首诗表达了作者离开故乡之后对故乡的思念之情。

师：没有别的了？

生4：（迟疑）月光照耀下对故乡的想念。

师：还是思乡。还有没有其他的感受？

生4：（羞涩地摇头）没有。

师：请坐。还有没有其他同学对这首诗有不同见解？

（众生摇头）

师：大家对这两首诗太熟悉了。很多人读完这两首诗，都觉得是对劳动人民的同情——悯农，不就是同情农民吗？静夜思，不就是思念故乡吗？可是，这样读的话，没有读细，就没有品出其中真正的滋味。不信，下面我们一起来再读这两首诗，好不好？

众生：好！

师：我们先看第一首诗。（PPT展示《悯农》）我问你们回答，好不好？

众生：好。

师：最能表达情感的一个词是什么？

众生：悯。

师：悯，我们刚才说了，是什么意思？

众生：同情。

师：同情谁？

众生：农民。

师：同情农民什么？

众生：辛苦！（有云）劳动的辛苦。

师：对，粒粒皆辛苦。怎么样表现这种辛苦的？

众生：（停顿一会，齐答）汗滴禾下土。

师：对。还有——

众生：锄禾日当午。

师：哎，对！锄禾日当午。简单解释，在正午烈日照耀下，农民辛苦劳作，汗滴到土里了。（学生和教师一起说，很主动。）

师：这是对劳动环境的描写，农民顶着烈日在锄禾。如果我们再细致一点，看看哪一个"词"表现了劳动的辛苦。大家可以交流思考一下。（教师慢读：锄禾日当午，汗滴禾下土。）

众生：滴。

（看来学生对语言还是敏感的。）

师：哪位同学说说，为什么"滴"最能表现劳动的辛苦？

生5：农民流的汗很多，才会滴收到土里的。

师：那为什么不用"汗流禾下土"？

（生5沉默，众生沉默。看来不能理解。）

师：汗流禾下土，汗落禾下土，也能表现劳动辛苦啊？为什么不用？大家思考思考，互相交流交流，讨论讨论。

（众生交流，讨论）

师：谁来说说？

生6：我感觉"滴"是一滴接着一滴。

师：连续性，是不是？

生5：嗯。并且，我认为，劳作对农民而言，是他们的一个作品，他们付出的是自己的心血，如果用流的话，我觉得，他们只是为了自己的生命。

师：我没太听懂，你能不能再说一遍？

生6："滴"还有个好处是，更能体现他们付出的心血。

（该学生并没讲清楚"滴"的意蕴。）

师：我们经常讲，这是我流过汗的地方，也能体现出自己所付出的心血啊。（对众生）但她有一点讲得很好——这汗是一滴一滴地滴下来的有一种连续性，"流"有一种流畅性，如果是流汗，那就可能是汗从头到身体，到脚底板，到地下。大家从这里能不能得到什么启示？你请坐！谁再说说这个"滴"字？

生7：我认为这个"滴"字表现出农民在不断地劳动，不断地劳动，所以汗才会从他的头上流下来。如果是"流"那是站着不动。

师：在怎么样劳动？

生7：辛勤劳动。

众生：弯腰劳动。

师：哎，对了。弯着腰劳动！弯着腰劳动，这汗当然是滴下来的。比落下来要好！我们来做个演示。（拿起一支粉笔让其自由落下）这叫什么？

众生：落。

师：（捡起粉笔）这是什么？

众生：粉笔。

师：当然是粉笔。（众生笑，师等待）

有生：固体。

师：很好，有同学开始抽象了。这是固体，用"落"就比较准确。这粉笔是什么形状的？

众生：长形的。

师：（拿起一瓶矿泉水，倒在手掌，让水顺着指缝滴下）这是什么？

众生：水。

师：是水。你用一个词形容。

众生：滴。

师：水珠是什么形状？

众生：圆形。

师：圆形？

有生：椭圆形。

师：对。水珠滴下来，是一下子就滴完了吗？

众生：不是。一滴接着一滴。

师：对，是连续性的。粉笔落下则是一次性的。（拿起矿泉水瓶直接倒水）这是不是滴？

众生：不是。

师：对了。这叫"流"，量很大，而"滴"是很小的。下面，我们总结一下。（PPT展示）

	滴	落
性质	液体	包含固体
状态	连续的	一次性的
形状	椭圆形状	任何形状
大小	细小的	较大的

师：由此可见，"滴"是连续地一次一个地，从外形上也符合谷子那种椭圆形的特点，它也写出了汗滴和谷子之间的联系。"滴"又含有细小、连续的意思，这样就准确地写出了农民弯腰锄禾的情态，表现劳动的辛苦。"流"失于普通。"落"就很不准确。同学们读了很多年的"锄禾日当午，汗滴禾下土"，有没有发现这些？

众生：没有。

师：读快了，就失之于粗糙，不能发现。对吧？好的，这首诗我们就抓了一个"滴"来分析劳动的辛苦。这叫——抓关键词法。（PPT展示）

师：下面，我们来看下一首诗——《静夜思》。这首诗刚才同学们说是思念故乡，确实是思念故乡。我们不能把它解读为其他的，如爱情诗，那是不合适的。但是，如果仅仅表达思念故乡，这么简单的诗，为什么又能流传这么久呢？文学史上，写思乡之情的，很多，这首诗却广为传诵，老少皆知，一定有其原因。下面我们一起来研究研究，好吧？

众生：好！

师：这首诗最能表达情感的是哪一个字？

众生：思。

师：很好，回答得很整齐。思什么？

众生：思故乡。

师：思故乡什么？

众生：人。

师：思故乡的人、物、事、景。这样，我们展开想象，故乡的什么人？

众生：亲人。

师：具体一点。

众生：爸爸妈妈。

师：爸爸妈妈，还有妻子儿女。是不是？还思念什么？

众生：物。

师：家中的物——那一只养了很久的小狗。（众生笑）诗人远在他乡嘛。（笑）还思念什么？

众生：事。

师：对，曾经在家乡发生的一些事。还思念家乡的景——门口的那棵柳树。

师：诗人是在什么时候思的？

众生：夜晚。

师：毫无悬念。因为题目就叫"静夜思"。在夜晚思念，什么样的夜晚？

（众生交流）

师：静。静夜思，当然是"静"啰。还不够。

有生：有月光。

师：对。能不能描述一下有月光的静的夜晚，是什么样的？

生8：有月光的夜晚是很寂静的，有点冷清。

师：什么声音也没有，就是冷清的月光照着？

生8：嗯。

师：能不能再发挥想象？

生8：（沉默）

师：有月亮的夜晚不一定都是冷清哦。可能你感觉是冷清的，是吧！是这样的吗？

生8：是的。

师：觉得有一点？好！我们可以再体会。请坐。那么，你们感觉到的这冷清的月光照在哪里呢？

众生：窗户里。

师：那位同学，你说。

生9：月光透过窗户，然后射进房屋里，诗人看到月光，想到了故乡。

师：月光照到了屋子里？

生9：是的。

师：好的。从哪里可以看出来？

众生：（接）床前明月光。

师：从这句诗就可以看出来？

众生：是的。

师：（对生9）你也这么想？

生9：是的。

师：太——失于表面化了。月光都照到床前了，当然照到屋子里了？（众生皆赞同）是这样的吗？月光怎么就洒到床前了呢？

（众生思考）

师：从哪里来的月光？

众生：窗子。

师：如果是从窗子里照进来，诗人又要能看到，那么，这个房间里的布置是什么样的呢？

众生：床对着窗户。

师：（用手比画）床在这里，窗户在那里，这么远，月光能照进来吗？

（众生疑惑，思考）

有生：床是靠近窗户的。

师：床又靠近窗户了？难道就不是屋顶有个洞？

（众生笑）

师：有可能吧？

众生：有可能。

师：（笑）我说有可能，你们就说有可能啊？（众生大笑）那不一定吧。

（众生沉默）

师：会不会屋顶有个洞，月光照下来？

有生：天窗。（众生笑）

师：古代是不是有天窗，我不太清楚哦。（众生议论纷纷）月光是从哪照进来的？屋子里面到底是什么样子？大家可以想一想，互相交流交流。

（众生热烈讨论，交流）

师：我的疑问没有解开。月光是怎么照到屋子里的？诗人又是在哪里看到月光的？有谁说说？

生10：我觉得，诗人躺在床上，睡不着觉，四处张望，就看到了月光。

师：躺在床上，四处张望，这有点不正确。他偶然睁开眼，看到月光，而且这床离窗子比较近，是吧？

生10：嗯。

师：是这样的吗？（众生沉默）这样，你的回答先放一放，后面再说。你请坐，还有没有人说说？

生11：我觉得他一开始是睡着的，后来因为梦到家乡而醒来，把门打开，月光就射进来了。

师：把门打开，月光从门进来，不是窗子进来，是不是？那他打开门干吗？

（众生大笑）

生11：出去散步。

师：夜深人静，一个人出去散步，是吧？（众生笑）同学们有没有注意到一点，"床前明月光，疑是地上霜"，后面还有两句，"举头望明月，低头思故乡"。如果躺在床上，他能举头望明月吗？怎么低头？

有生：他出去了。

师：到哪里？

有生：院子里。

师：对，这时就可以举头望明月，低头思故乡了。也就是说《静夜思》这首诗，所看到的月光是动态的，变化的过程。是不是这样？先是夜晚睡不着觉，为什么睡不着觉？（众生一起——思故乡）他思念故乡，就醒了，醒了就看到月光，也许月光是从院子里照进来的。这时，他披衣而起，推门而出，走到院中，举头望月，低头思乡。是不是这样才合理？

众生：是的。

师：这样就合理了？我说合理就合理了？

（众生沉默）

师：我们来解释一个字。"床"。床，在古代可不一定就是我们现在睡的床哦。它是一种坐具，相当于我们现在的凳子，像小马扎一样。还有一种解释，床就是院子里水井的井台。由于古人没有自来水，常在院子里挖井，为了防止小孩掉井里，就在井口四周加一道护栏，这就叫床。李白还有诗可以证明：郎骑竹马来，绕床弄青梅。两个小孩在水井台边追着玩，如果是在家里的床边追着玩，有点说不过去吧？（众生笑）现在，我们看，这床是什么地方？水井！月光在夜晚洒下来，照到了整个屋子，屋顶、院子，也照进屋内——不管是透过窗户，还是透过屋顶的缝隙。

师：有一点可以肯定，那就是诗人睡不着，出门，在院子里看一看。那为什么就看到了"床"，也就是水井这一块呢？他为什么不看屋顶？屋顶明月光，山前明月光，不行吗？

（众生思考）

师：刚才说了，"床"是什么意思？水井。"井"和什么有关系？

有生：故乡。

师：对了，有个词叫——"背井离乡"，它不是背着床离乡，也不是背着其他东西离乡。因为"井"就是"乡"，"乡"就是"井"。"床前明月光"原来是思念家乡，大家有没有看出这层隐含的意思？当然，你也可以想象是屋顶，也可以想象是门，也可以想象是窗，但是，不管怎样，都反映了诗人内心的难以平静。那么，诗人为什么会这样呢？（PPT展示）诗人身在哪里？

众生：异乡。

师：在异乡干吗？有同学马上就说，做官！李白一生有没有做官？没有。

有生：流放。

师：李白有没有被流放？

众生：有。

师：我寄愁心与明月，随风直到夜郎西。夜郎就是他流放的地方。流浪就思乡？还有没有别的情况，然后思乡？

生12：（主动）出访。

师：出访哪个国家？（众生笑）

生12：出游。

师：嗯。李白一生好入名山游。说得好。你请坐。

师：那么，到底哪种解释好一点？

众生：（齐声）流放。

师：又回到流放了？谁来说说？（指向生13）你说说。

生13：我觉得流放也许只是其中一种解释，诗人可能漂泊在外，比如长安。如果从现代人的角度看，出去旅游，玩的兴致，高兴可能多一些。李白在长安可能就没有那个好心情了。

师：你怎么就认为李白在长安？

生13：他有远大的志向抱负，曾经到过长安，受唐玄宗的接见。

师：仰天大笑出门去，我辈岂是蓬蒿人。他到长安了？

生13：是的。他漂泊在长安。

师：你是用现代的词解释古代人了。（众生笑）那时候要叫"西漂"，不叫"北漂"，因为是在长安么。（众生大笑）好的，你请坐。

师：到底是流放好一些，还是旅游好一些，还是"西漂"好一些？

众生：（齐声）流放。

师：为什么流放好一些？

众生：内心更加悲伤、凄凉。

师：有道理。不过，李白这首诗到底写在什么时候，很难考证，但有一点可以肯定，写在他的中晚年时期，靠近晚年。想一想，人生到晚年的时候，本来是想"天生我材必有用"，结果什么都没干成，一个人漂泊异乡，在夜晚睡不着，明亮的月光照进来，心里愈加的孤独、悲伤，很自然地就想到故乡。有一句，我们都没注意到——床前明月光，后面一句——

众生：疑是地上霜。

师："霜"在什么季节才有？

众生：秋天。

师：但我们也要注意，这只是推测，因为这一句还有一个字——

众生：疑。

师：对。"霜"的颜色是白的，和月光差不多。我们可以认为这是秋季，当然也可以认为这是诗人内心像"霜"一样冷。一个人在外，又是秋季，更加引起他的思乡之情。古代的文人都有这样的特点——文人悲秋。看到秋天，又想到自己处于人生的秋天——中晚年时期，悲伤之情就愈加深了，进而引发思乡之情。（PPT展示）

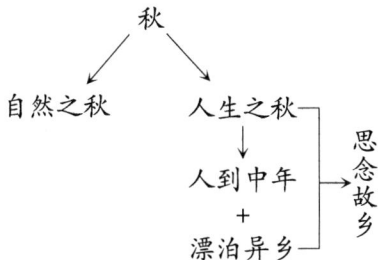

秋
自然之秋　　人生之秋
人到中年
+
漂泊异乡
思念故乡

师：当然，这都是我们想象的，也不一定就这样。但是，我们可以发挥想象，不过，想象要合理。这就是我们说的，在阅读的时候，除了抓关键词之外，还可以想象，这有个专有名词，叫——还原法。

师：如果再来读这两首诗，你会不会有新的想法呢？（再次展示两首诗）大家交流交流。可以试着用还原法读第一首诗，用抓关键词法读第二首诗。

（展示交流）

师：有谁说说？

生14：读第一首诗，我想到了白居易的诗。

师：什么诗？

生14：相随饷田去，丁壮在南冈。足蒸暑土气，背灼炎天光。那种在烈日下辛苦的劳作，是由《悯农》里的一句诗"粒粒皆辛苦"表现出来的。

师：非常好。你由这首诗联想到另外一首诗，而且解读得很准确。表扬！（众生鼓掌）请坐。还有谁说说？

生15：我说说第二首。"举头"和"低头"是对称的。一个"望"和一个"思"也是对称的，抒发了作者对家乡的思念。先是由明月，再到思故乡，逐层深入，由现象到本质。

师：讲得很好！真的很好！（众生鼓掌）她还说到句式方面，"举头""低头"，有的人将它解释为互文，当然也是可以。不过我们不要僵硬地理解，举头，低头。这里只是表现一种思乡的状态。同时，这个"望"正好回应了前面的一个词。哪个词？（有生嘀咕"疑"）很好，"疑"。夜晚，有月亮，不是朦胧的吗！看得不清，所以用"疑"。不知是月光，还是霜。这样写，效果非常好。

师：还有没有同学说说了？

（众生沉默）

师：好，如果没有人说了，我们来做个练习，检测一下学习情况。（PPT展示）

约客

赵师秀

黄梅时节家家雨，青草池塘处处蛙。

有约不来过夜半，闲敲棋子落灯花。

师：我们一起读一遍。（师生齐读）

师：大家运用抓关键词法和还原法来细读这首诗。

（众生思考，交流）

师：有同学问，"灯花"是什么。我解释一下。以前是用油灯，有灯芯，烧的时间久了就不亮了。灯芯上就会有燃烧的小亮点，会掉下来，这就是灯花。

（有顷）

师：谁来说说？再不说就没机会了。

生16：如果说关键词，那就是"闲"。

师：为什么？

生16：从第三句可以看见，朋友爽约了。但是，诗人并没有因此而不高兴，而是很闲。

师：很什么闲？

众生：（快接）悠闲。

生16：悠闲。

师：他们说悠闲，是不是啊？

有生：（接）是的。（众生笑）

生16：他一个人拿着围棋在那里敲……

有生：象棋。

师：也可以是象棋，这没关系。

生16：他看着灯花一点一点落下，是非常闲适的那种心情。

师：是一种闲适，是吧。

生16："闲"表现了一种情感。

师："闲"当然能表现情感。但是不是就是闲适、悠闲呢？

（众生立即议论）

师：你请坐。讲得也很好。"有约不来过夜半"，我有没有睡觉？我在干吗？

众生：敲棋子。

师：我很悠闲吗？

生17：我觉得这个"闲"就是无聊的意思。

师：（竖起大拇指）"非——常——好！"（众生鼓掌）

生17：朋友没来，他等到半夜，有点气愤，一个人在那里无聊地敲棋子，又没有人陪伴他，有一种孤单的感觉。

师：解释得非常好。这是一种孤单、无聊，拿着棋子在那里敲。敲哪里？（众生：棋盘）也可以是桌子。好，你请坐。

师：由于反复在那里敲，把灯花就给震落下来了。"落"是震落。这个"敲"也很重要。怎么敲？大家可以演练一下。（学生在桌子上敲）这样敲不正是无聊吗？刚才不是有同学把话筒开关按来按去吗？（众生笑）

师：这是抓关键词，能不能发挥想象——在他敲的时候，周围的环境如何？

（众生议论）

生18：有可能是江南的那种瓦房，他坐在窗子旁边的榻上面，雨是从瓦上一滴一滴落下来。在院子里有个池塘……

师：院子里有池塘不合适，院子边上有池塘。

生18：有那种江南宅子，院子里有池塘。

师：哦，对对对，院子比较大。

生18：他就边看池塘边看灯花，在灯光里想一些事情。

师：（对众生）这个意境构建得很美好吧？请坐。已经注意到了想象。在想象的时候要注意诗的前两句：黄梅时节家家雨，青草池塘处处蛙。外面有蛙声，听到蛙声，可能还偏头朝外面看一看，是临窗而坐，听到雨飘落的声音。大家注意到没有，是什么时节？

众生：黄梅时节。

师：从这个我们可以推出，诗人所写的是（众生接）江南、夏季，因为只有江南夏季才有梅雨。

师：读诗读得细，很有意思吧？这样，我给大家介绍一本书。（PPT展示）孙绍振《名作细读》。大家可以看看这本书。今天，同学们的表现都很好，谢谢！

下课！

慢慢走，于熟悉处见风景

王婉仪

叶圣陶先生说："语文教学的一大任务是教师要引导学生会读书，让学生'潜心会本文'。"我们在日常的教学中经常在思考：如何引导学生自然地积极地主动地走入文本？朱诵玉老师的《文本细读》一课给我们不少启迪。整个课堂循序渐进，层层深入，体现常态阅读教学思想的同时，将文本细读的种子撒入学生的心田。

（一）自然导入，无疑处引疑

这节课一开始就让人感觉到自然。文本细读其实是一个很专业的词汇，朱老师一上来就切入"文本细读"，点出本节课的题目"于细微处见精神"，用简单又带有自我阅读感受的一句话"读一首诗，读得越细，越觉得有味道"引出文本，自然干净。没有添枝加叶的东西，简洁又实在。

本节课的中心文本《悯农》和《静夜思》，是两首学生从小就会背的特别熟悉的诗。我们常常说，熟悉的地方没有风景，对这两首诗的再读是"贴满标签"的重游故地，学生对诗词的学习受外界因素的影响，已经具有固有的心理图式。心理图式就会形成感知文本的一道无形障碍。这就需要教师积极引导学生调节固有的心理图式，从文本开始，重新感受。朱老师的引导就显得非常自然，也符合学生的阅读心理。

朱老师先让学生诵读诗歌，接着，自然地让他们谈谈感受。在学生谈感受的过程中善用话语引导，如"对农民的辛苦劳作的评价和赞美"的反问语气，"还有没有其他的感受"，暗示学生放开思维，继续去谈。连续的提问印证了之前的猜想：学生对诗歌有一定感知，但并不能做到细读、深知。敏锐地了解学生的即时认知程度，抓住学生的即时认知水平，为后面的文本细读做准备。照现在的阅读现状来看，学生自己的常态阅读多是无意注意，而文本细读需要将无意注意转化为有意注意，从而优化阅读习惯。因此，在学生开始细读文本前，朱老师把学生的个体阅读体验先纳入考虑范围，给予必要的暗示和铺垫，吸引学生的注意力，引导学生在阅读时专注于文本，把心沉淀下来，克服一切干扰阅读的杂念。可以说，朱老师作为一名会启发的老师，在学生无疑处追问，激发学生认真对待文本，阅读文本，并激发学生思考的热情，做得特别出色。这也与朱老师一直倡导的常态阅读教学重引导的理念相契合。这启迪我们思考，在日常的语文教学中，很多时候教师面对的不是惶惑的未知者，而是自以为是的已知者，正因如此，我们经常性要先用合理适度的方式揭示出学生的不懂，激发他们的兴趣，然后再引导他们由浅及深地理解，去读出个性化的体验。

（二）巧扣文本，分析中理解

接着，朱老师就有侧重地引导学生对《悯农》《静夜思》进行细读。

对于生活阅历较少的中学生来说，诗人在《悯农》中表达的思想、情感，很难引起他们的内心共鸣。这首诗，从字面上看，很容易理解，但真让学生欣赏，他们可能不知道从哪里开始。

学生对《悯农》已有整体感悟，但这种感受浮于表面，从"悯"字的字面信息就可以获取，学生感受到了，不一定能够理解。按照张必隐《阅读心理学》中所言："如果离开了事物的个别部分，事物的整体也不能够被认知。"从阅读心理学上讲，学生的感受要深化、准确化，换言之，要有自己的个性化体验，必须建立在理解的基础上。而学生理解要深化，就要通过分析，就需要经过教师引导，一步步地把握字面信息，推论隐含讯息。

朱老师很好地找到了引导学生分析的切入口。

"最能表达情感的一个词是什么？"

"悯"。

"悯，我们刚才说了，是什么意思？"

"同情。"

"同情谁？"

"农民。"

"同情农民什么?"

"辛苦!""劳动的辛苦。"

在一问一答中,朱老师让学生理解了本诗的核心意思就是同情农民劳作的"辛苦"。老师引用原诗"粒粒皆辛苦"加以肯定。这种辛苦要是直接讲出来,没有形象的可感性。诗人是通过特殊情景下的"汗滴"把抽象思维转化为具体可感的形象。于是,自然而然地"诗人是怎样表现这种辛苦的"这个问题提出来。由表层感受向更深层次理解转变——理解作者如何表现情感。朱老师在这里过渡巧妙,给予学生思考的空间。学生停顿一会儿,课堂虽然很安静,但学生在积极思考,努力寻找深入理解的支点,由之前提问发言的浅层次活动转向深层次的思考活动。老师与学生形成学习的共同体,一起品味极具特点的劳动环境。再细致化,学生很敏锐地发现了全诗的关键词——"滴"。朱老师引导学生分析"滴"的这部分十分精彩。把"流""落"与关键词"滴"替换,引导学生比较其表达效果、内在意蕴的不同。其中,教师不断结合日常生活体验鼓励学生说出自己的理解,最后让学生完全明白、理解。在对比中寻找差异,比孤立分析文本,效果好得多。孙绍振曾说:"同中有异,才显出个性的多彩、心灵的丰富和语言运用的出奇制胜。"这种比较,实际上是对学生思维非常好的提引,引导学生从"滴"中分析出其后隐藏的农民弯腰锄禾,连续工作,劳动的辛苦。学生对诗歌有了以前没有发现的更深入的感悟。学生也在细读文本中体验到了多重情感。先是自以为懂,结果被老师的问题给问得什么都不懂,再被引导步步深入,最后恍然大悟。这个过程是种愉悦的心理体验过程,学生的思维得到了有效训练,能力得到了很大提升。朱老师再进行方法性的总结——细读文本可用抓住关键词,这也为后面再深入细读打下基础。

朱老师《静夜思》的细读教学引导,非常符合学生的阅读心理,先读一读这首诗,初步感知一下,然后再想一想,这首诗到底写了什么。学生多停留在一般的感性认识上:在一个有月光的晚上,看到月亮,思念故乡。朱老师就设计了几个问题引导学生一点点地深入。

"这首诗最能表达情感的是哪一个字?"

"思什么?"

"诗人是在什么时候思的?"

"什么样的夜晚?"

"月光照在哪里?"

"在异乡干吗?"

"在什么季节?"

问题环环相扣,既有连续性,又有启发性。问题指向明晰,既有浅层次的活动的目的指向,也关注浅层次活动之外学生的思维活动。朱老师正是通过这样的对话把学生一步步带入诗人的情感世界。

学生通过对"思什么""有月光的静的夜晚是怎样的"的思考,展开想象,思维活起来、动起来,透过字里行间来揣摩作者的心理活动和思想感情。"分析从还原开始",教师引导学生重视语境,结合具体的情境来分析作者的思想情感,还原场景,走近作者,想象作者所处之地与所见之景,学生真正地走进文本,进行深入的细读,做到由表及里,分析到位。

朱老师引导学生思考"月光照在哪里"。对学生的学情有充分的预判,抓住学生思维的迸发点,巧妙地把诗歌与学生的语言对接,引导其想象在诗歌语言传递的表面信息之外的情境。老师的循循善诱,学生的讨论交流,创设出良好的学习"场"。再深入研读一个"床"字,让学生对诗人思乡情感的理解更深入。同时自然引出对诗人产生这种情感的原因的思考。

在对"在异乡干吗"这一问题的研讨中,朱老师适时引入学生对诗人生平事迹恰当的联系,知人论世,恰如其分。

宁静皎洁的月光,悄悄地照在床前的空地上,洒下了淡淡的清辉。在不经意间,诗人低头一望,还以为是地上落了一层薄薄的秋霜呢,这显然是一种错觉。也许,诗人本来已经睡着了,在睡梦中回到了家乡,可是却被强烈的思乡情怀唤醒,在朦朦胧胧中,错把地上的月光当成了秋霜也未可知。"疑"字用得很传神。从引发乡情的具体环境和过程看,是很普通、极常见的,不但容易理解,而且许多人都体验过。诗人没有把他所思的内容说尽,给读者留下无限想象的空间。不同的人可以用自己不同的生活去体验去描绘它,把它具体化。朱老师引导学生对"疑"字的探讨把握,将人生之秋与自然之秋联结,"以心契心",学生用自己细腻的心灵触角去探索作者创作的心灵空间，从而能触碰到文本的"内在灵魂"，学生感悟深厚。

就这样一步步深入研读，学生从"似懂"看到"非懂"，并在教师的帮助下，终于真正懂了一些。一首看似简单的《静夜思》被品出了深厚的意蕴。课堂结构呈螺旋式提升。这时，老师再一次总结方法——合理还原，为后面的教学做下铺垫。一切水到渠成，自然流畅。

（三）领会方法，个性化品读

有了理解的基础，朱老师再让学生回过头交流，试着用还原法读第一首诗，用抓关键词法读第二首诗。学生的展示交流让我们看到细读初有成效，学生已在理解语篇的基础之上建构了情景模型，能联系自己的生活经验，拓展认识，进行评价。形成了一个较为完整的阅读心理结构。

朱老师趁热打铁，让学生运用抓关键词法和还原法来细读赵师秀的《约客》，检查学习情况。在这个过程中，也是先诵读，接下来学生自由读，给学生思考交流的空间。老师适时帮助学生理解诗歌表层含义，引导学生达到深层次的思维活动。在交流环节，以"抓关键词法"与"还原法"为支点，有效地撬起教学的内容，灵活地调动学生的思维。老师的真诚鼓励，也让学生表达交流的氛围更加融洽。

阅读教学本来就是教师与学生围绕文本展开的互动探究活动，朱老师能从学生出发，把握学生阅读心理，循序渐进，由表入里，由浅入深，一步步地巧妙地引导学生来细读文本，帮助学生建构认知和阅读的技巧和能力，使学生能自主阅读文本，了解文本背后的深意，于熟悉处发现了不一样的新风景。

人的认识是一个发展的过程，从实践到认识，然后将感性认识发展到理性认识。对于文本的阅读也是如此，第一次读获得的是感性认识，是对文本浅层次的理解。要想进一步上升到理性认识，就要对文本进行细读，去粗取精、去伪存真，准确把握文本的内涵，进而获得相应的知识和能力，在细读文本中有了意想不到的收获，语文课的内容将变得新鲜、有味。教师细读文本的目的是为教学服务，所以对文本的挖掘也要有可操作性，从文本走向"生本"，巧妙设计，关注学生，步步为营。

　　尽管一节课的时间短少，但朱老师以常态阅读教学为思想根基，以文本细读为抓手，对课堂进行整体的构思与布局，引导学生紧扣文本，从感知到感动再到感悟。课的架构稳而有度，课的内容也充实深厚。通过引导学生对诗歌一步步进行细读，教给学生细读诗歌的方法，把握诗歌学习的要点，掌握诗歌学习的规律，提高学生的自主鉴赏能力。这种尝试值得我们学习！

（作者单位：西安市第十一中学）

《就任北京大学校长之演说》

教学实录

课型：安徽省高中语文优质课比赛课

时间：2008年12月18日下午第二节

地点：安徽铜陵市第三中学体育馆

班级：铜陵三中高一英特班

上课！

师：同学们好！知道我们今天要学习什么内容吗？

众生：知道——《就任北京大学校长之演说》！

师：很好！那你们了解蔡元培先生吗？

（众生沉默）

师：大家都不知道？

（众生仍沉默）

师：那我就介绍一下吧。（展示相关资料，带有感情地介绍）他是清末进士，曾任翰林院编修；他又辞官兴学，倡言反清以救国。他旧学深沉，却有明确的开放意识；他身居要职，却两袖清风、一身正气。他担任北大校长，倡导思想自由、兼容并包，开创北大新局面。他有巨大的人格感召力。北大学生向来自视很高，但见了蔡校长都非常恭敬。毛主席称他为"学界泰斗，人世楷模"。下面我们就一起来学习这篇演讲辞。

（教师展示教学目标）

师：我们本课的教学任务有两个。一、细读文本，领会校长的三点要求；二、整体把握，学习文章严谨的结构。

师：有谁知道蔡元培先生就任北大校长时，北大的校风、学风是怎样的吗？

（众生沉默）

师：我们不能空想，要学会从文本中发现蛛丝马迹，那么就请大家细细地阅读文章，看看有没有什么发现，好吗？

（众生看书）

师：怎么样？现在知道了吗？谁来说说？

（生1主动地站起来，教师递过话筒说"很好"！）

生1：北大当时的学子在北大兼有做官发财的思想，做官心热。这就是他们当时的想法。

师：上北大就想做官发财，是吧？

生1：是的！

师：很好！请坐。还有其他的同学说说吗？有就大胆地举手。

生2：当时北大的老师都充满着旧时的官僚气息。

生3：入文科者甚少，入理科者尤少，而入法科者很多。

师：跟他（生1）刚才说的一样，还是想做官，想发财。可见当时北大的风气是不怎么好。还有没其他的看法了？

生4：当时北大的学生，学习的目的只是为了拿到北大的文凭，平时则放荡冶游，考试则熟读讲义，只是为了混个文凭。

师：很好。大家刚才说得都很好，下面我们总结一下。（屏幕展示）做官发财；惟问教员官阶；平时放荡冶游，考试熟读讲义；试验既终，书籍束之高阁；敷衍塞责，混文凭。

师：我看到这里的时候，我当时就想，作一副对联送他们。（屏幕展示）上联：求学志在做官发财放荡冶游总误己；下联：择师只看地位官阶出而任事终害人。横批：北大腐败。

师：这种腐败的学风是怎么产生的呢？（学生看书）不错，同学们已经学会从书上找了。

（有顷）

生5：原因在文章第三自然段中有。方今风俗日偷，道德沦丧，北京社会，尤为恶劣，败德毁行之事，触目皆是。

师：（面向全班）是不是这样的？

（全班主动鼓掌）

师：他又快又准。文章第三自然段提到了这一点，北大之所以腐败，那是因为当时的北京社会风气就是这样。（展示板书）

师：正当此时，蔡元培先生就任北京大学校长，那么他对北大学生提出哪些要求呢？

（众生看书）

师：哪几个要求？

生6：抱定宗旨，砥砺德行，敬爱师友。

师：好！下面我们就具体地领会一下蔡校长的这三个要求。第一，抱定宗旨，请问，抱定什么宗旨？

众生：求学！

师：求学的宗旨！因为蔡校长认为大学是干什么的？

众生：是研究高深学问的！

师：很好！那么根据课文内容，我们也送一副对联。（屏幕展示）进北大研究学问绝无二心；求知识爱惜光阴方有底止。横批——

生7：（主动站起来说）北大不腐败！

（全班大笑）

师：（笑）不太准确啊。我要是把横批展示出来，大家也会笑。（屏幕展示）抱定宗旨。（学生也七嘴八舌地读）

师：我已作了两副对联，同学们有没有注意到，这两副对联在用词上有什么特点？（展示两副对联）

生8：书上的？

师：都是书上的？

生8：不是，部分是书上的。

师：我是经过对书上的词语进行——（生插入"改编"），对，改编、加工、改造。

师：这是第一个要求——抱定宗旨。那么第二个要求呢？（生答"砥砺德行"）。具体有哪些要求？如何砥砺德行？

（众生看书）

生9：首先要有高尚的品德，培养良好的学习风气。

师：你也跟我一样，用书上的词语来说，好吗？

生9：钻研高深的学问——

师：同学们也有一点疑惑了，你好像已经离开了这一段，是吧？（生把话筒递回给师）不说了？

生9：嗯！（生10接）

生10：首先我认为要束身自爱，然后是以身作则，力矫颓俗，遵守本校规则，品行严谨。

师：讲得非常好！还有补充的吗？

生11：以正当之娱乐易不正当之娱乐，庶于道德无亏，而于身体有益。

师：很好！蔡校长对我们的要求是，要束身自爱，要严谨地去学习，磨练自己的品德。但是如果整天到晚都在那里学习，就显得很枯燥，很累的。因此，他也给我们提出了要娱乐，但要——（众生接"正当"）正当。这里我也有一副对联送他们。（展示对联）品行谨严不染流俗无害根基，下联我不说了，由同学们来完成。

（众生思考，很快有同学举手）

师：（补充）我们说是作对联，但是我们也不要求那么严谨，只要求上下联词性大概相对，字数相等，就可以了。

生12：道德沦丧败德毁行根基深固。

师：（面对众生）怎么样？我不想评价，请同学们来评价一下好吗？

生13：上联讲的是比较好的一面，应改提倡的一面，下联讲的应该是不值得提倡的一面。

师：上联是比较好的正面的，下联就不能是反面的？

生13：嗯！

师：不是这样的吧？（面向众生）下联也可以是反面的！我们看书，在这一段里，作者提出"砥砺德行"，刚才大家在探讨研读时有没有发现，这一段分成两个方面？

生14：他是从反面对的，我就从正面来对吧。以身作则束身自爱砺人德行。

师：很好，请坐！对得很整齐，但是词性没对上。

生15：束身自爱不入污世有利国家。

师：（和众生一起思考）大家对得还不是很恰当。这样，我们把上联再分析一下好吗？"品行谨严"，主谓结构；"不染流俗"，动宾结构；"无害根基"，动宾结构。我们让下联的词性尽量和上联对应，比如，上联"无"，下联对个"有"。

生16：营营攻苦责无旁贷正当娱乐。

师：也不错！

生17：老师刚刚说过，这段分两部分，所以我想上联是关于学习方面的，下联就是关于娱乐方面的。

师：说得很好！

生17：下联是"娱乐正当于德无亏于己有利"。

师：非常好！

（全班主动鼓掌）

师：因为这一段讲了两个方面，一是谨严品行，二是进行正当娱乐。下面看看我的下联——（展示下联）娱乐正当无亏道德有益身体。

生18：（小声说）跟我一样的！

师：跟你一样的？哎呀，那太遗憾了！下次一定让你说！——那么横批是——

众生：砥砺德行！

师：（高兴地）大家学得非常快！——这是第二个要求。第三个要求是敬爱师友，我先不说了，大家深入研读本段，也是以对联的形式学习。大家左右前后可以互相协作来完成，好吗？

（学生交流，教师巡视，和学生交谈）

师：大家写好了就说出来，我在黑板上写出来怎么样？

生19：以诚相待敬礼有加道义相劝，规行矩步互相劝勉不拘小节。（师在黑板上写下）

师：有哪位同学来评价一下这副对联吗？

生20：从内容上讲，一边是写老师，一边是写学生的，应该是可以的。

师：你最后给个评价！

生20：很好！（众生笑）

师：看来你写得比他更好！你把你写的说给大家听听好吗？

生20：尊敬老师以诚相待敬礼有加，友爱同学遵守礼节相亲相爱。（师在黑板上写下）

师：还是不错的。

（生21举手）

师：你还要说说？

生21：上联是从敬爱师友来说的——共处一堂互相亲爱敬爱师友；下联是从校风方面来说的——同处此校毁誉共之改善校风。横批——爱我北大。

师：她自己给了一个横批，你们觉得好不好？

生22：不好！

师：我正准备说"好"，他说不好！（众生大笑）那请你说说！

生23：我觉得这一段讲的都是敬爱师友，和北大没关系！

师：跟北大没关系？（生24插入一句"讲的是北大的学生，北大的老师"）对，她讲得对！这副对联的横批其实不错，但就是和这一段的"敬爱师友"没什么联系，是吧？大家同意我的观点吧？

师：刚才同学们写的对联都很不错，我都不敢展示我的对联了。不过，还是拿出来给大家看看吧。（展示对联）尊敬老师自应礼貌有加，热爱同学更宜道义相劝。我对得整齐一些吧？

众生：是！

师：对联整齐不整齐没关系，我们是想通过这种方式来认真地领会蔡元培校长给北大的学生提的这三点要求。哪三点？我们再回过头看一看！

众生：抱定宗旨，砥砺德行，敬爱师友。

师：蔡校长就是想以此来改正当时不良的校风和学风，而蔡校长也在两三年的时间里就把北大的校风给改变了，很了不起！——除了这三点要求之外，他还有两点打算，哪两点？

众生：改良讲义，添购书籍。

师：他为什么单提这两点呢？（众生思考）

生24：因为蔡元培说过，大学是研究高深学问的地方，而改良讲义和添购书籍都是对研究学问有帮助的。

生25：我的意思跟她是差不多的，改良讲义和添购书籍对学生研究高深学问是大有裨益的。改良讲义是为了让学生能自己潜心钻研，添购书籍能够让学生旁稽博采，使能够找得到的资料更为丰富，对研究学问更有裨益。

师：对自己研究高深学问很有裨益？是吧？不过我倒觉得和文章前面某些地方能对应起来。

生25：前面说"大学者研究高深学问者也"，也是为了让他们能研究更高深的学问。

师：嗯，这讲的是对的，刚才那位同学已经说过了。现在为什么单单要改良讲义？

生25：还没想好！

师：没关系！（生26举手）好，那位同学请说！

生26：因为前文已经说过，学生到北大来只是为了拿到文凭，所以在平时的时候是不学习的，只有在考试的时候才开始背讲义，所以，蔡元培改良讲义，是将讲义改得比较简单一些，只是把大的一些概要写在上面，而细枝末节要靠学生自己自学，这样有利于学生自己来钻研。至于添购书籍，是因为当时是新旧思潮交替时期，图书馆里如果只有旧的书籍，没有新的书籍，他们的思想就跟不上潮流，所以，添购新的书籍有利于学生课下钻研学习。

师：讲得很翔实，非常好！

（全班主动鼓掌）

师：（接）点抓得很好！学生到北大是来拿文凭的，只在考试的时候背讲义，现在把讲义改简单了，就不能再只背讲义了，要去研究书籍，这样才能学好知识。所以，他把这两点先提出来，也正符合他"大学者，研究高深学问者也"的办学宗旨。大学就是研究高深学问的，不是做官发财的。在蔡校长的努力下，终于使北大变成进步青年向往的地方，你们向往吗？

众生：向往！

师：好啊，但声音不够响亮！——我们知道这是一篇演讲辞，是蔡元培先生就任北京大学校长时面对北大学生演说的，演讲辞有演讲辞的特点。因为是演讲，听众只能听到声音，因此演讲辞一定要做到——

生27：（接）通俗易懂！

师：可文章有些词是文言，不太容易懂啊！

生28：（接）声音响亮！

师：你是在说我吧！（众生笑）

生29：思路清晰，观点鲜明！

师：很好！这篇文章思路清晰不清晰？观点鲜明不鲜明？

众生：清晰——鲜明——

师：我们可以用一、二、三来概括。（展示部分结构图）"三"是三点要求，"两"是两点计划，"一"呢？

生30：（接）一个目标！

师：讲得好！不过我们现在在谈演讲辞的结构，文章开头一段还没有说呢！作为演讲辞，要先拉近和学生的距离，要有一番寒暄！（展示结构）全文结构严谨，条理清楚！

师：不知道大家学了文章之后有何感受，尤其是对蔡校长的三点要求有什么感受？请结合自己的切身感受谈谈。我们把这个问题留作任务，回去后还可写写文章，也可作对联来谈谈自己的认识，好吗？——今天的课就到这里，谢谢大家！

下课！

板书：

就任北京大学校长之演说　　{　一番寒暄（开场白）　三个要求{抱定宗旨　砥砺德行　敬爱师友　两点计划{改良讲义　添购书籍　做优秀的北大学子

研究论坛

要拿着笔读书

林跃　刘占泉

朱诵玉老师引用专家观点，指出语文教改大潮中出现种种怪现象，核心问题乃是"把文本这个'本'给弄丢了"。朱老师把具体表现归纳为两条，即非语文知识的大量纳入、课堂上无效讨论过多，并指出严重的后果，那便是"教师与学生之间、教师与文本之间、学生与文本之间，隔阂越来越'深'，我们的语文教学离语文文本身也越来越远"。朱老师主张：（1）语文教师先做阅读者，获得具体真实的阅读体验之后，再做阅读的指导者。（2）在阅读教学过程中，"细读"为本，"活动"为用，也就是立足于对文本的细致深入的解读，通过采用灵活机动的教学方法来实现导引、获取实效。他以《就任北京大学校长之演说》一文为例，直观地演示其教学理念。这堂阅读课，从实施的过程看，教学任务主要是细读文本，领会文中的"三点要求"，兼顾其结构严谨的特色。朱老师围绕"细读"这个核心，别开生面，借助作对子的方法，激发学生进入文本、领会要义的兴趣。

请看：第一联——求学志在做官发财放荡冶游总误己，择师只看地位官阶出而任事终害人；横批：北大腐败。第二联——进北大研究学问绝无二心，求知识爱惜光阴方有底止；横批：抱定宗旨。第三联——品行谨严不染流俗无害根基，娱乐正当无亏道德有益身体；横批：砥砺德行。后两联特别是第三联，学生也对照课文，参与拟定。这三个对联，分别从蔡元培校长给北大学生提的三点要求中生发而出，阅读与写对联交织在一起，写对联对领会演讲辞要义起到一定的支持作用。

研究这个教学案例，也促使我们更多更细地思考了某些相关问题。从学生"学"的角度探究课文阅读，一般存在这样几种需求：（1）能大致读懂课文，基本理解其内容和写法；（2）能根据特定要求筛选、处理信息，熟练掌握这种实用性很强、应用范围很广的阅读技能；（3）能学习并吸收、积累精美的语言；（4）能欣赏作品的个性化表达特色，获得审美体验；（5）能对文本作出个人评价，或进而依托文本展开某些探究活动，比如对同类文献资料的研读等。这五种需求，往往不应该同时成为学习重点，多数情况下，要根据某一学段、某一年级语文能力训练的实际需要，有所取舍，合理地确定阅读教学重心，侧重满足一种或若干种学习需求；在满足不同学习需求的时候，基本的学习方法也应有所区别。例如，第（2）种是训练筛选信息的，先要速读、圈画要点，主要方法并非通篇细读，加以整理（不排除细读局部文字），而是按照一定要求处理相关信息。再如，第（5）种之中的研读（对文化论著等文献的研究性阅读），主要方法并非诵读，而是要综合运用多种阅读手段。

统观上述五种阅读需求，我们发现常规阅读课的基本学习方法都包括个体诵读、默读与群体研讨。正如朱诵玉老师所言，常见的弊端是：课堂集体讨论"轰轰烈烈"，实际上"什么问题也没解决"，或者说所获实效比较少。教师带领少数学生有问有答，在文本间跳跃前行，多数学生主要在倾听高论，并未能潜心体验文辞、文旨、文情。我们认为，阅读教学要有常规路数、硬性指标和基本方法。第一是诵读，持续向诵读的较高层次靠拢，即"美读"，逐渐至于涵泳的境界。第二是在诵读与默读中，借助"动笔墨"的方法，让每一位学习者拿着笔读书。朱诵玉老师带领学生边细读边写对子、写提要，体会内涵，可列入此类。浙江语文特级教师郑逸农多年前即采用堂上填写作业纸的方式，激励每一位学生即时记述阅读心得（参见他执教的《故都的秋》等教学案例），积累了珍贵的教学经验。清华附中邱道学老师，近年来也在拿着笔读书方面作出了积极的探索，比如，他教《故都的秋》使用了评点法。

我们感到，"动笔墨"这一条中国古老的阅读经验，在新的语文课程改革大潮中，还没有受到应有的关注，更没有通过借鉴、改造，形成相关新的教学理念和操作套路，仅仅见到一些零散的案例和阐释文字。针对班级授课制度固有的缺陷和浮夸的教风，有必要大力提倡"动笔墨"，拿着笔读书。其益处可分三层：（1）让诵读、默读的心得体会，变成清晰有条理的文字，可供自省、反馈之用；（2）在利用文字将思维和情感外显的过程中，促使阅读进一步细化、深化；（3）外显为文字的阅读收获，可直接与其他阅读者碰撞、交流，从而开创出新的发展提升空间。再深一步探讨，"动笔墨"也正是崇尚自主学习，推动每一个学生自觉参与探究、历练语文能力的有效途径。那种课堂上的口头讨论，若无"动笔墨"作为支撑，则很容易流于浮泛空虚，且很难让全体学生真正受益。

当然，并非实施了诵读和拿着笔读书这两项措施，便一定立竿见影，快速生效。多年以来，这方面还鲜见成熟的教学经验，反倒是把"对话"误解成"说话"，未经诵读、潜心涵泳而夸夸其谈，做表面文章。所以，我们要静下心来想一想：拿着笔读书，这笔怎么拿、这书怎么读，然后付诸教学实践，探寻阅读教学的正道，创造出丰富的成功经验。

（作者单位：首都师范大学文学院）

语文教学活动结构的安排与教学活动

李冲锋

对这则案例，在我看来有两点是非常明显的，一是教学结构非常清晰，这种清晰来自它具有非常合理的教学逻辑安排；二是它充分体现了叶圣陶所说的"教是为了达到不需要教"的教学境地。试分别述之。

（一）课文内容与教学活动结构安排

结构决定了事物的性质。同样的元素，不同的结构组合方式决定了不同事物的产生。教学活动结构对教学的影响同样是重要的。教学活动结构合理安排会使教学清晰、有序，进而有效。结构的合理、清晰、有效，可以有效减轻学生在思维上的负担，帮助学生构建清晰的思维路径，形成清晰的思维图像，进而达到良好的学习效果。如何才能安排出恰当的教学活动结构呢？本案例对我们是有启发的。

在明确了"细读文本，领会校长的三点要求"和"整体把握，学习文章严谨的结构"的教学目标后，教师引导学生按照"描述北大腐败现象"——"查找北大腐败原因"——"提出学生改进要求"的逻辑展开学习。在"提出学生改进要求"部分又分别按照提出的"抱定宗旨""砥砺德行""敬爱师友"三个方面，分为三个教学阶段展开教学活动。这是课文的重点内容，也是课堂教学中的重点内容。在课文内容中，除这三点要求外，还有两点打算，即"改良讲义"和"添购书籍"。教学中也在三个主要方面之外，做了教学处理。最后是关于演讲特点的一个总结，可看作是整个课堂教学活动结构的另一构成部分。整个课堂教学活动结构非常清晰。教学活动结构清晰程度是评课的一个标准。我们说，这节课在这方面是做得非常好的。

这节课在课堂教学活动结构上的合理与清晰是如何得来的呢？通过教学实录，我们不难发现，课文内容对这节课教学结构的影响。课文内容的主体是"三大点"（"抱定宗旨""砥砺德行""敬爱师友"）加"两小点"（"改良讲义"和"添购书籍"），这是教学设计的基础。然而，在详细分析这三点之前，朱老师加了两部分内容，即"描述北大腐败现象"和"查找北大腐败原因"。为什么要这么做？因为这符合人们由现象到原因，再到改进措施的认识顺序。这告诉我们，设计教学活动结构时，要充分考虑课文内容的结构并遵循合理的逻辑顺序组织课堂教学活动。

（二）语文教学由"扶"到"放"的典型案例

教学的目的是为了让学生能够自主自立地学习与活动。教学的过程主要体现在教师由"扶"到"放"的过程中。"扶"即是教师相机点拨、适时扶掖，引导方法、指明方向。"放"即是教师放手让学生自主学习。本教学实录充分体现了教师由"扶"到"放"的全过程，为我们提供了一个这方面的典型案例。

第一步，教师全部示范，学生倾听接受。在描述北大腐败现象时，朱老师用自己作的对联进行总结。这次总结，上联、下联、横批全部是由教师一人做出的。此时，我们并没有什么特别的感受，只是感到用对联的形式进行总结比较新颖。

第二步，教师点滴放开，学生开始介入。在总结蔡元培提出的第一个宗旨时，教师仍然用对联作总结。教师出上联和下联，让学生出横批。这样的学习难度并不大，学生比较容易介入。在这一阶段，教师已经开始有意地引导学生注意教师所作两副对联的特点，为后面的"放"做好第一步的铺垫。

第三步，教师部分放开，学生积极参与。在总结蔡元培提出的第二个宗旨时，教师出上联，让学生出下联和横批。此时，学生需要花费一些心思才能够完成教师布置的任务。至此，教师的意图完全显现出来。前面两步的铺垫发挥了重要作用，经过前面的铺垫，学生已部分地掌握了对联总结的方法。虽然，学生在这一步的学习中仍然存在一些问题，但教师进一步的引导帮助学生进一步掌握了对联知识和对课文的理解。这一步的指导其实是很关键的，为后续的学习提供了直接的知识支撑。

第四步，教师完全放开，学生自主学习。在总结蔡元培提出的第三个宗旨时，教师"不说了"，要求学生深入研读课文，也是以对联的形式学习。此时，学生进入完全自主学习阶段。虽然完全由他们自己来学习，但由于前面三个阶段学习的铺垫为学生提供了学习的知识支撑与平台，所以通过努力，他们完全可以完成教师布置的学习任务。

教学中由"扶"到"放"的过程，正是师生共同活动的过程，是教师活动由多到少的过程，是教师由"前台"走向"后台"的过程；是学生活动由少到多的过程，是学生逐步发展提升的过程。这个过程是教学逐步推进的过程，是学习难度由"易"到"难"的过程。前面的铺垫活动，是给予学生知识上的、方法上的"热身"，后面的学生自主活动则是"剧烈活动"。当学生掌握了知识，学会了方法，具备了自己活动的能力，教师可以完全放手让学生自主活动时，我们的教学也就基本成功了。在一节课内，朱老师向我们展示了如此完整的由"扶"到"放"，由"教"到"不需要教"的过程，真是非常精彩。

由"扶"到"放"的过程并不一定完全在一堂课内实现，很多时候可能是要几堂课，甚至一段时间的教学才能够实现的；很多时候是课内教学"扶"，课外教学"放"。这些在朱老师的日常教学中也有所体现，比如，在教学《左忠毅公逸事》中，课堂教学讲前两段，后两段由学生课下自学，即是课内"扶"，课外"放"。

（三）教学活动结构安排与教学由"扶"到"放"的关系

教学活动的结构安排与教学由"扶"到"放"的效果之间具有内在的关系。正是因为教学活动结构安排有许多阶段与环节，所以教师才有比较充分的施展空间，逐步展开"教师示范自己所作对联——教师只出上联，引导学生对下联——完全由学生自己作对联"的教学过程程。试想如果教学结构安排只有一两个环节，教师怎么有机会逐步展开由"扶"到"放"的过程呢？可见，教学活动结构安排与教学过程展开之间存在密切的联系。合理的教学活动结构安排是课堂教学活动充分展开的必要前提。需要指出的是，并不是所有课堂教学环节越多越细就越好。教学环节的多寡要根据课文内容与教学实际需要而设计。

（作者单位：上海市浦东干部学院）

《文学作品的个性化解读》

教学实录

时间：2007年4月13日

地点：安徽师大附中音乐教室

班级：高一（10）班

类型：中国科协"聚焦课堂"公开课

上课——

师：知道为什么把我的课从上午调到下午最后一节吗？

生：压轴。

师：（笑）感谢你对我的信任。听你这么说，我很高兴，但不是这个原因。调课是因为外地的老师有事要先走。

师：知道今天我们要学习的内容是什么吗？

众生：文学作品的个性化解读。

师：对。我们先看看这堂课的学习目标，好吗？（师用媒体展示教学目标并朗读——了解文学作品解读的个性化及其原因，初步掌握个性化解读文学作品的方法；探讨个性化解读文学作品的基本原则。）

师：常言说得好，经典不厌百回读。优秀的文学作品，往往是常读常新的。下面我们就先一起来重温往日学过的经典。

师：还记得以前曾经学过的一篇课文《从百草园道三味书屋》吗？

生：（异口同声）记得。

师：初几学的？

生：（异口同声）初一。

师：哦，既然学过，那么大家对这篇文章还记得些什么？

（众生交头接耳一会后）

师：（指一女同学）请你说说，好吗？你还记得些什么？

生1：（声音太小，教师示意声音大些）我记得，文章中描写了鸟叫声。

师：（微笑地）嗯，不错，还记得有鸟叫声。还记得其他内容吗？

生1：还有——还有一些植物的名字。

师：叫什么名字？

生1：（小声地）想不起来了。

师：哦，那些植物就叫"想不起来"啊！（众笑）

师：（背诵）不必说碧绿的菜畦，光滑的石井栏，高大的皂荚树，紫红的桑椹；也不必说（师故意停下）

众生：（齐背）鸣蝉在树叶里长吟，肥胖的黄蜂伏在菜花上，轻捷的叫天子忽然从草间直窜向云霄里去了。单是周围的短短的泥墙根一带，就有无限趣味……

师：很好。大家还记得关于《从百草园到三味书屋》的哪些内容？

（众生议论纷纷，有顷）

师：有谁能再说说？

生2：（女生）还有美女蛇的故事。美女蛇会喊人的名字，如果人答应的话，晚上就会来吃他。

师：你遇见过美女蛇没有？

生2：没有。

师：（笑）这个问题应该找个男同学来回答。

（众生笑）

师：其实文章中还有些情景，给人留下的印象都比较深刻，比如雪地捕鸟等。我节选了几个片断，我们再一起欣赏一下。

（教师展示从课文中节选的几个片断——三味书屋后面的园子，先生读书，"我们"做戏、画画等情节。）

（学生仔细研读）

师：我请一位同学把"我"在三味书屋里诵读的句子读一下，好吗？

（指前排一女同学诵读，女同学读"仁远乎哉我欲仁斯仁至矣……"，读得结结巴巴。）

师：（问诵读的女同学）你觉得这些句子难读吧？

生：是的，比较拗口。

师：可是作者却把这些句子完整的记下来了呢！看来在三味书屋里学习的情景给他留下的印象是非常深刻的呢！

（生点头）

师：（面向全体学生）大家再读《从百草园到三味书屋》，又有些什么感受？和初中学习时的感受是否相同？

（众生议论。一男生举手。）

师：好，请你说说。

生3：再读之后，感到文章就是要表达封建思想对儿童身心的束缚。

师：何以见得？

生3：作者在写到离别百草园时，心里很难过，他不想到三味书屋去上学，那个老先生很严厉。

师：哦，是这样。这样吧，我现在不对你的观点作评价。（转向所有同学）待会儿再来看看，他刚才说的有没有道理。

师：（面对众生）大家还有没有其他要说的？

生4：看了您刚才展示的部分，我认为，和封建礼教对儿童的束缚并不大。先生并不是十分严厉，有戒尺，但并不常用，几乎不体罚学生，而且上课时还让学生们自由阅读，各读各的，甚至可以干其他的事情，先生也不管。这位老先生并非严格地限制学生的行为，三味书屋里的学生还是比较自由的。我感觉，只是在前面写到的牌匾和拜师方面，好像有一点点体现对儿童思想的束缚，但并不强烈。

师：拜师就体现对儿童思想的束缚？那你们上课还起立，喊老师好呢。看来我也束缚你们了哦！

（众生笑）

师：你能说说，今天再读《从百草园到三味书屋》和以前读的时候，感觉有何不同吗？

生4：以前老师带领我们一起分析的。

师：怎么分析的？

生4：好像就是说封建礼教对儿童的思想束缚。

师：噢，我明白了，刚才那位同学所说的就是他的初中老师教的，呵呵！

（众生大笑）

师：不过，我们在欣赏文学作品时，还要有自己的观点，体现自己的独特感受才好。还有谁再来谈谈今天再读《从百草园到三味书屋》的感受？

生5：我今天再读《从百草园到三味书屋》，和以前的感受有一点不一样。

师：（严肃认真地）怎么不一样了？

生5：我觉得就是拜几块匾，拜个孔子像，也并不能就说是扼杀孩童的天性。嗯……

师：那你认为这只是一种礼貌？（师微笑）

生5：嗯，也许拜匾和拜孔子像，只是老师的安排，老师让他们拜，他们就拜，而他们并不了解老师的用意。并且，单从这几段文字来看，孩子们的天性，在我看来并没有被扼杀，他们上课的气氛也很轻松，一开始……（开始紧张，结巴）

师：（笑呵呵地）没事，没事，你慢慢讲。

生5：哦，那个……开始，他们还跟着老师一起读书，十分认真，可是后来他们基本上已经是各做各的事了，画画的画画，做戏的做戏。所以我觉得孩子们的天性并没有被扼杀。

师：讲得非常好，请坐。她的观点是，孩子们的天性并没有被扼杀。（面向众生）大家觉得呢？

（众生点头）

师：通过刚才的重读，我们发现，对文章的认识已经发生了某些变化，有些观点已经不同于以前了，这是为什么呢？

（众生思考）

生6：因为当时我们读这篇文章是在初一，现在读是在高一。三年了，我们在不断成长，阅历和知识都增加了。再说，以前学主要是为了应付考试，今天学则不需要顾忌考试，这才有不拘一格的读法。

师：（笑呵呵地）哦，原来离开考试的束缚了。

生6：（接着说）还有我们今天十七岁了，正处在青春期，叛逆心理很重，看法肯定有不同。

师：是啊，三年了……我们的阅历增加了……（略顿）大家有没有发现，同一篇文章，阅读时间不同，解读就有所不同。这是什么原因？

众生：知识增加了，阅历增加了。

师：很好。（展示幻灯——读者的知识结构、生活阅历、审美品味〔个性爱好〕、关注重点发生了变化。）刚才我在让大家重读《从百草园到三味书屋》时，有意节选出那几个片断，有意引导大家产生新的看法，这就说明，关注的重点不同也会影响对作品的理解。

师：可见，同一作品，即使是相同的读者，但由于时间不同了，读者本身发生了变化，理解也就有可能不一样了。除了这些以外，还有哪些因素会影响到对作品的理解呢？（顿）下面我们来看一首诗。（展示顾城《感觉》一诗）

（众生自发地、自由地小声诵读。）

师：大家觉得这首诗在说什么？主题是什么？

（全班沉默）

师：这样吧，大家互相交流一下，好吧。

（众生互相交流，讨论。）

师：看你们这组讨论最认真，就请你们组派代表来说说吧。

生7：我觉得这首诗要讲的就是"希望"。在一片单调、枯燥的黑色中，突然出现了两抹跳跃的色彩，就是明证。而且，孩子代表希望、活力，就好像作者在失意时，突然找到了前进的方向，看到了新的希望……

师：（微笑）说得好。还有哪位同学再来谈谈？（生举手，师递话筒，生不要）

生8：我嗓门大，不用麦克风。

（全班大笑）

师：（笑）那好，你就说吧。

生8：从这首诗的最后一段可以看到，作者有意写鲜红、淡绿这两种颜色。大家可以想到，生活中，我们到处都能看到这两种颜色，比如红绿灯。但是，在这里，作者却将背景渲染成一种灰色的天地，这样就使人感到鲜红和淡绿这两种颜色大为突出，也就突出了诗的题目——感觉。我认为，本诗就是在突出一种感觉。

师：明白了，你是说，这是一首写"感觉"的诗，对吧？（生点头）好的，请坐。

师：还有没有其他看法？（有女同学举手，师递话筒，示意回答。）

生9：我认为这首诗第一节四句以灰色渲染一种寂寞、荒凉的环境，因为灰色象征着冷漠和孤独。而第二节中的淡绿和鲜红是对比色，体现了一种矛盾和冲突。我们可以将顾城的这首诗理解为，作者在内心的一片荒凉和冷漠中，有两种截然不同的想法在冲击着他的心灵，这些想法折磨着他。

师：噢，你分析得很细致、深入。（面向众生）我们不对刚才发言的同学的观点作评价。我们来看看别人是怎么评价这首诗的。（展示幻灯——）

（张三：这首诗表现的是对单调的厌恶，对新鲜美好的欢悦。李四：从灰色天地的樊笼里挣脱出来的鲜红和嫩绿，不正是对青春和力的赞美吗？王五：作者运用了对比的手法，表现了孩子的天真烂漫、无私无欲。赵六：诗可以有主题，也可以无主题。这首诗归纳不出主题思想，只给人一种印象，一种感觉。）

师：这些理解都是有道理的，有的观点和刚才同学们说的是一样的。我们不判定谁对谁错，但是我们却能看到这样一个现象：同一作品，不同的人，解读不同。这是为什么呢？

（众生先默然，再议论。）

生10：（主动举手回答）因为不同的人，他们从出生起就有性格上的差异，再加上后天的环境不同，导致他们所受教育，价值取向，人生阅历也就不同。就如"文革"时期，人们习惯将文学作品理解成与革命有关，但我们今天就不会那样去理解一样。所以，我认为主要原因就是人各方面存在差异。

师：你能用一句比较简洁的话来概括你的观点吗？

生10：因为人的知识体系和人生阅历不同，对文学作品的理解就各不相同。

师：你说得很有道理，概括得也很好。（面对众生）我们一起来总结一下吧。正是由于读者的知识结构、生活阅历、审美品味（个性爱好）、关注重点各不相同，才导致了对同一作品的理解的不同。（顿）通过刚才的学习，大家有没有发现，对文学作品理解出现不同都是和谁有关？

众生：读者。

师：对，都和读者有关。（展示幻灯）结论一：读者的差异性导致对文学作品主题解读的个性化。

师：那么，是不是仅仅和读者有关呢？（顿）下面，我们再来看一首诗。（展示李白《静夜思》）

师：大家读读。

（众生读）

师：你们觉得这首诗表达的主要情感是什么？

众生：（齐答）思乡。

师：没有其他理解了？（众生摇头）就不能理解成爱情诗、讽刺诗？

众生：不能。

师：刚才在谈顾城的《感觉》时，你们各有各的看法，现在怎么观点如此一致？（顿）看来对文学作品的个性化解读不仅仅和读者有关，还和——

众生：（齐答）作品本身有关。

师：对啦。（展示幻灯）结论二：作品内容的丰富性、多样性导致对文学作品解读的个性化。

师：这样，我们把刚才学习的内容总结一下，好吧。（展示学习提纲，和同学们一起交流）

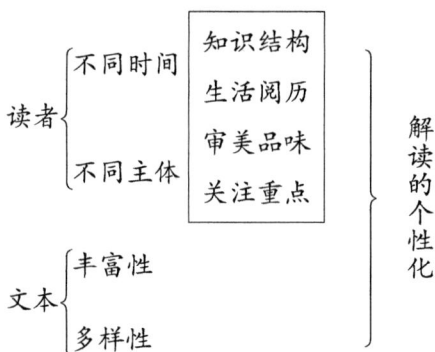

师：（总结）文学作品的个性化解读受到读者和文本的双重影响，读者的知识结构、生活阅历、审美品味（个性爱好）、关注重点等的不同，导致对文学作品的解读不同；而文学作品本身内容的多样性、丰富性则构成个性化解读的前提，使个性化解读有了可能性。掌握了这些，我们在阅读某些文学作品时，就可以有意识地运用自己已有的知识，调动自己的相关生活经历，有所侧重地展现出自己的个性化解读来。

师：（过渡）我们提倡对文学作品的个性化解读，那是不是就可以凭借自己的主观好恶，随意对作品进行想象发挥呢？我们来看一个热门话题。

（展示于丹及相关内容）

【中山大学、清华大学十博士：于丹用她个人观点随意地曲解《论语》本义，明显会造成观众、读者对《论语》本义的误解。呼吁于丹不要再闹出把"小人"当"小孩子"的笑话了。】

【塞外鬼才李悦：《于丹〈论语〉心得》并不是对孔子的《论语》的注解与解释，而是对部分《论语》的感想。她的主要感想是："《论语》的真谛，就是告诉大家，怎么样才能过上我们心灵所需要的那种快乐的生活。"由于《论语》并不是提供"心灵所需要的那种快乐的生活"的百科全书，于丹只能选取与"快乐的生活"有关的篇章，这些篇章只不过占《论语》的十分之一左右，却有许多曲解之处。

马千里：于丹解读的《论语》与本义出入太大，只是把《论语》中的句子作为自己生活感悟的支持，是"生活心得"不是《论语》心得，会让无数没有读过原文的观众看了《百家讲坛》之后，就把于丹讲的东西认定为《论语》。

历史学家朱维铮：（于丹）胆子大，不懂的东西也敢讲。】

【于丹在接受一家刊物采访时说——我没备课，就是冥想，拿着杯水，想如何把《论语》做人的道理匹配点故事，拿着白纸，这边是一主题词，那边是一小故事，鼓捣到一起。】

（众生边读边议论纷纷）

师：我们今天不讨论其他内容，我只是想问大家，这些博士、学者对于丹的批判，主要集中在哪些方面？

（众生交流）

生11：于丹对《论语》的评说，大多是根据个人主观上的理解，是一家之言，不一定和《论语》本意相符。

师：嗯，这是博士们批判于丹的一个重要原因，但还不止这些。

生12：于丹的心得，只是对部分《论语》的心得，并不是就整体上对《论语》的心得。

师：是的，这也是博士们批判她的一个重要原因。还有吗？

生13：我觉得，这些博士不应该批判于丹，于丹自己读《论语》，谈自己的心得有什么错。

（学生跑题，师接过话头，欲拉回话题）

师：大家认为，于丹可以谈自己对《论语》的心得，但是不应当上"百家讲坛"去谈，更不应当出书来销售给读者。

生14：（主动抢答）于丹并没有说她讲的就是真理，非要人们信不可啊。她只是将《论语》和生活联系起来，抒发了一些心得。何况她又没有煽动群众做什么违法犯罪的事。广大读者完全有能力去判断孰是孰非。所以我觉得那些专家、学者们没有资格去评价于丹。

师：看你激情慷慨的表达，就知道你一定是于丹迷了。你说得很好，但我要告诉你，你偏离了我们要讨论的话题了。我们要讨论的是"这些博士、学者对于丹的批判主要集中在哪些方面"。我们还是回到这个话题上来吧，其他问题可以课后切磋，怎么样？（顿）我们再来看一遍人们对于丹的批评吧。

（重新展示幻灯）

师：大家看到，对于丹的批判主要集中在这几个方面：于丹随意地曲解《论语》本义，她的心得与《论语》本义出入太大，是对部分《论语》的感想。

师：（总结）由此可见，在阅读文学作品时，我们倡导个性化的解读，但个性化解读并不是无原则的，随意的解读，个性化的解读应当遵循一定的原则。（展示幻灯）个性化解读文学作品的基本原则：立足文本、整体把握、有理有据。

我们再一起回顾一下今天学习的内容，好吧！

（师生共同回顾本课所学内容）

师：你以你的个性解读着多元的文学作品，你以你的个性创造着崭新的丰富内容，在文学的殿堂里，你也必将成为你，充满着个性的不可替代的独特的你。

（下课!）

──◇ 附 ◇──

文学作品的个性化解读①

我们在课堂学习和课外阅读中，经常有与老师、同学看法不一致的情况，或者初中时读过的文章，高中再读，又有了新的理解与体会。你怎样看待这种现象？如果能用心总结阅读经验，探究这种现象产生的原因，对文章鉴赏阅读的规律就会有所认识，也就能提高自己的阅读能力。

（一）名作重读

想必你还记得初中学过的鲁迅散文《风筝》，就这篇作品的主题来说，因理解的角度不一样，便可能产生不同的看法：如果从儿童

---

① 摘自《普通高中课程标准实验教科书 语文3 必修》，人民教育出版社2007年版，第92—94页。

教育的角度，可能把作品的主题理解为批判封建教育思想和方法，或者理解为批判虐杀儿童天性的封建伦理道德，也可以理解为作品启示人们要敢于正视自己的缺点，勇于自省；如果从亲情的角度，则可以理解为这是作者用真挚动人的感情谱写的一曲人情美的颂歌；也有人认为"风筝"是故乡春日的象征，是美好青春的象征，文章表现的是对青春的怀念，对美好事物的探求，等等。

其实文学鉴赏就是在作品提供的艺术形象基础上的再创造，读者会"各以其情而自得"，不同的读者，甚至同一读者在不同的人生阶段，对作品的理解感受都可能不同，甚至由此创造出不同的文学形象，此正所谓"一千个读者就有一千个哈姆雷特"。看来名作重读是件有趣的事。作品没变，读者还是你自己，但你的知识结构、生活阅历、思想境界和审美品位都发生了变化，这些因素也可能会改变你对作品的理解。

1.你还记得初中以来在语文课本中读过哪些文学名作吗？选择其中你最喜欢的一两篇（部）重读，看看你对它的主题有什么新的理解和发现，并探究一下自己的阅读感受发生变化的原因。

2.在你读过的文学名作中，有哪些人物形象（如诸葛亮、林冲、林黛玉、范进、孔乙己、葛朗台……）让你念念不忘？你还记得当初喜欢他们的理由吗？请重新阅读有关作品，说说你对这些人物形象有什么新的理解和评价。

（二）名文共赏

越是内涵丰富的作品，越是可以从不同角度去解读。就拿鲁迅的小说《药》来说，有人读后可能会认为，这是一篇讽刺庸医害人的作品，中学生则被告知，这是在总结辛亥革命失败的历史教训，而文学教授则认为这篇小说意在揭示国民的劣根性，"引起疗救的注意"。可见读者的年龄、经历、职业、学识修养、阅读视野、关注重点等的不同，对同一作品会有不同的理解。这正和鲁迅在《〈绛洞花主〉小引》中评论《红楼梦》时所说："单是命意，就因读者的眼光而有种种：经学家看见《易》，道学家看见淫，才子看见缠绵，革命家看见排满，流言家看见宫闱秘事……"看来我们对于作品阅读中"读者反应"的多样性应当持宽容的态度，这也有利于我们摆脱"应试式"的阅读习惯，学会真正有兴味的个性化的阅读。

请在课本中或课外读物的作品中选择一两篇精品，与他人同读共赏。还可以通过走访、信函、电子邮件等方式、了解不同年龄、职业和阶层的人（如同学、老师、父母、工人、农民、大学生、学者等）对同一篇作品有哪些不一样的理解，召开一个阅读研讨会，分析产生不同的原因。

三、续写改编

续写文学名作古今有之，如续写《水浒》，续写《红楼梦》等。

把文学名作改编成其他艺术形式的现象也很常见。既然是改编，就会与原作情节有些出入。例如鲁迅的小说《祝福》，夏衍将其改编成电影，添上了祥林嫂怒砍门槛的情节，表现了祥林嫂的反抗精神；有人将其改编为越剧《祥林嫂》，结局变成祥林嫂在得不到人生答案的忧愤疑虑中倒地死去；有人将其改编为舞剧《魂》，让祥林嫂魂入地狱，又回到人间，表现了人间比地府更残酷的主题。

文学作品的续写和改编是对原作的二度创作，表达了作者对原作主题、人物形象和艺术技巧的个性化理解。

1. 从学过的课文中，选择你熟悉的一篇小说（全文或情节片段），把它改编成课本剧，或者续写。

2. 从《三国演义》《水浒》《红楼梦》等小说中选取你熟悉的某个人物、场面或情节作为由头，依照自己的理解，展开想象，生发开去，另写一篇。

参考题目："孔乙己之死""祥林嫂改嫁""话别"（把《荷花淀》中水生与妻子话别的情节改编成话剧）、"晴雯"（把《红楼梦》中晴雯的故事独立出来）、"好汉歌"（改写《水浒传》中某个人物的故事）。

【课外延伸】

在这次探究活动中，我们已经知道了文学接受的多样性以及阅读的个性化，不过也可能产生一些疑问：是否应该承认，一篇作品有一个相对确定的主题？阅读要不要尊重作者的原意？怎样看待语文老师对文学作品的分析和讲解？欣赏文学作品是靠理性分析，还是跟着感觉走？个性化阅读有没有价值？……请就其中一个或几个问题，搜集材料，深入思考，写一篇短文，谈谈你对文学作品个性化阅读的看法。

参考题目："个性化阅读之我见""我看朦胧诗""文学作品的多义性""谈阅读'跟着感觉走'""尊重作者的原意""经典作品何以不朽"。

【参考资料】

秦可卿之死（节选）

刘心武

王熙凤被云板惊醒前，刚得一梦，梦中恍惚只见秦可卿从外走来，含笑说道："婶子好睡！我今日回去，你也不送我一程。因娘儿们素日相好，我舍不得婶子，故来别你一别。还有一件心事未了，非告诉婶子，别人未必中用。"凤姐听了，恍惚问道："有何心愿？你只管托我就是了。"秦可卿便嘱："趁今日之富贵，将祖茔附近多置田庄房舍地亩，以备祭祀供给之费皆出自此处，将家塾亦设于此……便有了罪，凡物可以入官，这祭祀产业连官也不入的。便败落下来，子孙回家读书务农，也有个退步，祭祀又可永继。若目今以为荣华不绝，不思后日，终非长策！"凤姐听了，心胸大快，十分敬畏，也来不及细想，可卿哪儿来的如此见地。倘秦可卿真是一介小小营缮郎家从养生堂抱来养大的女子，出阁后得到了百年望族之爱，只过了那么几年富贵日子，纵使聪明过人，也不可能有这般居高临下的经验教训之谈。个中缘由，极为隐秘。原来这一年多里，可卿生父多次遣人来与可卿秘密联络，佳音渐稀，凶兆频出，所言及的侮事，此两桩最为刺心；秦可卿游魂感于贾氏收留之恩，故荡到凤姐处，赠此良策。可卿之姊，早登仙界，居离恨天之上，灌愁海之中，当了放春山遣香洞太虚幻境的警幻仙姑，专司人间之风情月债，掌尘世之女怨男痴。可卿游魂荡悠悠且去投奔其姊，虽说"宿孽总因情"，想起她的速死，究竟与贾元春为了一己的私利，催逼过甚有关，到底意难平，故又将元春献媚取宠，即将晋封为凤藻宫尚书并加封贤德妃的天机，爽性泄露了一半，又敲敲打打地说："这也不过是瞬息的繁华，一时的欢乐，万不可忘了那'盛筵必散'的俗语！"可卿游魂一眼瞭望到贾元春"喜荣华正好，恨无常又到""荡悠悠，把芳魂消耗"的黄泉终局，那并非是薨逝宫中，而是在一个"望家乡，路远山高"的地方，于"虎兕相逢"之时，其状远比自己的自缢凄惨，遂叹息几声，自去飞升，不提。

（选自《画梁春尽落香尘——解读〈红楼梦〉》，中国广播电视出版社2003年版）

以上是作者对《红楼梦》第13回部分内容的扩写。作者根据自己对这部作品有关史料的考证，推测了书中金陵十二钗之一秦可卿的身世来历，交代了原书后四十回的故事情节和人物命运，既尊重了原著又有自己的艺术创造。

研究论坛

基于现象与文本的理性探索

董青崖

人教版语文教材中选入《文学作品的个性化解读》这一专题，是一个很有意思且值得深思的举动。从专题原文来看，这并不是一篇全然理论说教式的文章，反而结合了学生耳熟能详的经典作品进行多方面分析阐释。这充分考虑了高一学生的学习能力水平，更容易被学生所接受。但这毕竟是具有一定理论色彩的，对大部分高一学生而言，在理解上仍然存在着一定困难。而朱诵玉老师的这堂课，为解决这些困难提供了相当值得借鉴的示范，也与常态阅读教学的理念颇为契合。

常态阅读教学，要求的是一种符合一般读者阅读心理的教学模式。一般读者的阅读心理，首先追求一种感性的认识，即较为表层的"感受"层面的理解。而面对普遍受众中重要群体的高中学生，作为教师并不能满足于让学生停留在这样的感性认识上，因而由浅入深、由表及里地引导就显得至关重要。也许一个读者很难习惯于在一开始就对文本进行理性解读，但他可以在文本阅读之后，依靠不断地追问，得到更深层次的理解。

需要警惕的是，普通的读者之所以对艰深著作感到阅读困难的原因之一，是他们本能地拒绝以抽象概念作为作品的优先导入，这极其容易破坏阅读的重要动力来源之一——兴趣。或许可以将这种先入为主的阅读方式称为与常态阅读相对的"变态"阅读，即不符合常态阅读心理的阅读方式，这种方式容易导致学生逐渐失去对作品的感受力，并且习惯性地构筑危险的空中楼阁，游离于文本精神之外。

（一）教学过程中的常态阅读

朱老师的《文学作品的个性化解读》教学课堂，并没有受到文本理论性的影响，仍以一种易于接受的、循序渐进的方式展现在学生的面前。教师以幽默生动的语言激发起学生的课堂兴趣，牢牢抓住学生的注意力，充分把握住高一学生的一般阅读心理。

1.由表及里：以文本为主线，现象先于概念

从教学实录中可以看到，整个课堂四十分钟的内容，没有简单地以课文文本为阅读材料，而是有选择性地以经典作品的阅读为切入点，选取了多个名家经典的作品，贯穿始终，不会让高一学生产生疏离隔阂，反而在亲切中有新鲜感。

教师首先选用的是学生在初中接触的经典篇目《从百草园到三味书屋》，这个部分属于经典重读。所谓温故而知新，重读的好处在于熟悉作品，能较快地进入角色。比如一开始教师让学生回忆文章的具体内容，学生还有些磕

磕绊绊，只能说出一些模糊的印象，但是当教师起头带领着背诵课文内容的时候，学生立刻就能很自然地接下去。这也使得学生开始进入到文本之内，回忆起文本表达的主旨。

文章选取的巧妙之处在于，《从百草园到三味书屋》正好是初一年级的课文，学生在经历三年的时间打磨之后，会有意识地对过去阅读文章时得到的信息进行反思探讨，特别是课堂上有同学重复了初中老师给出的"封建礼教对儿童的思想束缚"文本主旨解读之后，其他学生会更加清晰地意识到当下自己对同一篇课文的不同理解，从而自然地导出不同于过去的、个性化体验。

第二个作品——朦胧诗人顾城的《感觉》——的选择也非常值得称道。朦胧诗的特征之一就是丰富的内涵，诗歌的主题具有不确定性，为个性化解读提供了充分的想象空间。同时值得称赞的还有学生的理解能力，从几位学生的回答中可以看出，他们已经具有了较强的文本审美能力，在解读诗歌的时候也懂得抓住文本的内容作为依据，细致地进行分析。

有了两个文本的赏析作为铺垫，再引导学生发现个性化解读背后的原因就要容易得多。文本之后，教师适时地总结了第一种现象，即同一作品中，每个人都可以有不同的解读。由此可以导出个性化解读的第一个原因——对象（读者）。回顾之前文本解读的细节之处，学生也很自然地能联想到读者的知识结构、生活阅历、审美品味（个性爱好）、关注重点的差异性影响着对作品的解读。

个性化解读原因的总结也依靠第三个作品《静夜思》的出现，并与《感觉》一诗形成对比，让学生更快地认识到除了读者之外，有些文本会让不同读者有不同感受，而有些文本在不同读者眼中仍保持着相对统一的主题理解，也就是说，个性化解读产生的第二个原因在于文本的差异性。文本与作品从理论层面而言是两个不同的概念，作品更多地与作者发生联系，而文本则是在与读者发生联系的过程中形成的，因此，文本本身就与读者有着密不可分的关联。

至此，对个性化解读产生的原因，以文本为线索，现象为依托，最终指向了读者与文本的差异性概念，由表及里，有利于学生对原因的把握。

2.由浅入深：从产生原因到前提，提倡阶梯引导模式

课堂到这里并没有结束，而是继续向学生抛出了一个更深入的问题：个性化解读是否意味着随心所欲地解读作品？

答案显然是否定的，但作为教师必须拿出有力的证据让学生能够信服。针对这个问题，教师再一次选择了学生感兴趣且为当时热点的话题——于丹解读论语，作为问题的切入点，教师给出材料让学生找出专业人士对于丹解读论语质疑的焦点原因。一方面，按照高一学生的学习水平，给予材料概括出一个结论，比自己提出一个结论更可行，符合学生的能力层次；另一方面，通过概括专家学者的质疑焦点，正是作品个性化解读的前提，对专家学者观点的借鉴正好也是学生学习迁移的一种尝试。

由此，教师帮助学生得出了一个相对完整的，对于个性化解读的认识：个性化解读的产生，来源于读者与文本的差异性，以及个性化解读必须有所依据，而不是依照主观臆测，随心所欲。

在对于于丹话题的讨论过程中，有一个值得关注的现象，或者说整个课堂在对作品解读的过程中，都贯穿着这样一个模式：教师对于学生的观点始终没有发表自己主观的意见，会有所褒奖，但绝没有打击和批判。从这一点上来说，教师首先就扣住了"个性化解读"这个核心，并在课堂中充分应用；同时，这种对多样性、多元化观点的尊重和鼓励，更好地调动了学生的积极性。特别是在于丹话题热议的过程中，一位学生试图反驳材料中的观点，教师并没有批评他的观点，而是指出他的问题聚焦不对，并表示课后可以继续交流，这是非常好的教学智慧。当然，教师还可以顺着学生的思路继续提问引导，将其带回到个性化解读的前提当中，同样不失为一种应对的策略。

这也是这次课堂的一个值得借鉴的成功之处。在整个教学过程中，教师都表现出了非常强烈的引导意识，在教学中极好地贯穿了阶梯式提问的教学方式。比如《从百草园到三味书屋》的文本解读中，教师并不是随意地让学生回忆课文，之所以让学生对文本细节进行回忆，是为了让学生对过去的文本有一个整体性的把握，为之后重点地给出文本片段作铺垫，并有意提醒学生过去阅读文本时得到的结论，逐步引导学生思考当下与过去的不同阅读体

验。从整体到局部，再由局部到个性的过程极为流畅自然。再有两首诗歌的解读，则是一个巧妙的对比，一个是充满丰富内涵的朦胧诗歌，另一个是有着大众共鸣的思乡名作，主旨的多样性与相对单一性两相比较，学生对个性化解读的产生一目了然。最后是于丹话题的讨论，这是一个反面论证的过程，从他人对现象的批判为学生提供个性化解读的依据和参考，为学生提供更全面的思维模式，培养学生的思辨能力——其实最后一位学生对材料观点提出反驳的举动已经能够说明这种培养思辨能力的效果，尽管学生的观点偏离了原本的问题。

无论是从个性化解读产生原因到前提条件，还是贯穿课堂的引导模式，都体现了由浅入深的常态阅读教学模式，也体现了学生一般阅读心理的推进过程，是未来语文课堂值得借鉴的一次实例。

（二）对日常教学的几点反思

对比日常语文课堂教学，教学实录中贯穿的常态阅读教学方式值得关注和深思。教师在课堂教学之前要有备课的过程，这个过程中教师习惯性地对各种情况做出预设，这也就造成了在课文阅读过程之前，教师往往先有一个主旨中心的结论，并在真正进入课堂时，下意识地将学生引向自己的标准答案，从而忽略了学生的个性化体验。

按照常态阅读教学的理念，读者的个性化体验是应当受到尊重和提倡的，只要言之有理，自圆其说，并且不违背文本本身内容，都应当得到肯定。特别是面对学生的时候，由于知识水平与审美经验的不足，他们的体验可能相对浅显，教师要做的是肯定他们的理解，并鼓励他们深入解读，学会更有依据地阐述自己的观点。

从这里，可以看到日常教学的第二个常见问题，即教师对学生能力的评估问题。教师的预设是在自身知识水平与审美能力的前提下完成的，也就意味着教师容易忽略学生的能力水平，以为学生能够一步到位的知识或体验，常常是学生很难做到的点，预期落空的结果，往往是教师直接给出自己认为的标准答案，而学生缺失了重要的思维过程，达不到预期的课堂效果。

因此，常态教学阅读的第二个注意点，应当是充分考虑学生的知识能力水平，进行正确的预设引导。就像教学实录当中，可以看出这个班级虽然处在高一年级，但其理解力与审美能力都相对较强，能很快地对作品进行比较到位的分析理解，使得课堂的推进比较顺利。但也有意外状况出现，比如教学实录中学生的反驳与跑题，教师就应该利用好这个契机，一方面化解问题，一方面引导学生回归课堂内容。

其实，教师的习惯性预设以及对学生能力的预估不足，背后存在着一个非常关键的因素——文本关注度不足。

语文日常教学，其根本立足于文本本身，任何课堂都不应该脱离文本。然而，在真实的教学过程中，教师为了更全面地理解文本，会对其作者、写作背景、他人评价等进行梳理，在这个过程中，作品文本本身的存在就被弱化了。而在语文能力素养中，文本细读的能力是最为基础，也是最为重要的能力之一，可以说大部分语文活动的展开，都必须依托于文本细读（按照当代理论家的定义，一切话语、图像、信息、文字等，都可以被称作文本）。所以，语文课堂中，对于文本的关注应当是占据相当的比重的，而本课教学过程中，教师利用多个文本贯穿课堂的做法，正是重视文本细读的一种体现。

也就是说，如果能相对弱化教师的个人预设，合理评估学生能力水平，同时加强文本的关注度，常态阅读教学在日常语文教学中的推进应该会有所成效。

朱老师的《文学作品的个性化解读》教学，尽管以具有一定理论性的文本为依托，但始终关注学生的一般阅读心理，有效地将多部作品贯穿其中，引导学生进行文本细读，发现个性化解读的现象，解析个性化解读背后的原因，并更进一步地探讨个性化解读的可行前提，全面完善，同时又不失重点地让学生初步了解文学作品个性化解读的可能性，为更开放、更多元地解读文学作品打下基础，可以说是常态阅读教学的优秀实例，以实际的课堂教学为更多教师展示了常态阅读的可能性与价值。

（作者单位：上海市闵行中学）

基于"常态阅读教学"视角的课堂教学分析

程燕

从一定的意义上讲，文学作品的创作与文学作品的阅读，其重要程度理应旗鼓相当，因为当一篇文学作品被阅读时，它就在被"二次创作"。而从优秀的文学作品具有极大的传播广度上讲，它所面向的阅读者越多越广，在时空的跨越上越长久长远，那么其被个性化阅读的可能性也就越大，读者所产生的个性体验、所掺入的审美趣味、所释放的阅历感悟也就越独特。就好比"一千个读者就有一千个哈姆雷特"，但我们知道，由于各种原因，每个读者所得出的阅读体验往往与文本内在的意义有较大差异，甚至不排除读者或难避免的一些偏见和误读。

而正是基于这样的考量，中学阶段的文学阅读教学就显得尤为重要了。因为中学语文教师所担当的职责，并不是从一开始就以确定造就那"一千个哈姆雷特"为最终目标，而是由老师负责给学生传达、赠予一个最客观、最准确的哈姆雷特形象，然后才是从同一个"原点"出发，每一个学生依据客观、准确的文学文本，加入自己个性化的阅读经验，经"二次创作"而使之成为可以为一己所有的私人化篇章。因此，教师在面对学生之前，对于该如何确立这一个最客观、最准确的形象要有自己的考量。同时，作为面向学生开展阅读教学的教师，还应当非常明确自己的职责是传达和赠予，而不是钳制学生的阅读经验和阅读发展，强行对学生的阅读生成进行嵌入和完形。而所有这些，理应成为中学阶段的"常态阅读教学"，成为一种中学阶段阅读教学的良好生态。

我们不妨以朱诵玉老师《文学作品的个性化解读》一课为例，来浅析常态阅读教学如何在课堂中一步一步地展开的。

首先是课堂预备。教师在上课之前，对本节课将要涉及的文章篇目以及文学人物了如指掌精熟于心是十分重要的，更重要的是对于所呈现的文本的选择，通过哪些文本让学生进入到文本的个性化解读也是十分值得考量的。因为这将是阅读教学的出发点和蓝本，在作品中和人物身上将会有本堂课师生讨论、分析、辩驳的核心概念，并且从这些作品和人物出发能够抵达的发散的出口，就像一条大路最终可以通向的"交叉花园里的小径"。例如，朱老师就在他所授的这节课内，准备了鲁迅的《从百草园到三味书屋》、顾城的《感觉》、李白的《静夜思》和于丹的《论语心得》这些学生或学过或耳熟能详的篇章和人物，并且在文本的呈现顺序上，先由学生发表对于学过的课文《从百草园到三味书屋》的见解，打破学生内心对于文本内容的固化思考，再引入顾城《感觉》一诗，引导学生去感受、发现文本多元解读的乐趣，再以《静夜思》为例，将文本的个性解读与文本内容丰富性和多样性联系起来，最后以于丹对《论语》的解读为例，探讨文本个性化解读的原则。这样师生的探讨就能非常顺畅无碍地展开、深入下去，能够轻松地激发学生的发言，达到掌握文本的"共识内容"的目的。

然后是课堂上积极鼓励学生发言，教师进行及时的点评和总结，因势利导、循序渐进，最终达到说理通畅、立论稳固、观点明晰、结论清楚的目的。比如，在讲到鲁迅的《从百草园到三味书屋》时，学生能够大段地背诵原文，能够回想起原文中诸多关于儿童活动的细节描写，能够非常容易地回想起曾经学习这篇文章时，教师所分析得出的文章主旨思想，等等。然后再思考，现在重读与初学时感受是否相同，激发学生对于文本内容深入探究的欲望，学生积极交流后得出很多之前没有感受到的，甚至和之前完全不同的观点。进而再从现在重读的角度出发，来阐述和得出"我们在不断成长，阅历和知识都增加了。……这才有了不拘一格的读法"这一关键性的观点，并总结得出"读者的知识结构、生活阅历、审美品位（个性爱好）、关注重点"都可以让我们对同一篇文学作品，产生完全不同的阅读体验和感悟。再比如，在展示顾城的《感觉》一诗之后，先由学生来表达自己对该诗的理解，然后又展示了很多别人的评价，从而再次在课堂上明确而又言简意赅地提出和强调了前面讲鲁迅的《从百草园到三味书屋》就提出的相同观点，即"同一作品，不同的人，解读不同"。甚至可以让已经被调动得水到渠成的学生，来自己总结和概括，得出"因为人的知识体系和人生阅历不同，对文学作品的理解就各不相同"这一条已经话到嘴边、呼之欲出的重要观点。在学生了解了文本个性化解读可以因人而异，得出不同感受，有不同思考之后，再提出《静夜思》，对于这首大家耳熟能详的唐诗，教师提出对其主题的多元化探讨时，学生会发现某些作品中的解读并不会因为读者的不同而产生巨大差异，甚至不同的读者对于文本的反应和感受会达到惊人的一致，对于文学作品个性化解读时会出现的两种不同的读者反应，学生自然会联想到文本本身的差异性。然后再由老师来进行最终的总结，即得出文章作品解读的个性化的两条结论，一条是"读者的差异性"，另一条是"作品内容的丰富性、多样性"。

最后是教师对已经由师生共同分析、探讨所得出的观点进行反向强化。朱老师使用了一个对学生们来说耳熟能详的于丹《论语心得》的例子，来说明个性化阅读并不等同于可以随意对作品发挥想象甚至是曲解与误读，即达到抬出个性化解读文学作品的基本原则：立足文本，整体把握和有理有据。尤其是在举出这个例子之后，在课堂上还引发了一些小小的激烈的探讨，则更加可以作为一个继续延展分析、强化观点的典型案例。在于丹《论语心得》这一个例子的探讨上，教师应当充分地展示学术界对于丹进行的批判的方面和内容，使学生能够在"共识内容"上达到一个更高、更全面的认识，从而为个性化解读的成立奠定非常坚实的基础，即先有共识、共性，才可能有个体的见识和个性。

总之，朱老师的课堂不仅仅是基于常态阅读教学理念的文本解读，更是基于常态阅读教学理念的教学设计。在引导学生对文本进行个性化解读过程中，四则材料的引用，先后顺序是不可置换的。例如，若先用《感觉》来让学生进行个性化解读，学生可能会打不开思维，甚至可能会去揣摩教师的心理，以期达到教师的要求，难以做出个性化的理解，而《从百草园到三味书屋》则是教师先引导学生回顾关于课文的相关内容和当时得出的主题，引导学生以现在的知识水平和阅历重新解读文本，不仅激发了学生的兴趣，也是在对文本进行深入的探索，学生通过回顾和新解顺利地从文本的固化解读走到文本的个性化解读。而《静夜思》的选用也十分恰当地让学生在初步感受文本个性化解读的同时了解到文本之间的差异性对于个性化解读的作用，引导学生得出文学作品个性化解读的两个结论。最后于丹对《论语》的个性化解读事例的提出，抛出问题引导学生思考："这些博士、学者对于于丹的批判，主要集中在哪些方面？"这个问题很具指向性地让学生去思考学者对于丹解读的批判的出发点，而不至于一味纠结于丹解读的正确性。因此，学生可以在充分讨论交流，以及教师的适当引导下知道文学作品个性化解读不是无原则的随意的解读，而当遵循一定的基本原则：立足文本、整体把握、有理有据。总之，朱老师的课堂设计，不管是对文本的选择、教学的设计还是学生的引导，都是基于常态阅读教学理论展开的，学生对文本的理解和能力的获得都是从基本的文本中来获得的。

从朱老师整堂课的授课过程我们可以看出，基于常态阅读教学理念的课堂教学，无论是对教师还是对学生，都对其文本阅读的基本功有较高的要求，而且对教师如何引导学生去进行思辨提出了很高的要求，对师生的总结归纳立论也有很高的要求。简言之，常态阅读教学虽然基于常态，但是却要求师生在文学生活方面有较高的追求，能够以文学家以及文学批评家的视角、立场，来对中学所学习的文学文本进行批判式的阅读，从而在共性、共识的基础上，达到真正的生成个性化阅读体验的目的。

（作者单位：重庆市巴川中学）

后　记

历时半年多的整理和梳理后，这部关于"常态阅读教学"案例研究的书稿终于完成了。

在我教学生涯的第一个十年，我写了《我的幸福语文》这本书，该书更多的是表现对语文的热爱与初步探索。在我教学生涯的第二个十年，我一直在思考语文教学的可操作性。多年以前，我就在探索语文教学向数学等理科教学学习的路径，希望可以借鉴理科教学来教语文。这主要是因为，教得久了，想得多了，听课多了，发现语文教学中一直存在的目标不明确、内容不精练、方法不得当的问题，并且似乎从未改变过。尽管有很多专家、学人都对此做过不少有价值的研究，提出过不少有益的建议和方法，但是，真正到了课堂，很多时候还是没有转变观念。教师霸占课堂，学生被动听讲；教师非但不是主导，简直成了主控、领导，学生则成了被控与下级。在教学方法上，常见的仍然是教师不厌其烦地讲，没有什么像样的有效的方法来展开、推进教学。语文课被教得很复杂、枯燥，教师讲得很多、很累，学生听得糊涂、无趣。

我提出"常态"这个概念，是来自王荣生教授关于"常态""异态""变态"的说法。很多人觉得"常态"这个词太普通了，因为他们把这个关于语文教学的专有名词"常态"看成了一般意义上的常态。关于"常态阅读教学"的内涵与模型，我在"代序"里已经阐述过了。这里补充一点，那就是，我们的语文教学很多是违反阅读心理与阅读认知规律的，"常态阅读教学"正是我们要追求的。用这个词，也是希望更便于记忆和理解，同时，警醒教学者不要把语文课教成变态的了。

本书收录的一个阅读实录是我自己的阅读过程的再现，十二个教学实录都是我公开课教学的实录整理，时间跨度上有十几年，但都是我对语文教学的持续探索，总体思路都一样，那就是，阅读教学要力争做到——教学理念科学正确，文本解读合理新颖，教学目标明确简洁，教学过程流畅自然，教学方法贴合多样，教学语言亲切幽默，学生学习主动快乐。虽然，我做得还远远不够，但是，我是一直在这么追求的，也希望今后能做得更好。如果有更多的青年教师能从中获得哪怕一点点感悟，也可算是得到一丝安慰了。

在编写本书的过程中，得到了来自全国各地的青年教师的支持。他们都曾听过我的课，了解我的想法，又认真研读了我的教学实录，因而在点评时，既有理论高度，又有实践感悟，且常有妙语迭出、情感激越的语句出现，读之甚是感动。参与点评的还有一些是专家、学人，他们的点评则更有学术性，给人警醒，引人思考。在此一并谢过。

同时，还要感谢安徽师范大学出版社的总编辑侯宏堂先生，他的热情让我难忘；还有本书的责任编辑李克非先生，他的敬业让我感动。

教学有法，教无定法。不同的人对语文教学当然会有不同的看法，我的探索也仅仅是个人的一些看法和做法，限于本人学识、能力，一定会存在不少漏洞，甚至错误。希望阅读本书的专家和广大教师朋友们指正。

好在，我仍在路上。

朱诵玉

2018 年 5 月 2 日